国/地域	時差	時刻（時）											
日本	0	0時	2時	4時	6時	8時	10時	12時	14時	16時	18時	20時	22時
ドイツ/フランス	-8	16	18	20	22	0	2	4	6	8	10	12	14
ポルトガル	-9	15	17	19	21	23	1	3	5	7	9	11	13
トルコ	-7	17	19	21	23	1	3	5	7	9	11	13	15
モスクワ	-5	19	21	23	1	3	5	7	9	11	13	15	17
北京	-1	23	1	3	5	7	9	11	13	15	17	19	21
韓国	0	0	2	4	6	8	10	12	14	16	18	20	22
タイ	-2	22	0	2	4	6	8	10	12	14	16	18	20
シンガポール	-1	23	1	3	5	7	9	11	13	15	17	19	21
ニューデリー	-3.5	20.5	22.5	0.5	2.5	4.5	6.5	8.5	10.5	12.5	14.5	16.5	18.5
リオデジャネイロ	-12	12	14	16	18	20	22	0	2	4	6	8	10
グアム	+1	1	3	5	7	9	11	13	15	17	19	21	23
モルディブ	-4	20	22	0	2								
ドバイ	-5	19	21	23	1								

※上の表は各国の標準時刻です、サマータイムは反映されていません。

旅の英会話
伝わる フレーズ集

ニック・ウィリアムソン 著

ナツメ社

はじめに

　海外旅行がもっと楽しいものになれば…。そんな想いからこの本が生まれました。海外旅行は楽しいものですが、現地の人とうまくコミュニケーションがとれれば、もっと思い出に残る旅になるでしょう。

　この本は、海外旅行に必須のフレーズから、知っておくと便利なフレーズまで幅広くカバーしています。英語になじみのない人でも使いやすいよう、できるだけかんたんなフレーズを集めました。どこの国のネイティブにも自然に聞こえるよう、発音の表記にもこだわっています。この一冊があれば、旅行中の会話には困らないでしょう。

　飛行機で飲み物を頼むとき、レストランを予約するとき、チケットを買うときなど、旅行のいろいろなシーンで活用してみてください。

　この本があなたの旅の助けになることを願っています。

Have a nice trip!

ニック・ウィリアムソン

本書の特長と使い方

　本書では、英語になじみのない人でも使いやすい、海外旅行に役立つフレーズや単語を数多く掲載しています。
　「シーン別 フレーズ集」(P31-204) では、交通や観光、ショッピングなどのシーンごとに、よく使われる表現を、「より充実した旅のために ＋αフレーズ集」(P205-240) では、世間話やトラブル時のフレーズなど、知っていると旅がより快適になるような表現を集めました。特によく使われる表現やいざというとき知っていると安心な表現については、「まずはこれだけ！ 旅の基本フレーズ集」(P11-27) にまとめました。そのほかにも、旅に役立つコラムや辞書を収録しています。合わせてご活用ください。

表記について

　本書では、英語が苦手な人でも発音できるよう、日本人がそのまま読んでもネイティブに自然に聞こえる発音表記をカタカナで掲載しています。英語は単語と単語がつながって発音されることがあり（リエゾン）、これをばらばらに発音すると聞き取りにくい発音になってしまいます。
　例えば、「Could I get a blanket?」（毛布をください）は「Could」と「I」、「get」と「a」がつながって発音されるため、「クダイ　ゲタ　ブランケット」と聞こえます。本書ではこのように、自然に聞こえる音の表記を採用しました。

便利な特長

指さし会話

「シーン別 フレーズ集」の各シーンのはじめに、指さし会話用のページを掲載しています。発音に自信がなかったり、うまく伝わらなかったりしたときでも、イラストがあるので、相手が理解しやすくなります。また、質問に答えてもらう場合などで、相手に指さしてもらってもよいでしょう。

相手のセリフや「指さしてみよう」の単語を使わないフレーズは白いフキダシになっています。

指さしフレーズ

指さしてみようの単語を使うフレーズは色のついたフキダシになっています。

指さし単語

指さしフレーズの□に入れかえできる単語です。イラストを指さしながら発音してみましょう。

フレーズ・単語

基本のフレーズ

日本語とそれに対応する英語表現を掲載しています。

預けた荷物はどこで受け取ればいいですか？	**Where do I collect the baggage I checked?** ウェー ドゥ アイ コレクト ザ バゲッジ アイ チェックト

● **発音**
発音をカタカナで表記

会話例

フレーズ同士が点線で区切られている部分は会話形式になっています。

カートは有料ですか？	**Do the carts cost money?** ドゥ ザ カーツ コスト マニー
いいえ、無料です。	**No, they're free.** ノー ゼー フリー
はい、2ドルです。	**Yes, they're $2.** イエス ゼー トゥー ダラーズ

● **相手のセリフ**
旅行者が自分で使うのではなく、話しかけられたり、耳にする可能性の高い表現は青い文字で表しています。

● **入れかえ表現**
単語などを入れかえても使える箇所は（ ）で表記しています。

● **旅に役立つ情報も掲載**
フレーズとあわせて知っておきたい、旅に役立つ情報を紹介しています。

● **困ったときに使えるフレーズ**
困ったときに使えるフレーズは❶と赤い文字で表しているので、とっさのときに目につきます。

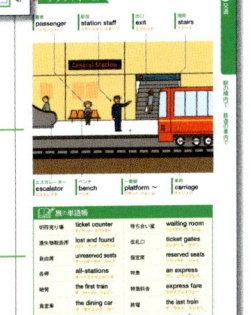

● **単語も豊富に収録**
それぞれのシーンで使用頻度の高い単語を集めました。イメージで覚えておくと便利な単語はイラスト付きで紹介。

CONTENTS

- 3 はじめに
- 4 本書の特長と使い方
- 6 CONTENTS

PART 1 まずはこれだけ！ 旅の基本フレーズ集

基本の使いまわしフレーズ

- 12 挨拶してみよう
- 13 挨拶にこたえてみよう
- 13 別れ際に
- 14 話しかけてみよう
- 15 頼んでみよう
- 16 お礼してみよう
- 17 断ってみよう
- 18 聞き返してみよう
- 19 謝ってみよう
- 20 希望を伝えてみよう
- 21 あるかないか聞いてみよう
- 22 値段を聞いてみよう
- 23 場所を聞いてみよう

緊急時 お助けフレーズ

- 24 困ったら
- 24 理解できない
- 25 日本語で話したい
- 25 時間がほしい
- 25 忘れそうなときは
- 26 トイレがない！
- 26 気分が優れないときは
- 26 人が倒れた！
- 27 ひったくりにあった！
- 27 しつこい人に
- 27 緊急事態！

column
- 28 海外旅行の基本マナー
- 30 英語のボディランゲージ

PART 2 シーン別フレーズ集
ほんとうに必要なフレーズが見つかる

✈ 出発

- 32 指さし会話
- 36 飛行機の中で
- 38 機内食
- 39 機内販売
- 42 到着前に
- 43 乗り継ぎ・乗り換え
- 44 入国審査
- 46 荷物受け取り
- 48 税関で
- 50 案内所で
- 52 空港から市内へ

column
- 40 空港のしくみ

💴 両替・銀行

- 54 指さし会話
- 58 両替
- 59 銀行

🚃 交通

- 60 指さし会話
- 62 交通手段を探す
- 63 地下鉄
- 66 市内バス
- 68 タクシー
- 71 鉄道に乗るまで
- 73 駅の構内で
- 74 鉄道の車内で
- 76 長距離バスに乗るまで
- 77 バスに乗る
- 78 レンタカーの貸出カウンターで
- 79 ドライブ中に
- 80 ガソリンスタンドで
- 82 飛行機を予約する
- 83 リコンファームする
- 84 空港でチェックインする／搭乗する
- 85 フェリーで

🛏 宿泊

- 86 指さし会話
- 90 宿泊施設を探す
- 91 予約する
- 92 チェックインする
- 96 フロントとのやりとり
- 98 部屋からリクエストする
- 99 来客
- 99 トラブルを訴える
- 102 ホテルのジムを利用する
- 103 ホテルでマッサージを受ける
- 104 ホテルのヘアサロンで
- 105 ホテルでクリーニングを頼む
- 106 チェックアウトする
- 108 ユースホステルで
- 110 アパートメントホテルで

column
- 94 ホテルのしくみ
- 107 海外のホテルマナー
- 112 チップのしくみ

🍽 食事

- 114 指さし会話
- 116 レストランを探す
- 118 レストランを予約する
- 120 レストランに到着して
- 120 予約せずにレストランに行く
- 121 レストランの中で
- 124 オーダーする
- 124 値段を相談する
- 125 メニューについて聞く
- 127 メニューについてリクエストする
- 136 食事中に
- 140 支払い
- 142 ファストフード店で
- 143 カフェテリアで

column
- 117 ドレスコードの基礎知識
- 122 メニューのしくみ
- 128 メニューの単語
- 138 レストランの基礎知識

📷 観光

- 144 指さし会話
- 146 観光の情報を集める
- 150 観光ツアーを予約する
- 152 観光ツアーに参加して
- 154 街で
- 157 美術館・博物館でチケットを買う
- 158 館内で
- 159 展示室の中で
- 161 映画館・劇場で

164	フェスティバルで	172	カジノで
165	スポーツ観戦をする	173	バーで
168	アミューズメントパークで	174	クラブで
169	エステ・スパで	175	写真・ビデオを撮る

column
149	海外の観光マナー	177	海外では通じない　和製英語

ショッピング

178	指さし会話	195	お土産を買う
180	ほしいものを探す	196	マーケットで買い物をする
183	服を買う	197	値段の交渉をする
186	サイズを直す	198	支払いをする
192	時計・アクセサリーを買う	199	免税手続きをする
193	化粧品を買う	200	返品・交換をする
194	日用品・雑貨を買う		

column
187	日本と海外のサイズ比較表	188	ショッピングの単語

帰国

201	指さし会話		
202	飛行機を予約する	203	リコンファームする
203	予約を変更する	204	帰りの空港で

PART 3 より充実した旅のために +αフレーズ集

コミュニケーション

206	初対面で会話をする	212	日本のことを話す
209	仲良くなって世間話をする		

column　214　アメリカ英語とイギリス英語比較

トラブル

- 216 盗難・紛失
- 218 詐欺にあったら
- 219 事故にまきこまれたら
- 221 けがをしたら
- 222 病院に行く
- 224 病気の症状を訴える
- 226 病院で診察を受ける
- 228 薬を買う
- 230 対人トラブル

通信

- 232 インターネットカフェで
- 235 電話をかける
- 236 電話の会話
- 237 留守番電話
- 238 手紙・ハガキを出す

column
- 240 国際電話のかけ方

PART 4 辞書

- 242 カテゴリー単語集
- 248 英和辞書
- 277 和英辞書

PART 5 訪問国の基本情報

- 308 アメリカ・ハワイ
- 312 イギリス
- 313 カナダ
- 314 オーストラリア
- 315 ニュージーランド
- 316 各国の出入国書類記入例

PART **1**

まずはこれだけ！
旅の基本フレーズ集

基本の使いまわしフレーズ　　`P 12`

緊急時　お助けフレーズ　　　`P 24`

基本の使いまわしフレーズ

いろいろな場面で使いまわせる、簡単なフレーズを集めました。一度覚えてしまうと便利です。

挨拶してみよう

こんにちは。
Hello.
ハロゥ

挨拶の基本は「Hello」。知らない人へも挨拶をするのがマナーです。1にカジュアルな意味はなく、「Hello」と同じように使えます。初めて会う人には2、知り合いには3や4などと話しかけてもよいでしょう。

バリエーション

1	やあ。	**Hi.** ハイ
2	はじめまして。	**Nice to meet you.** ナイス トゥ ミーチュー
3	元気ですか？	**How are you?** ハウ ァァ ユー
4	最近どう？	**What's new?** ウォツ ニュー

挨拶にこたえてみよう

元気です。あなたは？
I'm good. Yourself?
アイム グッド　　ヨーセウフ

左ページの③や④のような具体的な返事が必要になる挨拶を受けたら、①②③のように、自分の気持ちを伝えてみましょう。

バリエーション

1	最高！	**I couldn't be better!** アイ クドゥン　ビー ベター
2	まあまあです。	**Not bad.** ノット バッド
3	あまり元気ではないです。	**Not so good.** ノット ソウ グッド

別れ際に

さようなら。
Bye.
バイ

「Bye」は別れ際の万能フレーズ。①②③はどのシチュエーションでも使えますが、②は「また会おう」という気持ちが強調されます。

バリエーション

1	またね。	**See you.** シー ユー
2	また後で。	**See you later.** シー ユー レイター
3	よい1日を。	**Have a nice day.** ハヴァ ナイス デイ

基本の使いまわしフレーズ

話しかけてみよう

すみません。
Excuse me.
エクスキューズ　ミー

話しかけるとき、最初に「Excuse me」と言うと、聞いてもらいやすい雰囲気になります。1のように挨拶してもよいでしょう。周囲の場所について聞きたいときは2、言葉が通じるか聞きたいときは3のように話しかけてみてください。助けを借りたいときは4、親しくなりたいときは5のように相手の持ち物をほめてもよいかもしれません。

バリエーション

1	こんにちは。	**Hi.** ハイ
2	この辺りの人ですか？	**Are you from around here?** ァァ　ユー　フロム　アラウンド　ヒァ
3	英語（日本語）は話せますか？	**Do you speak English (Japanese)?** ドゥ ユー　スピーク　イングリッシュ　（ジャパニーズ）
4	ちょっと助けていただけますか？	**I was wondering if you could help me.** アイ ワズ ワンダリング　イフ ユー　クド　ヘゥプ ミー
5	それは素敵な帽子（ジャケット）ですね！	**That's a nice hat (jacket)!** ザッツ　アナイス　ハット　（ジャケット）

頼んでみよう

お願いします。
～, please.
プリーズ

頼みごとをするとき、「please」をつけ足すと丁寧です。1は「Could I ～ ?」だけでも丁寧な表現ですが、「please」をつけることでさらに礼儀正しい印象に。2のように、普通の疑問文で尋ねるのもよいでしょう。3～5で使う「I'd like ～」は「want」よりも比較的かしこまった印象。大人なら覚えておきたい表現です。

バリエーション

1	コーヒーをいただけますか？	**Could I have a coffee, please?** クダイ　ハヴァ　コフィー　プリーズ
2	無料のパンフレットをもらえますか？	**Do you have a free pamphlet?** ドゥ　ユー　ハヴァ　フリー　パンフレット
3	ここへ行くチケットがほしいのですが。	**I'd like a ticket to here.** アイド ライク ア ティケット トゥ ヒア
4	席を予約したいのですが。	**I'd like to book a seat.** アイド ライク トゥ ブック ア シート
5	観光ガイドを頼みたいのですが。	**I'd like you to show me around.** アイド ライク ユー トゥ ショウ　ミー　アラウンド

お礼してみよう

ありがとう。
Thank you.
サンキュー

親切にしてもらったら、「Thank you」とお礼を伝えます。1や2のように、「for」の後に具体的にしてもらったことを加えると、感謝の気持ちが伝わりやすくなります。3は、「so much」を続けるだけで、深い感謝を表す表現になるので便利。4は「Thank you」のようにいつでも使える表現です。相手を立てて5のように言ってもいいでしょう。

バリエーション

1	アドバイスをありがとう。	**Thanks for the tip.** サンクス フォ ザ ティップ
2	警告をありがとう。	**Thanks for the heads up.** サンクス フォ ザ ヘザップ
3	本当にありがとうございます！	**Thank you so much!** サンキュー ソウ マッチ
4	感謝します！	**I really appreciate it.** アイ リーリ アプリシエイト イット
5	助かりました！	**You were a big help!** ユー ワァ ア ビッグ ヘゥプ

結構です。
No, thank you.
ノウ　サンキュー

断ってみよう

基本の使いまわしフレーズ

押し売りやしつこい人には、はっきりと断る姿勢をみせましょう。必要ないものを断るときは、「No, thank you」と言えばOKです。特に、物や食べ物などを断るときは1、サービスを断るときは2を使います。レストランで追加の注文をしないときには3と言います。4のように時間を言い訳にしたり、5のように保留にしてもよいでしょう。

バリエーション

1	結構です。	**I'm fine, thank you.** アイム ファイン サンキュー
2	その必要はありません。	**There's no need.** ゼーズ　ノー ニード
3	以上で大丈夫です。	**That will be all, thanks.** ザット ウィゥ ビー オーゥ サンクス
4	時間がないので結構です。	**I don't have time.** アイ ドン ハヴ タイム
5	少し考えさせてください。	**Let me think about it.** レミ シンク アバウト イット

聞き返してみよう

もう一度言ってください。
Pardon?
パードゥン

慣れない外国語では、相手の言葉が聞き取れないのはよくあること。そんなときは、一言「Pardon?」と言ってみましょう。ほかにも、繰り返してほしいときは1や2、ゆっくり話してほしいときは3のように言います。4や5のように、聞きとれないことを正直に伝えると、相手が配慮してくれるでしょう。

バリエーション

1	もう一度言ってください。	**Could you repeat that?** クジュ　　　　リピート　ザット
2	もう一度お願いします。	**Come again?** カム　アゲン
3	もう少しゆっくり話してください。	**Could you speak more slowly, please?** クジュ　　　スピーク　モー　スロウリー　プリーズ
4	ごめんなさい、分かりません。	**I'm sorry, I don't understand.** アイム ソリー　アイ ドン　アンダスタンド
5	聞きとれませんでした。	**I didn't catch that.** アイ ディデント キャッチ ザット

謝ってみよう

ごめんなさい。
I'm sorry.
アイム　ソリー

何かトラブルを起こしてしまったら、「I'm sorry」と謝ります。ただし、自分に非がないときは、日本のように簡単に謝らないほうが無難です。1や2は「I'm sorry」と同じように使える表現。意図せず起きたトラブルには3や4を使って、無実を主張しましょう。友人などがトラブルを起こしたときは5のようにフォローしてみてください。

バリエーション

1	本当にごめんなさい。	**I'm so sorry!** アイム ソウ ソリー
2	本当に悪いと思っています。	**I feel terrible.** アイ フィーゥ テリブゥ
3	そんなつもりはなかったです。	**I didn't mean to.** アイ ディデント ミーン トゥ
4	それは知りませんでした。	**I didn't know that.** アイ ディデント ノウ　ザット
5	友達を許してください。	**Please excuse my friend.** プリーズ　エクスキューズ マイ フレンド

基本の使いまわしフレーズ

希望を伝えてみよう

～がしたいです。
I'd like ～.
アイド　ライク

自分の希望を伝えるには「I'd like」を使うと便利。1や2のように名詞を続けるだけで、ほしいものを伝えられます。やりたいことがあるなら、3や4のように「to」に続けて動詞の原形をつなげてみてください。人に頼みごとをしたいときは、5のように「人＋ to ＋ 動詞の原型」の形で話してみましょう。

バリエーション

1	禁煙の部屋がいいのですが。	**I'd like a non-smoking room.** アイド ライク ア ノン　スモーキング　　ルーム
2	窓際席がいいのですが。	**I'd like a table by the window.** アイド ライク　ア テーブゥ バイ ザ　　ウィンドウ
3	チェックアウトがしたいのですが。	**I'd like to check out.** アイド ライク トゥ チェカウト
4	舞台を観に行きたいのですが。	**I'd like to see a play.** アイド　ライク トゥ シー ア プレイ
5	荷物を運んでいただきたいのですが。	**I'd like someone to carry my bags.** アイド ライク サムワン　　トゥ キャリー マイ　バッグズ

あるかないか聞いてみよう

〜はありますか？
Do you have 〜 ?
ドゥ　ユー　　ハヴ

基本の使いまわしフレーズ

具体的にほしいものがあるときは、「Do you have」を使って、あるかないか聞いてみましょう。「Do you have」の後に、続けてほしいものを言うだけなので簡単です。1〜4は、聞いているものがある可能性が高い場合に。5は、探しているものがないかもしれないときに、試しに聞いてみる、というニュアンスです。

バリエーション

1	靴は置いていますか？	**Do you have shoes?** ドゥ ユー　ハヴ　シューズ
2	プラダは置いていますか？	**Do you have Prada?** ドゥ ユー　ハヴ　プラーダ
3	ベジタリアンのメニューはありますか？	**Do you have a vegetarian menu?** ドゥ ユー　ハヴァ　ヴェジテリアン　メニュー
4	子供用のメニューはありますか？	**Do you have a children's menu?** ドゥ ユー　ハヴァ　チゥドレンズ　メニュー
5	喫煙エリアはありますか？	**Is there a smoking area?** イズ ゼー　ア スモーキング　エリア

値段を聞いてみよう

How much ～?
いくらですか？
ハウ　　　　マッチ

値段を聞くには「How much」を使います。ほしいものを手に取って、1のように聞いてみましょう。単語が分かれば、2～4のように、具体的な名詞を続けると分かりやすくなります。「How much is ～ ?」「How much for ～ ?」両方の表現が使えますが、4のように、ものでないものの値段には「is」、5のように、量（数字）あたりの値段を聞くときは「for」だけを使います。

バリエーション

1	これはいくらですか？	**How much is this?** ハウ　マッチ　イズ　ディス
2	そのバッグはいくらですか？	**How much is the bag?** ハウ　マッチ　イズ　ザ　バッグ
3	シングルの部屋はいくらですか？	**How much for a single room?** ハウ　マッチ　フォ　ア　シングゥ　ルーム
4	キャンセル料はいくらですか？	**How much is the cancelation fee?** ハウ　マッチ　イズ　ザ　キャンセレーション　フィー
5	2つでいくらですか？	**How much for 2?** ハウ　マッチ　フォ　トゥー

> 場所を聞いてみよう

Where is ～?
どこですか？
ウェー　　　　　　イズ

基本の使いまわしフレーズ

場所を聞きたいときには、「Where is ～ ?」を使って話してみましょう。1～4のように、行きたい場所の名詞を続けて言うだけです。駅やトイレ、ホテルなど、よく使う場所の名詞を覚えておくと、道を聞くときには便利。目印を尋ねる5のようなフレーズは、丸暗記してもいいかもしれません。

バリエーション

1	駅はどこですか？	**Where is the station?** ウェー　イズ ザ　ステイション
2	トイレはどこですか？	**Where is the restroom?** ウェー　イズ ザ　レストルーム
3	プールはどこですか？	**Where is the pool?** ウェー　イズ ザ　プーゥ
4	1番近い駅はどこですか？	**Where is the closest station?** ウェー　イズ ザ　クロウセスト ステイション
5	それはどこの近くですか？	**Where is it near?** ウェー　イズ イット ニァ

緊急時 お助けフレーズ

旅先で困ったときに、役立つフレーズです。
短くて簡単なものばかりを集めました。

助けて！

Help!
ヘゥプ

困ったら

トラブル時、いつでも使える便利な言葉。単語のみで言うと、緊急の雰囲気がアップします。軽い頼みごとの場合は「Could you help me?」などと文章に。

理解できない

分かりません。

I don't understand.
アイ ドン　アンダスタンド

相手の言っていることが分からないときは、正直にそう伝えます。理解していないことが相手に伝われば、話すスピードなどを調整してくれるかもしれません。

日本語で話したい

日本語の通じる人はいますか。

Can anyone speak Japanese?
キャン　エニワン　スピーク　ジャパニーズ

どうしてもコミュニケーションが難しいときの最終手段。旅行先では現地の言葉で話すのが基本ですが、重大なトラブルの際は日本語で話せるほうが安心です。

時間がほしい

ちょっと待ってください。

Hold on.
ホーゥド　オン

相手が早口で聞きとれないときは、遠慮せず話をとめてもらいましょう。人を呼びとめるときなど、少し待ってほしいとき全般にも使えます。

忘れそうなときは

ここに書いてください。

Could you write that down?
クジュ　ライト　ザット　ダウン

ちょっと聞いただけの言葉はすぐに忘れてしまうもの。滞在しているホテルの名前や目的の駅名などを書いてもらえば、道に迷ったときに役立ちます。

緊急時　お助けフレーズ

トイレはどこですか？

Where's the restroom?
ウェーズ　　　ザ　　　レストルーム

トイレがない！

デパートの中やホテルなど、安全な場所に行ったらトイレを探して、用をすませておきましょう。海外では街中でトイレが見つかりにくいことが多くあります。

気分が優れないときは

具合が悪いです。

I feel sick.
アイ フィーゥ　　シック

具体的に体調を伝えられなくても、具合が悪いことを伝えられれば、対応してもらえる可能性があります。深刻な事態になる前に我慢せずに助けを求めましょう。

救急車を呼んで！

Call an ambulance!
コーゥ　　アン
アンビュランス

人が倒れた！

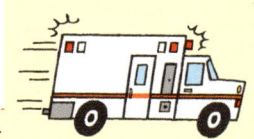

事故や病気で救急車が必要になったときは、迷わず周囲に助けを求めましょう。自分で呼んでもいいですが、現地の人に呼んでもらうほうが確実でしょう。

> 泥棒！

Thief!
スィーフ

> ひったくりにあった！

ひったくりなどのトラブルにあったら、犯人を指さし大声で叫ぶなど、周囲の注意を引きましょう。ただし、深追いは危険。後は警察に任せて。

> しつこい人に

> やめて！

Stop it!
ストピット

しつこい誘いやセールスには、はっきりした態度をとることが大切です。曖昧な態度をとると、「Yes」のサインととらえられてしまうことがあります。

> 警察を呼んで！

Call the police!
コーゥ　　ザ　　　ポリース

> 緊急事態！

事故や事件に巻き込まれてしまったら、警察を呼んでもらいましょう。その際、現地の言葉で状況を説明することが難しければ通訳を呼んでもらいましょう。

緊急時　お助けフレーズ

column | 旅のマナー＆ルール

海外旅行の基本マナー

日本で当たり前なことも、海外では非常識になることが。楽しい旅行にするために、訪問国のマナーを確認しておきましょう。

 ルール1　話すときは目を合わせよう

アイコンタクトは、海外でのコミュニケーションの基本。挨拶するとき、日本人は頭を下げてお辞儀するのを丁寧に感じますが、英語圏の人々にとっては、しっかりと目を見て握手するほうが好印象。英語に自信がなくても、目を見てはっきり話すことで、こちらの言い分を理解してもらいやすくなります。

ルール2　女性への対応に注意！

日本では女性店員の肩をポンと叩いてお会計などをお願いしても、とりたてて騒ぎにはなりませんが、海外ではセクハラととらえられる恐れが。また、レディーファーストを心がけ、ドアの出入りやエレベーターの乗り降りなどは、女性を優先しましょう。女性は遠慮せず、好意を受けるのがマナーです。

公共の場ではお酒・タバコを控えよう

国や地域によっては、戸外の飲酒が禁止されています。ビーチで日光浴をしながら、公園を散策しながらの飲酒は罰せられる可能性があるので注意が必要です。また、海外は日本よりもタバコに厳しい傾向が。道端はもちろん、駅やレストランなどの公共スペースでは、喫煙を控えましょう。

 ## トイレのドアをノックしない

日本人は、中に人が入っているか確認しようとしてノックをしますが、海外では「早く出てほしい」という強い催促になってしまいます。トイレを使っていいかどうかの判断は、ドアが開いていたら「使用可」、閉まっていたら「使用中」というように、ドアの開閉でするようにします。

 ## ビジネスアワーの確認を忘れずに

お店や銀行が開いている日や時間帯は、国や地域によって異なります。日本にいるような感覚でいると、場所によっては、「気がついたらすべてのお店が閉まっていた！」なんてことにもなりかねません。ショッピングや観光を楽しむためにも、訪問国のビジネスアワーは事前に確認を。

 ## コミュニケーションは現地の言葉で

相手とコミュニケーションしようとする意思の表示が、円滑なやりとりにつながります。現地の人と話すときは、できるだけその国の言葉で話すように心がけましょう。英語が苦手でも、「Hello」や「Thank you」などの基本的な挨拶表現を身につけていくとよいでしょう。

column｜旅のマナー&ルール

英語のボディランゲージ

欧米には欧米独特のボディランゲージがあります。なじみのあるボディランゲージも、日本とは意味が異なることが。上手にコミュニケーションを図るためにも、英語圏のボディランゲージをおさらいしておきましょう。

握った甲を相手に向けて、親指を上に立てるポーズ。相手の意見に同意するときなどに使います。

人さし指を上に立てたまま、相手に向かって突き出すしぐさは、反対や否定を表します。

手のひらを上に向け、指を自分のほうに動かします。手のひらを下にして手招きすると「あっちへ行け」という意味に。

指で「"」「"」の形をつくると、会話を強調していることや引用していることを表します。

! こんなポーズに注意！

[中指をたてる]

[裏ピース]

握った甲を相手に向けて、中指だけを上にたてる仕草は大変侮辱的です。絶対にやめましょう。また、甲を相手に向けたピースサインも同じ意味合いになるので注意が必要です。

PART **2**

ほんとうに必要なフレーズが見つかる
シーン別フレーズ集

- ✈ 出発　　　　　**P 32**
- 💳 両替・銀行　**P 54**
- 🚆 交通　　　　**P 60**
- 🛏 宿泊　　　　**P 86**
- 🍽 食事　　　　**P114**
- 📷 観光　　　　**P144**
- 👜 ショッピング　**P178**
- 🧳 帰国　　　　**P201**

出発 | Departure

指さし会話

機内で飲み物を選ぶ

飲み物はいかがですか？
Would you like something to drink?
ウジュ　ライク　サムシング　トゥ　ドリンク？

頼むとき

_____はありますか？
Do you have _____?
ドゥ　ユー　ハヴ

頼まないとき

結構です。
No, thank you.
ノウ　サンキュー

指さしてみよう

▶水

water
ウォータ

▶コーヒー

coffee
コフィー

▶紅茶

tea
ティー

▶日本茶

Japanese tea
ジャパニーズ　　ティー

▶オレンジジュース

orange juice
オレンジ　　ジュース

▶アップルジュース

apple juice
アップゥ　　ジュース

▶トマトジュース

tomato juice
トメイト　　ジュース

▶コーラ

coke
コック

▶ビール

beer
ビア

▶白ワイン

white wine
ワイト　　ワイン

▶赤ワイン

red wine
レッド　　ワイン

▶スパークリングワイン

sparkling wine
スパークリング　　ワイン

▶ウィスキー

whiskey
ウィスキー

▶氷入りの
with ice
ウィズ　アイス

▶氷なしの

with no ice
ウィズ　ノウ　アイス

出発

指さし会話

指さし会話

機内でリクエストする

すみません。
Excuse me.
エクスキューズ　ミー

☐ をいただけますか？
Could I get ☐ ,please?
クダイ　　　　　ゲット　　　　　　　　　　プリーズ

指さしてみよう

▶おしぼり

a hot towel
ア　ホット　タウゥ

▶毛布
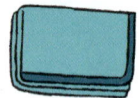
a blanket
ア　ブランケット

▶薬
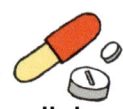
medicine
メディシン

▶エチケット袋

a paper bag
ア　ペイパ　　バッグ

▶アイマスク

a sleep mask
ア　スリープ　マスク

▶耳せん

ear plugs
イア　プラグス

▶日本語の雑誌

a Japanese magazine
ア　ジャパニーズ　マガジーン

▶日本語の新聞

a Japanese newspaper
ア　ジャパニーズ　ニュースペイパ

指さし会話

税関で申告する

何か申告するものはありますか？

Do you have anything to declare?
ドゥ ユー ハヴ エニシング トゥ デクレァ

ないとき

いいえ、ありません。

No.
ノウ

あるとき

はい、□□□□です。

Yes, just □□□□.
イエス ジャスト

指さしてみよう

▶このお酒
this alcohol
ディス アゥコホーゥ

▶このタバコ
these cigarettes
ズィーズ シガレッツ

▶この香水
this perfume
ディス パフューム

▶この食品
this food
ディス フード

▶この飲み物
this drink
ディス ドリンク

▶このお土産
this gift
ディス ギフト

出発 / 指さし会話

✈ 飛行機の中で

手伝ってもらえますか？	**Could you please help me?** クジュ　　ブリーズ　ヘゥプ ミー？
❗ ここは私の席だと思うのですが。	**I think this is my seat.** アイ シンク ディシズ　マイ　シート
すみません、間違えました。	**Oh, sorry. My mistake.** オウ ソリー　マイ ミステイク
席を替わってもらえませんか？	**Could we change seats?** クド　　ウィ　チェインジ　　シーツ
友人の隣に座りたいのですが。	**I'd like to sit next to my friend.** アイド ライク トゥ シットネクストゥ　マイ　フレンド
ここに置いてもいいですか？	**Can I put this here?** キャナイ　プット ディス ヒア
日本語の新聞（雑誌）をもらえますか？	**Do you have Japanese newspapers** ドゥ ユー ハヴ　ジャパニーズ　　ニュースペイパズ **(magazines)?** （マガジーンズ）
座席を倒してもいいですか？	**Can I recline my seat?** キャナイ リクライン マイ シート
どうぞ。／困ります。	**Sure, no problem. / No, sorry.** ショー　ノウ プロブレム　　ノウ ソリー
ブラインドを下ろしてもらえますか？	**Could you please lower the window shade?** クジュ　　ブリーズ　ロワー　ザ ウィンドウ　　シェイド
毛布をもらえますか？	**Could I get a blanket, please?** クダイ　　ゲタ　ブランケット　ブリーズ
隣の席の人がうるさいのですが。	**The person next to me** ザ　パースン　ネクストゥ　ミー **is making a lot of noise.** イズ メイキング　ア ロットブ ノイズ
代わりに注意していただけますか？	**Could you please talk to him for me?** クジュ　　ブリーズ　トーク トゥ ヒム フォ ミー？

トイレはどこですか？	**Where's the restroom?** ウェーズ ザ レストルーム
この飛行機に女性専用トイレはありますか？	**Does this plane have women-only restrooms?** ダズ ディス プレイン ハヴ ウィメン オンリー レストルームズ
ヘッドホンの差し込み口はどこですか？	**Where do I plug in the headphones?** ウェー ドゥ アイ プラギン ザ ヘッドフォーンズ
⚠ 気分が悪くなりました。	**I feel sick.** アイ フィーゥ シック
⚠ 薬をください。	**Could I get some medicine?** クダイ ゲッサム メディシン
ちょっと寒い（暑い）です。	**I'm a little cold (hot).** アイム ア リトゥ コーゥルド（ホット）
シートベルトを締めてください。	**Please fasten your seatbelts.** プリーズ ファッスン ヨー シートベッツ

機内座席

- 荷物棚 — overhead compartment（オーヴァーヘッド コンパートメント）
- 読書灯 — reading light（リーディング ライト）
- 呼び出しボタン — call button（コーゥ バトゥン）
- ブラインド — window shade（ウィンドウ シェイド）
- 窓側席 — window seat（ウィンドウ シート）
- 窓 — window（ウィンドウ）
- 通路側席 — aisle seat（アイゥ シート）
- 救命胴衣 — life jacket（ライフ ジャケット）
- シートベルト — seatbelt（シートベット）

出発 / 飛行機の中で

✈ 機内食

食事になったら起こしてください。	Could you wake me up for the meal? クジュ　　　ウェイク ミー アップ フォザ ミーゥ
食事はいらないので、起こさないでください。	Could you not wake me up for the meal? クジュ　　　ノット ウェイク ミー アップ フォ ザ ミーゥ
食事は何時ごろになりますか？	What time is the meal? ウォッタイム　イズ ザ　ミーゥ
お飲み物は何がよろしいですか？	What would you like to drink? ウォット ウジュ　　ライク トゥ ドリンク
何がありますか？	What do you have? ウォット ドゥ ユー ハヴ
コーヒー、紅茶、ジュース、ビールなどがあります。	Coffee, tea, softdrinks, beer... コフィー　　ティー ソフトドリンクス ビア
ビールをください。	Could I get a beer? クダイ　ゲタ　ビア

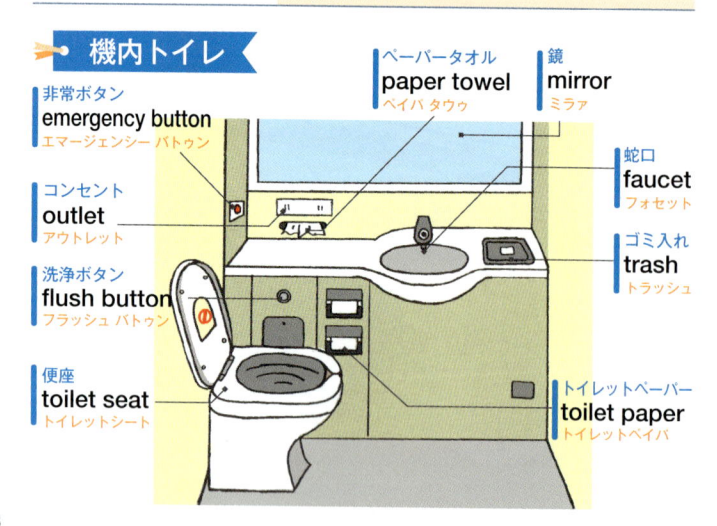

機内トイレ

- 非常ボタン / emergency button / エマージェンシー バトゥン
- コンセント / outlet / アウトレット
- 洗浄ボタン / flush button / フラッシュ バトゥン
- 便座 / toilet seat / トイレット シート
- ペーパータオル / paper towel / ペイパ タウゥ
- 鏡 / mirror / ミラァ
- 蛇口 / faucet / フォセット
- ゴミ入れ / trash / トラッシュ
- トイレットペーパー / toilet paper / トイレット ペイパ

肉と魚はどちらがよろしいですか？	**Beef or fish?** ビーフ オ フィッシュ
肉（魚）をお願いします。	**Beef (fish), thanks.** ビーフ（フィッシュ）サンクス
ベジタリアン食（アレルギー対応食／乳児食）はありますか？	**Do you have vegetarian (antiallergic / baby) meals?** ドゥユ ハヴ ヴェジテリアン（アンティアラージック／ベイビー）ミーゥズ
食事はおすみですか？	**Have you finished your meal?** ハヴユ フィニッシュト ヨー ミーゥ
はい。／いいえ、まだです。	**Yes. / Not yet.** イエス ノッティエット
片付けてもらえますか？	**Could you clear this, please?** クジュ クリア ディス プリーズ
❗ フォーク（スプーン）を落としてしまいました。	**I dropped my fork (spoon).** アイ ドロップト マイ フォーク（スプーン）
新しいのと取り替えてください。	**Could I get a new one, please?** クダイ ゲタ ニュー ワン プリーズ
おしぼりをいただけますか？	**Could I get a hot towel, please?** クダイ ゲタ ホット タウゥ プリーズ

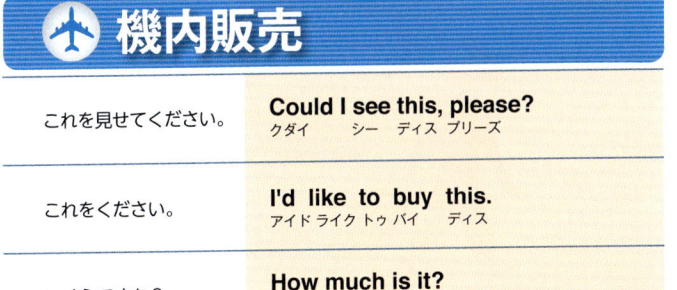

✈ 機内販売

これを見せてください。	**Could I see this, please?** クダイ シー ディス プリーズ
これをください。	**I'd like to buy this.** アイド ライクトゥ バイ ディス
いくらですか？	**How much is it?** ハウ マッチ イズイット
日本円で払えますか？	**Can I pay in Japanese yen?** キャナイ ペイ イン ジャパニーズ イェン

出発

機内食／機内販売

column 旅の豆知識

空港のしくみ

空港の手続き

出発 Departure デパーチャー

チェックイン
check-in
チェキン

空港についたら、まずチェックインして予約を確定。

保安検査
safety inspection
セイフティ インスペクション

安全運航のため、手荷物検査とボディチェックを受けます。

出国審査
immigration inspection
イミグレイション インスペクション

パスポートと搭乗券を提示して、審査を受けたら搭乗ゲートへ。

搭乗
boarding
ボーディング

急な変更もありうるので、フライトボードでゲートの最終確認を

到着 Arrival アライヴァゥ

入国審査
immigration inspection
イミグレイション インスペクション

やりとりは型が決まっているので予習しておけば安心です。(P44)

手荷物受け取り
baggage claim
バゲッジ クレーム

手荷物紛失時に困らないよう、クレームタグはなくさないように。

税関
customs
カスタムズ

少しのお菓子でも厳しく取り締まられることが。申告は正確に。

両替
money exchange
マニー エクスチェインジ

空港を出るまでに両替しておくと安心。小銭もまぜてもらいましょう。

保安検査

X線検査機
X-ray machine
エックスレイ　マシーン

カメラなどの電子機器は、手荷物とは別にしてトレーにのせて。

金属探知機
metal detector
メタウ　ディテクター

当日は、金属の多い装飾品や着脱が難しい靴などを避けましょう。

機内持ち込み手荷物
carry-on luggage
キャリーオン　ラゲッジ

機内に持ち込める手荷物は限られています。事前に確認を。

検査官
inspector
インスペクター

検査機が反応しても、落ち着いて、検査官の指示に従いましょう。

搭乗

案内板
information board
インフォメーション　ボード

ゲート番号と航空便名、出発時間などが合っているか確認を。

地上係員
ground staff
グラウンド　スターフ

ゲートで誘導を担当する係員。分からないことがあったら相談を。

ゲート番号
gate number
ゲイト　ナンバー

事前に空港のHPでも確認できますが、当日変更の場合もあるので注意が必要です。

搭乗ゲート
boarding gate
ボーディング　ゲイト

搭乗券をセンサーにかざすとゲートが開くしくみです。

✈ 到着前に

到着は何時頃になりますか？	**What time will we be arriving?** ウォッタイム　ウィゥ ウィ ビー アライヴィング
出入国カード（税関申告書）をください。	**Could I have a disembarkation card** クダイ　　ハヴァ　　ディセンバーケーション　カード **(customs card), please?** （カスタムズ　　カード）ブリーズ
どのくらい遅れますか？	**How late are we?** ハウ　レイト アァ ウィー
乗り継ぎに間に合いますか？	**Will I make my connecting flight?** ウィライ メイク　マイ コネクティング フライト
席を元の位置に戻してください。	**Please return your seats** ブリーズ　リターン ヨー　シーツ **to the upright position.** トゥ ザ　アップライト ポジション
席にお戻りください。	**Please return to your seats.** ブリーズ　リターン　トゥ ヨー　シーツ
ニューヨークは何時ですか？	**What time is it in New York?** ウォッタイム　イズ イット イン ニューヨーク
当機はまもなく着陸いたします。（機内放送）	**We will be landing shortly.** ウィー ウィゥ ビー ランディング ショートリー
❗ 今の放送は何と言っていましたか？	**What did the announcement say?** ウォット ディド ザ　アナウンスメント　セイ

📖 旅の単語帳

アイマスク	**sleep mask** スリープ マスク	時差	**time difference** タイム　ディファレンス
出入国カード	**disembarkation card** ディセンバーケーション カード	座席番号	**seat number** シート ナンバー
航空券	**ticket** ティケット	搭乗券	**boarding pass** ボーディング　パス
機内食	**in-flight meal** インフライト ミーゥ	機内販売	**in-flight shopping** インフライト ショッピング
キャビンアテンダント	**flight attendant** フライト アテンダント	非常口	**emergency exit** エマージェンシー　エグジット

✈ 乗り継ぎ・乗り換え

ここにはどのくらい停まるのですか？	**How long will we be here?** ハウ　ロング　ウィウ　ウィ　ビー　ヒア
待ち合い室はどこですか？	**Is there a transit lounge?** イズ　ゼー　ア　トランジット　ラウンジ
待ち合い室にはどのようなサービスがありますか？	**What services does the transit lounge have?** ウォット　サーヴィシズ　ダズ　ザ　トランジット　ラウンジ　ハヴ
私は乗り継ぎでニューヨークへ行きます。	**I'm connecting to a flight to New York.** アイム　コネクティング　トゥ　ア　フライト　トゥ　ニューヨーク
ABC航空の便に乗ります。	**I'm flying with ABC Airlines.** アイム　フライイング　ウィズ　エイビーシー　エーラインズ
ABC航空の乗り継ぎカウンターはどこですか？	**Where is the ABC Airlines transit counter?** ウェー　イズ　ザ　エイビーシー　エーラインズ　トランジット　カウンター
ABC航空の搭乗ゲートはどこですか？	**Where is the boarding gate for ABC Airlines?** ウェー　イズ　ザ　ボーディング　ゲイト　フォ　エイビーシー　エーラインズ
予約は東京で確認してあります。	**I confirmed my flight in Tokyo.** アイ　コンファームド　マイ　フライト　イン　トーキョー
手荷物預かり所はどこですか？	**Where can I leave my baggage?** ウェー　キャナイ　リーヴ　マイ　バゲッジ
一時入国したいのですが。	**Can I leave the airport temporarily?** キャナイ　リーヴ　ザ　エーポート　テンポレリリー
トランジットツアーに参加したいのですが。	**I'd like to take a transit tour.** アイド　ライク　トゥ　テイカ　トランジット　トゥア
トランジットツアーにはどんなものがありますか？	**What kind of transit tours are there?** ウォット　カインド　オヴ　トランジット　トゥアズ　アァ　ゼー
何分前に集まればいいですか？	**What time should I be there by?** ウォッタイム　シュダイ　ビー　ゼー　バイ？

✈ 入国審査

パスポートを見せてください。	**Can I see your passport?** キャナイ シー ヨー パスポート
旅行の目的は何ですか？	**What is the purpose of your trip?** ウォッティズ ザ パーパス オブ ヨー トリップ
観光（仕事）です。	**Sightseeing (Business).** サイトシイング （ビジネス）
この国には何日間滞在しますか？	**How long are you planning to stay?** ハウ ロング アァ ユー プランニング トゥ ステイ
5日間です。	**5 days.** ファイヴ デイズ
乗り継ぎをするだけです。	**I'm just taking a connecting flight here.** アイム ジャスト テイキング ア コネクティング フライト ヒァ
職業はなんですか？	**What's your occupation?** ウォッツ ヨー オキュペイション
会社員です。/ 学生です。	**I work in an office. / I'm a student.** アイ ワーク イン アン オフィス / アイム ア ストゥーデント
アメリカは初めてですか？	**Is this your first time in the U.S.?** イズ ディス ヨー ファースト タイム イン ザ ユエス
はい、初めてです。	**Yes, it's my first time.** イエス イッツ マイ ファースト タイム
いいえ、以前にも来ています。	**No, I've been here before.** ノウ アイヴ ビーン ヒア ビフォー
どこに滞在しますか？	**Where will you be staying?** ウェー ウィゥ ユー ビー ステイング
これから探す予定です。	**I haven't decided yet.** アイ ハヴント ディサイディット イエット

団体旅行のメンバーですか？	**Are you on a package tour?** アァ ユー オンア パッケージ トゥア
はい。／いいえ。	**Yes / No.** イエス．／ノウ
同行者はいますか？	**Are you traveling with anybody?** アァ ユー トラベリング ウィズ エニボディ
はい、妻と子どもがいます。	**Yes, with my wife and child.** イエス ウィズ マイ ワイフ アンド チャイゥド
いいえ、ひとり旅です。	**No, I'm traveling alone.** ノウ アイム トラヴェリング アローン
帰りの航空券はありますか？	**Do you have a return ticket?** ドゥユ ハヴァ リターン ティケット
いいえ、帰りにニューヨークで買うつもりです。	**No, I'm planning on buying one in New York.** ノウ アイム プランニング オン バイイング ワン イン ニューヨーク
❗ すみません、よく分かりません。	**I'm sorry, I don't understand.** アイム ソリー アイ ドン アンダスタンド
❗ もう一度、ゆっくり喋ってください。	**Could you speak more slowly, please?** クジュ スピーク モー スロウリー プリーズ
❗ ここに日本語を話す人はいませんか？	**Is there anyone who speaks Japanese?** イズ ゼー エニワン フー スピークス ジャパニーズ

旅の単語帳

入国管理	immigration イミグレイション
検疫	quarantine クオランティーン
無効	invalid インヴァリッド
ビザ	visa ヴィザ
入国スタンプ	stamp スタンプ
入国審査	immigration check イミグレイション チェック
サイン	signiture シグニチャ
有効	valid ヴァリッド
外国人	foreigner / alien フォレナー エイリアン
予防接種証明書	vacciniation certificate ヴァクシネーション サーティフィケット

出発

入国審査

✈ 荷物受け取り

預けた荷物はどこで受け取ればいいですか？	**Where do I collect the baggage I checked?**
カートはどこですか？	**Where can I find a cart?**
カートは有料ですか？	**Do the carts cost money?**
いいえ、無料です。	**No, they're free.**
はい、2ドルです。	**Yes, they're $2.**
⚠ スーツケース（バッグ）が壊れています。	**My suitcase (bag) is broken.**
⚠ 荷物が出てこないのですが。	**My baggage hasn't come out.**
手荷物受取所はどこですか？	**Where is the baggage claim?**
手荷物引換証をみせてください。	**Can I see your baggage claim tag?**
⚠ （すぐに）調べていただけますか？	**Could you check that for me (right away)?**
⚠ 急いでいます。	**I'm in a hurry.**
小型（大型）のスーツケースです。	**It's a small (big) suitcase.**
大きめのバッグです。	**It's a large bag.**

色は黒（茶／シルバー）です。	**It's black (brown / silver).** イッツ ブラック（ブラウン ／ シゥバー）
名札がついています。	**It has a name tag on it.** イト ハザ ネイム タグ オニット
わたしはここに泊まります。	**I'll be staying here.** アイゥ ビー ステイイング ヒア
いつまでに連絡をもらえますか？	**When can I expect a call by?** ウェン キャナイ エクスペクト ア コーゥ バイ
見つかり次第ここに連絡してください。	**Could you contact me here** クジュ コンタクト ミー ヒア **as soon as you find it?** アズ スーン アズ ユー ファインディット
この日までしか滞在しないのですが。	**I'm only here until this date.** アイム オンリー ヒア アンティゥ ディス デイト
ホテルまで届けてもらえますか？	**Could you send it to my hotel, please?** クジュ センド イット トゥ マイ ホテゥプリーズ
身の回りの品を買う費用をもっていただけますか？	**Can you give me money to** キャン ユー ギヴ ミー マニー トゥ **replace my things?** リプレイス マイ シングズ
手荷物紛失証明書をいただけますか？	**Could I have a copy of** クダイ ハヴァ コピー オヴ **the lost baggage report?** ザ ロスト バゲッジ レポート

✍旅の情報　荷物が出てこない！

　飛行機を降りて入国審査をすませたら、手荷物受取所（Baggage Claim）で預けた荷物を受け取ります。荷物が出てこない場合は、荷物を預けたときに受け取った手荷物引換証（baggage claim tag）を持って、空港の係員に問い合わせをします。すぐに荷物が出てこなかった場合、その期間の日用品購入代金が請求できることもあるので確認しましょう。捜索の結果、紛失したとみなされたら補償金が支給されますが、少額になることが多く全額補償はほぼ不可能と考えてよいでしょう。万が一のときのために、旅行保険に加入し、貴重品は預け入れ荷物の中に入れないなどの対策をしておくことが肝心です。

税関で

税関に申告するものはありますか？	**Do you have anything to declare?** ドゥ ユー ハヴ エニシング トゥ デクレア
はい、あります。	**Yes.** イエス
バッグを開けてください。	**Open your bag, please.** オウプン ヨー バッグ プリーズ
これは何ですか？	**What's this?** ウォッツ ディス
これはお土産です。	**This is a present.** ディス イズ ア プレゼント
日本では5000円でした。	**It cost 5000 yen in Japan.** イット コスト ファイヴ サウザンド イエン イン ジャパン
これは個人的に使うものです。	**This is for personal use.** ディス イズ フォ パーソナル ユース
酒やタバコを持っていますか？	**Are you carrying any alcohol or tobacco?** アァ ユー キャリイング エニ アルコホゥオ タバコ
日本酒（タバコ）を1本（箱）持っています。	**I have 1 bottle (box) of sake (cigarettes).** アイ ハヴ ワン ボトゥ（ボックス）オヴ サーキ（シガレッツ）
これは課税対象です。	**This is subject to taxation.** ディス イズ サブジェクト トゥ タクセーション
これは持ち込み禁止です。	**This is prohibited.** ディス イズ プロヒビティド
ほかに荷物はありますか？	**Do you have any other baggage?** ドゥ ユー ハヴ エニ アザー バゲッジ
この申告書を出口の係員に渡してください。	**Please give this to the officer at the exit.** プリーズ ギヴ ディス トゥ ザ オフィサー アット ジ エグジット

✈旅の情報　税関申告書の記入例

アメリカの記入例です。
各国の出入国書類記入例…PART5 訪問国の基本情報（→ P307）

記入例:
- 1. Family Name: ❶ SATO
- First (Given): REIKA
- 2. Birth date: Day 03　Month 03　Year 80
- 3. Number of Family members traveling with: ❸
- 4. (a) U.S. Street Address (hotel name/destination): ❹ Grand Hotel
- (b) City: NEW YORK　(c) State: NY
- 5. Passport issued by (country): ❺ JAPAN
- 6. Passport number: ❻ AL1234567
- 7. Country of Residence: ❼ JAPAN
- 9. Airline/Flight No. or Vessel Name: ❾ AA706
- 10〜14. ❿⓫⓬⓭⓮ No ✓
- ❻ 里れいか
- ⓱ 15/4/13

❶ 名前
❷ 生年月日
❸ 旅行を共にしている家族の人数
❹ (a) アメリカでの滞在地（ホテル／目的地）(b) 市 (c) 州
❺ パスポートの発行国
❻ パスポート番号
❼ 居住国
❽ アメリカ到着以前に滞在した国
❾ 航空便名
❿ 旅行目的がビジネスか否か
⓫ 食品や植物、動物などを持ち込んでいるか、農場や牧場に滞在していたか
⓬ 家畜のそばに滞在し、触れたり、扱ったりしたか
⓭ 1万ドルを超える米ドル、もしくはそれに相当する通貨手段や外貨を所有しているか
⓮ 個人の私物ではない、商用製品を持ち込んでいるか
⓯ 居住者－アメリカ国外で購入し、アメリカ国内へ持ち込む物品の総額
訪問者－アメリカ国内に残していく物品の総額
⓰ 署名
⓱ 日付

❿〜⓮は、該当する場合「Yes」、該当しない場合「No」のチェックボックスに印をつけます。また、申告するものがある場合は裏面に記入します。

📖 旅の単語帳

税関申告書	**customs declaration**　カスタムズ デクレラーション	免税	**duty free**　デューティ フリー
持ち込み制限	**limit**　リミット	持ち込み禁止	**prohibited**　プロヒビティド
課税	**tax**　タックス	税関	**customs**　カスタムズ

案内所で

観光案内所はありますか？	**Is there a tourist information center?** イズ ゼー ア トゥーリスト インフォメーション センター
市内へはどのように行くのがいいですか？	**How do I get into the city?** ハウ ドゥ アイ ゲット イントゥ ザ シティ
観光パンフレットはありますか？	**Do you have tourist brochures?** ドゥ ユー ハヴ トゥーリスト ブロウシャーズ
日本語のパンフレットはありますか？	**Do you have tourist brochures in Japanese?** ドゥ ユー ハヴ トゥーリスト ブロウシャーズ イン ジャパニーズ
日本語を話せる人はいますか？	**Does anyone speak Japanese?** ダズ エニワン スピーク ジャパニーズ
地図をもらえますか？	**Could I have a map, please?** クダイ ハヴァ マップ プリーズ
おすすめのイベントはありますか？	**Are there any events you recommend?** アァ ゼー エニ イヴェンツ ユー レコメンド
ここへ行きたいのですが。	**I'd like to go here.** アイド ライク トゥ ゴー ヒア
ここでホテルの予約ができますか？	**Can I book hotels here?** キャナイ ブック ホテウズ ヒア
バス（タクシー）乗り場はどこですか？	**Where is the bus stop (taxi stand)?** ウェー イズ ザ バス ストップ（タクシー スタンド）
ここまでタクシー代はどのくらいですか？	**How much is a taxi to here?** ハウ マッチ イザ タクシー トゥ ヒア
ここへ行くバスはどこから乗ればいいですか？	**Where do I get the bus to here?** ウェー ドゥ アイ ゲット ザ バス トゥ ヒア
❗ <u>出迎えの人がいません。</u>	**I can't find the person who was supposed to meet me.** アイ キャント ファインド ザ パースン フー ワズ サポースト トゥ ミート ミー

旅の情報　現地での観光情報の集め方

　事前に下調べをするのも大切ですが、やはりフレッシュな情報を現地で集めたいもの。さまざまな方法で現地の情報を探してみましょう。

▌観光案内所

観光に関する情報を効率的に手にいれることができるのが観光案内所。空港や大きな駅、市街などにあり、専任のスタッフが観光の相談に乗ってくれます。地図やガイドブックを入手できたり、ホテルの手配を代行してくれたりなど、サービスが充実。ただし人気のエリアは混雑することもあるので、時間には余裕をもって。

▌ホテルのフロント

市内の観光案内所には営業時間がありますが、滞在しているホテルのフロントなら、スタッフがいる間は朝早くから夜遅くまで観光の相談にのってもらえることがほとんど。コンシェルジュのいるホテルなら、チケットの手配や効率的な観光ルートの提案など、より充実したサービスが期待できます。

▌インターネット

日本で旅行の準備をする際にも役立ちますが、インターネットは現地での情報収集にも役立ちます。観光案内所が見つからないときや、現地で日本語の情報を読みたいときなどに活用するとよいでしょう。事前にインターネットカフェの場所を確認しておいたり、パソコンの設備が整ったホテルに滞在したりするのがおすすめです。

旅の単語帳

観光パンフレット	**tourist brochure** トゥーリスト ブローシャー	路線図	**route map** ルート マップ
時刻表	**timetable** タイム テーブゥ	観光案内所	**tourist information center** トゥーリスト インフォメーション センター
バス乗り場	**bus stop** バス ストップ	タクシー乗り場	**taxi stand** タクシー スタンド

子どもが迷子になってしまいました。	I've lost my child. アイヴ ロスト マイ チャイゥド
友人（家族、子ども）とはぐれてしまいました。	I got seperated from my friend (family / child). アイ ゴット セパレイティッド フロム マイ フレンド （ファミリー / チャイゥド）
観光のおすすめスポットはありますか？	Is there anywhere you recommend? イズ ゼー エニウェー ユー レコメンド
レンタカーを借りたいのですが。	I'd like to rent a car. アイド ライク トゥ レンタカー
ホテルリストをください。	Do you have a hotel list? ドゥ ユー ハヴァ ホテゥ リスト
グランドホテルの送迎バスはどこから出ていますか？	Where do I get the shuttle bus for the Grand hotel? ウェー ドゥ アイ ゲット ザ シャトゥ バス フォ ザ グランド ホテゥ
このバスはタイムズスクエアに停まりますか？	Does this bus go to Times Square? ダズ ディス バス ゴー トゥ タイムズ スクエー
ポーターはどこにいますか？	Where is the porter? ウェー イズ ザ ポータ
荷物を運ぶ手伝いをしてほしいのですが。	Could you help me with my luggage, please? クジュ ヘゥプ ミー ウィズ マイ ラゲッジ プリーズ

✈ 空港から市内へ

ポーターを呼んでいただけますか？	Could you call a porter, please? クジュ コーゥ ア ポータ プリーズ
この荷物をバス（タクシー）乗り場まで運んでいただけますか？	Could you carry this to the bus stop (taxi stand)? クジュ キャリー ディス トゥ ザ バス ストップ（タクシー スタンド）
おつりはいりません。	Keep the change. キープ ザ チェインジ
ここ行きは何番乗り場ですか？	Where do I get the bus to go here? ウェー ドゥ アイ ゲット ザ バス トゥ ゴー ヒア

ここへ行くにはどこで降りればいいですか？	**Where do I get off to go here?** ウェー ドゥ アイ ゲトフ トゥ ゴー ヒア
ここに書いていただけますか？	**Could you write it here?** クジュ ライティト ヒア
ここへ行きますか？	**Does this bus go here?** ダズ ディス バス ゴー ヒア
いつ発車しますか？	**When does it leave?** ウェン ダズ イット リーヴ
タクシー乗り場はどこですか？	**Where is the taxi stand?** ウェー イズ ザ タクシー スタンド
ここへ向かってください。	**Could you take me here, please?** クジュ テイク ミー ヒア プリーズ
どのくらいかかりますか？（時間）	**How long will it take?** ハウ ロング ウィリト テイク
どのくらいかかりますか？（料金）	**How much will it cost?** ハウ マッチ ウィリト コスト
高速料金が含まれた値段ですか？	**Does that include the highway toll?** ダズ ザット インクルード ザ ハイウェイ トーウ
トランクを開けてもらえますか？	**Could you open the trunk, please?** クジュ オウプン ザ トランク プリーズ
ここで降ろしてください。	**Could you let me out here?** クジュ レミ アウト ヒア
❗ メーターを動かしてください。	**Could you use the meter?** クジュ ユーズ ザ ミーター
❗ メーター料金と違うようなのですが。	**That's different to the meter.** ザッツ ディファレント トゥ ザ ミーター
次の電車はいつですか？	**When is the next train?** ウェン イズ ザ ネクスト トレイン

両替・銀行

Money Exchange / Bank

指さし会話

両替をする

両替をお願いします。

I'd like to change some money.
アイド ライク トゥ チェインジ サム マニー

これを☐にしてください。

I'd like to change this to ☐.
アイド ライク トゥ チェインジ ディス トゥ

指さしてみよう

▶アメリカドル

US dollars
ユエス ダラーズ

▶イギリスポンド

British pounds
ブリティッシュ パウンズ

▶カナダドル

Canadian dollars
カネィディアン ダラーズ

▶オーストラリアドル

Australian dollars
オーストレィリアン ダラーズ

▶ニュージーランドドル

New Zealand dollars
ニュージーランド ダラーズ

54

旅の情報　海外で両替できる場所いろいろ

海外旅行に行くなら、現地の通貨に両替することが必須。両替する場所によってそれぞれメリットとデメリットがあるので、自分の旅行スタイルにあう方法を探してみましょう。

▌空港

メリット
・到着してすぐ両替できるので便利
・24時間営業の場合が多い

デメリット
・レートが悪い傾向がある
・手数料が高め

▌銀行

メリット
・店舗数が多いので両替しやすい
・外貨預金からも両替できる

デメリット
・窓口の営業時間に制限がある
・手数料が高め

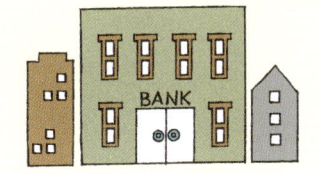

▌ホテル

メリット
・サービスが丁寧で安心
・24時間対応してもらえる

デメリット
・レートが悪い傾向がある
・宿泊者以外は対応してもらえない

▌市内の両替所

メリット
・便利な場所にあることが多い
・比較的レートがいい場合がある

デメリット
・便利な場所ほど手数料が高め
・詐欺にあう可能性がある

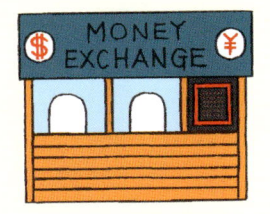

旅の情報　各国の通貨紹介

アメリカ・ハワイ

単位：$ = ドル　¢ = セント

$100　$50 　$20

$10　$5 　$1

$1　50¢　25¢　10¢　5¢　1¢

イギリス

単位：£ = ポンド　p = ペンス

£50 　£20 　£10

£5

£2 　£1 　50p 　20p

10p 　5p 　2p 　1p

カナダ

単位：C＄＝ドル　¢＝セント

C＄100　　C＄50　　C＄20　　C＄10

C＄5

C＄2　C＄1　50¢　25¢　10¢　5¢　1¢

オーストラリア

単位：A＄＝ドル　¢＝セント

A＄100　　A＄50　　A＄20　　A＄10

A＄5

A＄2　A＄1　50¢　20¢　10¢　5¢

ニュージーランド

単位：NZ＄＝ドル　¢＝セント

NZ＄100　　NZ＄50　　NZ＄20　　NZ＄10

NZ＄5

NZ＄2　NZ＄1　50¢　20¢　10¢

※各国の通貨は予告なく変更になる場合があります

両替・銀行　各国の通貨紹介

両替

両替はどこでできますか？	**Where can I change my money?** ウェー キャナイ チェインジ マイ マニー
両替をお願いします。	**I'd like to change some money.** アイド ライク トゥ チェインジ サム マニー
これをドル（ポンド）に替えてください。	**Could you change this to dollars (pounds), please?** クジュ チェインジ ディス トゥ ダラーズ （パウンズ） プリーズ
この100ドル札をくずしてください。	**Could you break this hundred for me?** クジュ ブレイク ディス ハンドレッド フォ ミー
為替レートはどのくらいですか？	**What's the exchange rate?** ウォッツ ザ イクスチェインジ レート
トラベラーズチェックを両替したいのですが。	**I'd like to cash some travelers' checks.** アイド ライク トゥ キャッシュ サム トラベラーズ チェックス
手数料はどのくらいですか？	**How much is the currency conversion fee?** ハウ マッチ イズ ザ カレンシー コンヴァージョン フィー
この紙幣をくずしてもらえますか？	**Could you break this bill for me?** クジュ ブレイク ディス ビゥ フォ ミー
小銭もまぜてもらえますか？	**Could I get some coins too, please?** クダイ ゲッサム コインズ トゥー プリーズ
サインをお願いします。	**Could you sign here, please?** クジュ サイン ヒァ プリーズ
内容を確認してください。	**If you'd like to check it?** イフ ユード ライク トゥ チェキット？
❗ 計算が違うようです。	**I think this is wrong.** アイ シンク ディス イズ ロング
領収書をください。	**Could I have a receipt?** クダイ ハヴァ レシート

銀行

両替・銀行

ここから一番近い銀行はどこですか？	**Where is the closest bank?** ウェー　イズ ザ　クローセスト バンク
このカードは使えますか？	**Can I use this card here?** キャナイ　ユーズ ディス カード　ヒァ
申し訳ありませんが、そのカードは受け付けていません。	**I'm sorry, we don't accept this card.** アイム　ソリー ウィードン　アクセプト ディス　カード
ATMの使い方を教えてください。	**Could you show me how to use the ATM, please?** クジュ　ショウ　ミー ハウ トゥ ユーズ ザ　エィティーエム プリーズ
お金を下ろしたいのですが。	**I'd like to withdraw some money.** アイド ライク トゥ ウィズドロー サム　マニー
クレジットカードでキャッシングをしたいのですが。	**I'd like to withdraw some money with my credit card.** アイド ライク トゥ ウィズドロー サム　マニー ウィズ マイ　クレディット カード
ATMが動きません。	**The ATM doesn't work.** ザ エィティーエム ダズント　ワーク
カードが出てきません。	**The machine took my card.** ザ　マシーン　トゥック マイ カード
お金が出てきません。	**No money is coming out.** ノウ マニー　イズ カミング　アウト
トラベラーズチェックの再発行をお願いできますか？	**I'd like to have some travelers' checks reissued.** アイド ライク トゥ ハヴ サム トラベラーズチェックス　リイシュード
購入者控えを見せてください。	**Could I see your purchase receipt?** クダイ　シー　ヨー　パーチェス　リシート
外貨両替コーナーはどこですか？	**Where is the currency exchange counter?** ウェー　イズ ザ　カレンシー　エクスチェインジ カウンター
両替がしたいのですが。	**I'd like to change some money.** アイド ライク トゥ チェインジ サム　マニー

59

交通 | Transportation

タクシーで行き先を告げる

こんにちは。どちらまで？
Hi. Where to?
ハイ　ウェー　トゥ

この ▢ までお願いします。
Could you take me to this
クジュ　　　　テイク　ミー　トゥ　ディス
▢ , please?
　　　　　　　プリーズ

指さしてみよう

▶ホテル 
hotel
ホテゥ

▶駅 
station
ステイション

▶お店 
shop
ショップ

▶レストラン 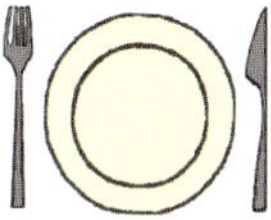
restaurant
レストラン

▶カフェ 
café
カフェ

▶バー 
bar
バァ

▶美術館 
museum
ミュジアム

▶映画館 
cinema
シネマ

▶劇場 
theater
シアター

▶スタジアム 
stadium
スティディウム

▶アミューズメントパーク 
amusement park
アミューズメント　パーク

▶スパ 
spa
スパー

▶カジノ 
casino
カシーノ

▶マーケット 
market
マーケット

▶空港 
airport
エーポート

交通

指さし会話

交通手段を探す

ここへはどのように行くのがおすすめですか？	**What's the best way to get here?** ウォッツ ザ ベスト ウェイ トゥ ゲット ヒア
このバスを使うといいですよ。	**This bus would be the best.** ディス バス ウド ビー ザ ベスト
ここへは歩いて行けますか？	**Can I walk here?** キャナイ ウォーク ヒア
どのくらい時間がかかりますか？	**How long does it take?** ハウ ロング ダズ イッテイク
20分くらいです。	**About 20 minutes.** アバウト トゥウェンティー ミニッツ
一番安く行くにはどうすればいいですか？	**What's the cheapest way to get there?** ウォッツ ザ チーペスト ウェイ トゥ ゲット ゼー
駅（バス停）からは近いですか？	**Is it near a station (bus stop)?** イズ イット ニァ ア ステイション（バス ストップ）
地図を描いてもらえますか？	**Could you please draw a map?** クジュ プリーズ ドゥローア マップ
乗り継ぎは必要ですか？	**Do I need to change trains (buses)?** ドゥ アイ ニード トゥ チェインジ トレインズ（バスィズ）
乗り継ぎの少ない方法を教えてください。	**What's the simplest way to get there?** ウォッツ ザ シンプレスト ウェイ トゥ ゲット ゼー

旅の単語帳

路線図	route map ルート マップ	公共の交通機関	public transport パブリック トランスポート
駅	station ステイション	バス停	bus stop バス ストップ
近道	shortcut ショートカット	徒歩で	on foot オン フット

地下鉄

地下鉄の路線図をもらえますか？	**Could I get a route map, please?** クダイ　ゲタ　ルート　マップ　プリーズ
切符はどこで買えますか？	**Where can I buy a ticket?** ウェー　　キャナイ バイ　ア ティケット
回数券（トラベルカード/ICカード）が買いたいのですが。	**I'd like to buy multiple** アイド ライク トゥ バイ マルティプル **tickets (a travel card / IC card).** ティケッツ（ア トラベゥ カード　/　アイシー カード）
⚠ 自動券売機の使い方が分かりません。	**I don't know how to use** アイドノー　　　　ハウ　トゥ ユーズ **the ticket machine.** ザ　ティケット マシーン
日本語の表示はできますか？	**Is there a Japanese display?** イズ ゼー　ア ジャパニーズ　ディスプレイ
⚠ おつりが出てきません。	**It didn't give me my change.** イト ディデント ギヴ ミー マイ チェインジ
子どもはいくらかかりますか？	**How much for children?** ハウ　　マッチ　フォ チゥドレン
ICカードにチャージする方法を教えてください。	**How do I charge my IC card?** ハウ　ドゥ アイ チャージ マイ アイシー カード
有効期限はいつまでですか？	**When is it valid until?** ウェン　　イズ イット ヴァリッド アンティゥ
キャナルストリート行きの地下鉄は何番線に来ますか？	**What platform is the train** ウォット　プラットフォーム イズ ザ トレイン **bound for Canal Street?** バウンド　フォ カナゥウ ストリート
最寄りの地下鉄の駅はどこですか？	**Where is the closest** ウェー　　イズ ザ　クローセスト **subway station?** サブウェイ　ステイション
8番街はいくつ目の駅ですか？	**How many stations** ハウ　メニー　ステイションズ **away is 8th Avenue?** アウェイ イズ エイス アヴェニュー
ウェストミンスター駅までいくらかかりますか？	**How much is it** ハウ　マッチ　イズイット **to Westminster station?** トゥ ウェストミンスター　ステイション

交通

交通手段を探す／地下鉄

回数券を買いたいのですが。	**I'd like a book of tickets.** アイド ライク ア ブック オブ チケッツ
ブロードウェイへはどこで乗り換えますか？	**Where do I change trains for Broadway?** ウェー ドゥ アイ チェインジ トレインズ フォ ブロードウェイ
キングスクロス駅はまだ通り過ぎていませんか？	**Have we passed King's Cross station yet?** ハヴ ウィ パスト キングス クロス ステイション イエット
ここへ行くのに近い出口はどこですか？	**What's the closest exit to here?** ウォッツ ザ クローセスト エグジット トゥ ヒア
⚠ 改札を間違えました。	**I used the wrong ticket gates.** アイ ユーズド ザ ロング チケット ゲイツ
改札を一度出てもいいですか？	**Can I leave the ticket gates and come back?** キャナイ リーヴ ザ チケット ゲイツ アンド カム バック
⚠ 乗り換えの方法が分かりません。	**I don't know how to change trains.** アイ ドノー ハウ トゥ チェインジ トレインズ
この線のホームはどこにありますか？	**Where is the platform for this line?** ウェー イズ ザ プラットフォーム フォ ディス ライン
⚠ 列車の中に忘れ物をしました。	**I left something on the train.** アイ レフト サムシング オン ザ トレイン
遺失物取扱所はどこですか？	**Where is the lost and found office?** ウェー イズ ザ ロスト アンド ファウンド オフィス
ICカードの残額を確認したいのですが。	**I'd like to check how much I have left on my IC card.** アイド ライク トゥ チェック ハウ マッチ アイ ハヴ レフト オン マイ アイシーカード
ICカードの精算をしたいのですが。	**I'd like to return my IC card. Can I get the money left on the card?** アイド ライク トゥ リターン マイ アイシー カード キャナイ ゲット ザ マニー レフト オン ザ カード
⚠ わざとではありません。（乗り越して）	**I didn't mean to.** アイ ディデント ミーン トゥ
切符の払い戻しをしてもいいですか？	**Can I get a refund on my ticket?** キャナイ ゲタ リーファンド オン マイ チケット

券売機

路線図
route map
ルート マップ

タッチパネル
touch panel
タッチ パネゥ

コイン投入口
coin slot
コイン スロット

つり銭口
change dispenser
チェインジ ディスペンサー

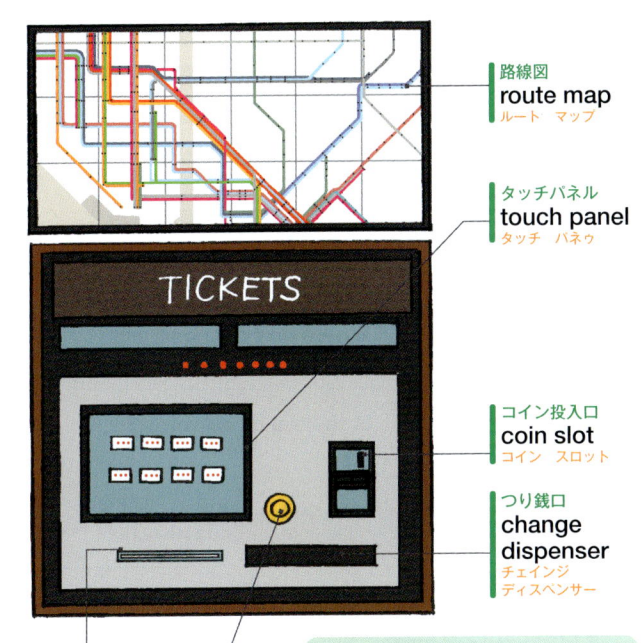

切符取り出し口
ticket dispenser
ティケット ディスペンサー

呼び出しボタン
call button
コーゥ バトゥン

交通

地下鉄

発券機のサイン

→ **NO CHANGE GIVEN**
→ **EXACT MONEY ONLY**

この表示がでている券売機では、おつりが出てこないので注意しましょう。

旅の単語帳

入口	entrance エントランス	出口	exit エグジット
回送	out of service アウト オヴ サーヴィス	遅延	delayed ディレイド
プラットホーム	platform プラットフォーム	ラッシュアワー	rush hour ラッシュアウワ
券売機	ticket machine ティケットマシーン	プラットホーム	platform プラットフォーム
精算所	fare adjustment office フェーアジャストメント オフィス	案内所	information desk インフォメーション デスク

市内バス

最寄りのバス停はどこですか？	**What's the closest bus stop?** ウォッツ　ザ　クローセスト バス　ストップ
バスの路線図はありますか？	**Could I get a route map?** クダイ　ゲタ　ルート　マップ
バスでここへ行きたいのですが。	**I'd like to get a bus to here.** アイド ライク トゥ ゲタ　バス　トゥ　ヒァ
どこで乗り換えればいいですか？	**Where do I change buses?** ウェー　ドゥ アイ チェインジ バスィズ
直行のバスはありますか？	**Is there a direct route?** イズ ゼー　ア ダイレクト ルート
このバスはどこ行きですか？	**Where does this bus go?** ウェー　ダズ　ディス バス　ゴー
タイムズスクエアへはこのバスに乗れば着きますか？	**Does this bus go to Times Square?** ダズ　ディス バス　ゴー トゥー タイムズ スクエー
ここに行くにはどのバス停で降りればいいですか？	**Where do I get off to go here?** ウェー　ドゥ アイ ゲトフ　トゥ ゴー ヒァ
ICカードは使えますか？	**Can I use this card ?** キャナイ　ユーズ ディス　カード
料金はいつ払えばいいですか？	**When do I pay?** ウェン　ドゥ アイ ペイ
自動券売機で払ってください。	**Please use the ticket machine.** プリーズ　ユーズ　ザ　ティケット マシーン
おつりは出ますか？	**Can I get change?** キャナイ ゲット チェインジ
すみません、通してください。	**Sorry, coming through!** ソリー　カミング　スルー

ここに座ってもいいですか？	**Can I sit here?** キャナイ シット ヒア
ここにどうぞ。(席を譲る)	**Please have my seat.** プリーズ ハヴ マイ シート
バスの停め方を教えてください。	**How do I hail the bus?** ハウ ドゥ アイ ヘイゥ ザ バス
⚠ 乗り間違えました。降ろしてください。	**I'm on the wrong bus.** アイム オン ザ ロング バス **Please let me out here.** プリーズ レミ アウト ヒア
降りるバス停になったら教えていただけますか？	**Could you let me know when it's my stop?** クジュ レミ ノウ ウェン イッツ マイ ストップ
次のバス停はどこですか？	**Where is the next stop?** ウェー イズ ザ ネクスト ストップ
ここで降ります。	**I'm getting off here.** アイム ゲティング オフ ヒア
⚠ 乗り過ごしてしまいました。	**I missed my stop.** アイ ミスト マイ ストップ
⚠ 切符（ICカード）をなくしてしまいました。	**I lost my ticket (IC card).** アイ ロスト マイ ティケット（アイシー カード）
帰りの停留所はどこですか？	**Where is the bus stop to get back?** ウェー イズ ザ バス ストップ トゥ ゲット バック
最終のバスは何時ですか？	**What time is the last bus?** ウォッタイム イズ ザ ラスト バス

交通 / 市内バス

旅の単語帳

優先席	priority seat プライオリティ シート	降車ボタン	stop button ストップ バトゥン
運賃	bus fare バス フェー	乗り換え	transfer トランスファー
運転手	driver ドライヴァー	アナウンス	announcement アナウンスメント

タクシー

タクシーを呼んでください。	**Could you call me a taxi?** クジュ　　　　コーゥ ミー ア タクシー
タクシーはどのあたりで拾えますか？	**Where can I get a taxi?** ウェー　　キャナイ ゲタ　　タクシー
トランクを開けてもらえますか？	**Could you open the trunk?** クジュ　　　　オウプン ザ　トランク
ここへ行ってもらえますか？	**Could you take me here?** クジュ　　　　テイク ミー ヒァ
帰りも運んでもらえますか？	**Could we ask you to take us back too?** クド　　ウィー アスク ユー トゥ テイカス バック トゥー
このルートで行ってもらえますか？	**Could you take this route?** クジュ　　　　テイク ディス ルート
3時までに着きたいです。	**I'd like to get there by 3.** アイド ライク トゥ ゲット ゼー バイ スリー
全員乗れますか？	**Can we all fit in?** キャンウィー オーゥ フィティン
1日（午前／午後）チャーターできますか？	**Could I hire you for the day (the morning / the afternoon)?** クダイ　　ハイア ユー フォ ザ　デイ （ザ　モーニング　／　ジ　アフタヌーン）
まっすぐに行ってください。	**Go straight.** ゴー ストレイト
右（左）に曲がってください。	**Turn right (left) here, thanks.** ターン ライト （レフト） ヒァ　　サンクス
ここで停めてもらえますか？	**Could you stop here, please?** クジュ　　　　ストップ ヒァ　　プリーズ
ここで待っていてもらえますか？	**Could you wait here, please?** クジュ　　　　ウェイト ヒァ　　プリーズ

2時間で(すぐに)戻ります。	**We'll be back in 2 hours (soon).** ウィーゥ ビー バック イン トゥー アウワズ (スーン)
見学が終わるまで待ってもらえますか？	**Could you wait here for us?** クジュ ウェイト ヒア フォ アス
このあたりで降ります。	**Could you let me out around here?** クジュ レミ アウト アラウンド ヒア
あの建物の前で停めてください。	**Could you let me out in front of this building?** クジュ レミ アウト イン フラント オヴ ディス ビゥディング
ドアは自分で開けてください。	**You have to open the door yourself.** ユー ハフトゥ オウプン ザ ドー ヨーセゥフ
ドアを閉めてください。	**Could you close the door?** クジュ クローズ ザ ドー
⚠ トイレに行きたいのですが。	**I need to go to the bathroom.** アイ ニード トゥ ゴー トゥー ザ バスルーム
安全運転でお願いします。	**Drive safely, please.** ドライヴ セーフリー プリーズ
ホテルへ戻ってもらえますか？	**Could you take me back to the hotel?** クジュ テイク ミー バック トゥ ザ ホテゥ
あとどのくらいで着きますか？	**How much further is it?** ハウ マッチ ファーザー イズ イット
間に合いますか？	**Are we going to make it in time?** アァ ウィー ゴーイング トゥ メイキット イン タイム
⚠ メーターを動かしてください。	**Could you turn the meter on?** クジュ ターン ザ ミーター オン
⚠ 急いでいます。	**I'm in a hurry.** アイム イナ ハリー
⚠ おつりが足りません。	**You didn't give me enough change.** ユー ディデント ギヴ ミー イナフ チェインジ

交通

タクシー

旅の情報　タクシーを安全に利用しよう

　不慣れな場所では道に迷いやすいもの。行きたい場所さえ伝えれば目的地まで運んでくれるタクシーは、旅の便利な交通手段。一方で、旅行者がトラブルを起こしやすい乗り物でもあります。旅先でタクシーに乗る前に、注意点を確認しておきましょう。

目的地や値段の交渉は乗る前に

車内の閉ざされた空間では、旅行者のほうがドライバーよりも不利な立場になりがちです。料金の相場を調べておいて、事前に値段の交渉をしたり、確実に目的地に連れて行ってくれるかを確認したりしておくと安心です。

目的地に着くまでは緊張感をもって

事前に交渉をしても、密室の車内では何が起こるか分からないもの。財布などの貴重品はトランクに入れず、常に自分のそばに置くようにしましょう。移動中に寝るのも危険です。絶対に目は開けておきましょう。

無認可のタクシーには気をつけて

無認可のタクシーでは、わざと遠回りされたり、メーターを動かしてもらえなかったりというトラブルが起きる可能性が高くなります。信頼できるお店やホテルに呼んでもらうか、タクシー乗り場から乗るようにしましょう。

車内ではトラブルを訴えない

トラブルが起きてもすぐに騒がず、目的地か安全な場所に降ろしてもらってから抗議しましょう。その際、ドライバーのIDや車のナンバーをメモしておくと、あとあと、警察に訴えるときに役立ちます。

旅の単語帳

渋滞	**traffic jam** トラフィック ジャム	空車	**vacant** ヴェイカント
回送	**out of service** アウト オヴ サーヴィス	有料道路	**toll road** トゥゥ ロード
高速道路	**highway** ハイウェイ	メーター	**the meter** ザ ミーター

🚃 鉄道に乗るまで

切符売り場はどこですか？	**Where do I buy tickets?** ウェー　ドゥ アイ バイ ティケッツ
切符の窓口はどこですか？	**Where is the ticket counter?** ウェー　イズ ザ　ティケット カウンター
❗ お金を入れたのに切符が出てきません。	**I put the money in but I didn't** アイ プット ザ マニー　イン バット アイ ディデント **get a ticket.** ゲタ ティケット
時刻表はどこにありますか？	**Where is the timetable?** ウェー　イズ ザ　タイムテーブゥ
次のロンドン行きの電車は何時に出ますか？	**When is the next train to London?** ウェン　イズ ザ　ネクスト トレイン トゥ ランドゥン
4時に出ます。	4 o'clock. フォー オクロック
バッキンガムへ行きたいのですが。	**I want to go to Buckingham.** アイ ウォントゥ ゴー トゥ バッキンガム
パディントン行きの切符をください。	**Could I have a ticket** クダイ　　ハヴ ア ティケット **to Paddington?** トゥ パディントン
何枚ですか？	How many tickets? ハウ メニー　ティケッツ
3枚です。	**Three.** スリー
出発日はいつですか？	What day would you like to leave? ウォッデイ　ウジュ　　　ライク トゥ リーヴ
明後日です。	**The day after tomorrow.** ザ　デイ　アフタートゥモロー
それは特急料金も含まれていますか？	**Does that include the express fee?** ダズ　ザット インクルード ザ　エクスプレス フィー

交通

タクシー／鉄道に乗るまで

片道ですか？往復ですか？	**One way, or roundtrip?** ワン ウェイ オ ラウンドトリップ
座席の指定はできますか？	**Can I choose where I sit?** キャナイ チューズ ウェー アイ シット
何クラスにしますか？	**What class would you like to ride?** ウォット クラス ウジュ ライク トゥ ライド
何クラスがありますか？	**What classes are there?** ウォット クラスィズ アァ ゼー
1等、2等があります。	**We have 1st class and 2nd class seats.** ウィー ハヴ ファースト クラス アンド セカンド クラス シーツ
料金はどのくらい違いますか？	**What are the prices?** ウォット アァ ザ プライシズ
2等でお願いします。	**2nd class, thanks.** セカンド クラス サンクス
急行はありますか？	**Is there an express?** イズ ゼー アン エクスプレス

✎旅の情報　海外で長距離を移動する

ひとつの都市だけでなく、いろいろな都市を観光してまわりたいとき、都市と都市の間を長距離移動する必要がでてきます。複数の都市間を長距離移動するには、飛行機、鉄道、長距離バスなどの手段があります。移動距離や予算を考慮して、自分に最も合う交通手段を選びましょう。

▌飛行機
飛行機は移動時間が短くてすみますが、セキュリティチェックなどの手続きを受けたり、市街へ出たりするのに時間がかかる場合があります。

▌鉄道
鉄道は趣のある旅を満喫できる反面、日本と違い、発着時刻が遅れることがしばしばあるので、時間に余裕をもった計画をたてましょう。

▌長距離バス
長距離バスは安価に旅ができるメリットがありますが、バスのクラスによっては、同乗している乗客の質に不安を感じることも。金銭的に余裕があれば、安全のためにもデラックスタイプのバスがおすすめです。

割引はありますか？	**Is there a discount?** イズ ゼー ア ディスカウント
このパスは使えますか？	**Can I use this pass?** キャナイ ユーズ ディス パス
このパスの有効期限はいつですか？	**When is this pass valid until?** ウェン イズ ディス パス ヴァリッド アンティゥ
⚠ 予約の変更をしたいのですが。	**I'd like to change my booking.** アイド ライク トゥ チェインジ マイ ブッキング
⚠ 払い戻しはできますか？	**Is it refundable?** イズ イット リファンダブゥ
⚠ 予約した電車に乗り遅れてしまいました。	**I missed my train.** アイ ミスト マイ トレイン

🚆 駅の構内で

この電車は何番線から出ますか？	**What platform does this train leave from?** ウォット プラットフォーム ダズ ディス トレイン リーヴ フロム
この切符の電車で間違いないですか？	**Is this ticket for that train?** イズ ディス ティケット フォ ザット トレイン
あとどのくらいで発車しますか？	**How long until the train leaves?** ハウ ロング アンティゥ ザ トレイン リーヴス
電車はあとどのくらいで来ますか？	**How long until the train comes?** ハウ ロング アンティゥ ザ トレイン カムズ
⚠ 発車はどのくらい遅れますか？	**How long is it delayed?** ハウ ロング イズ イット ディレイド
写真を撮ってもいいですか？ （軍事施設が近い場合）	**Is photography allowed here?** イズ フォトグラフィー アラウド ヒァ
待ち合い室はありますか？	**Is there a waiting room?** イズ ゼー ア ウェイティング ルーム

この電車はヴィクトリア駅に停まりますか？	**Does this train stop at Victoria Station?** ダズ ディス トレイン ストップ アット ヴィクトリア ステイション
これは各駅停車ですか？特急ですか？	**Is this an all stations train or an express?** イズ ディス アン オーゥ ステイションズ トレイン オ アン エクスプレス

🚆 鉄道の車内で

この席はあいていますか？	**Is this seat taken?** イズ ディス シート テイクン
次の停車駅はどこですか？	**What's the next stop?** ウォッツ ザ ネクスト ストップ
どのくらい停車しますか？	**How long will we stop for?** ハウ ロング ウィゥ ウィー ストップ フォ
切符を拝見します。	**Tickets, please.** ティケッツ プリーズ
はい、どうぞ。	**Here you are.** ヒァ ユー アァ
⚠ 切符をなくしてしまいました。	**I lost my ticket.** アイ ロスト マイ ティケット
⚠ 乗り越してしまいました。	**I missed my stop.** アイ ミスト マイ ストップ
この切符で途中下車はできますか？	**Can I get off along the way and get back on the next train?** キャナイ ゲトフ アロング ザ ウェイ アンド ゲット バック オン ザ ネクスト トレイン
窓を開けてもいいですか？	**Can I open the window?** キャナイ オウプン ザ ウィンドゥ
車掌さんはどこにいますか？	**Where is the conductor?** ウェー イズ ザ コンダクター
席を移動したいのですが。	**I'd like to change seats.** アイド ライク トゥ チェインジ シーツ

プラットホーム

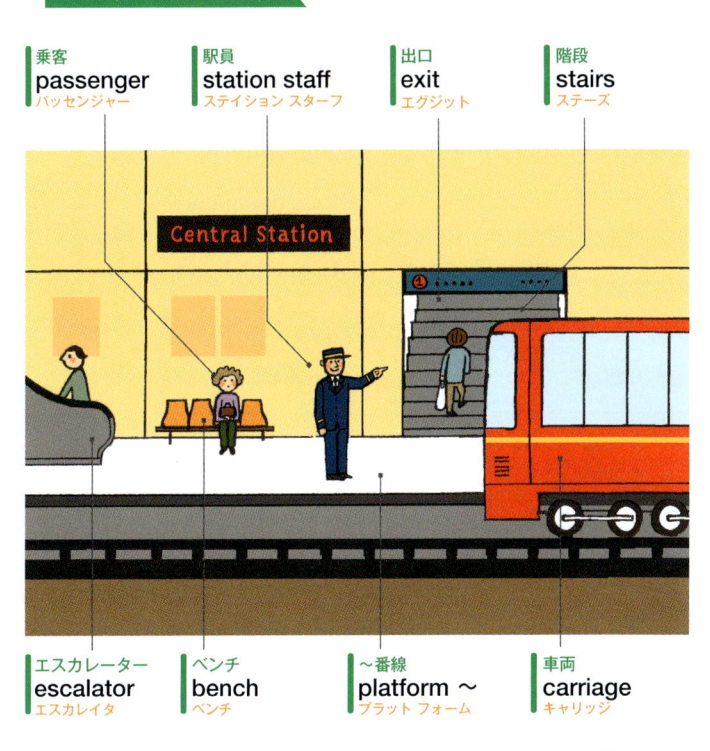

- 乗客 **passenger** パッセンジャー
- 駅員 **station staff** ステイション スタッフ
- 出口 **exit** エグジット
- 階段 **stairs** ステーズ
- エスカレーター **escalator** エスカレイタ
- ベンチ **bench** ベンチ
- ～番線 **platform ～** プラット フォーム
- 車両 **carriage** キャリッジ

交通 / 駅の構内で／鉄道の車内で

旅の単語帳

切符売り場	ticket counter ティケット カウンター	待ち合い室	waiting room ウェイティング ルーム
遺失物取扱所	lost and found ロスト アンド ファウンド	改札口	ticket gates ティケット ゲイツ
自由席	unreserved seats アンリザーヴド シート	指定席	reserved seats リザーヴド シート
各停	all-stations オーウステイションズ	特急	an express アン エクスプレス
始発	the first train ザ ファースト トレイン	特急料金	express fare エクスプレスフェー
食堂車	the dining car ザ ダイニング カー	終電	the last train ザ ラスト トレイン
車掌	conductor コンダクタ	乗り越し料金	excess fare エクセスフェー

長距離バスに乗るまで

長距離バスのターミナルはどこですか？	**Where is the long-distance bus terminal?**
このバス会社の案内所はどこですか？	**Is there an information desk for this bus company?**
ケンブリッジ行きのバスに乗りたいのですが。	**I'd like to get the bus to Cambridge.**
ロンドン行きのバス乗り場はどこですか？	**Where does the bus to London leave from?**
ケンジントン行きのバスはどれですか？	**Which bus goes to Kensington?**
切符の販売窓口はどこですか？	**Where is the ticket counter?**
予約は必要ですか？	**Do I need a reservation?**
ここまでいくらですか？	**How much is it to here?**
バスの中で切符は買えますか？	**Can I buy a ticket on the bus?**
車内で軽食のサービスはありますか？	**Is there food on the bus?**
特急を利用したいのですが。	**I'd like to take an express.**
オックスフォード行きのバスは何時にでますか？	**What time does the bus to Oxford leave?**
時間はどのくらいかかりますか？	**How long is the trip?**

乗り換えは必要ですか？	**Do I need to change buses?** ドゥ アイ ニード トゥ チェインジ バスィズ
何時に出発しますか？	**What time does it leave?** ウォッタイム ダズ イット リーヴ
次のバスは何時ですか？	**When is the next bus?** ウェン イズ ザ ネクスト バス

🚌 バスに乗る

荷物はどこで預ければいいですか？	**What do I do with my luggage?** ウォット ドゥ アイ ドゥ ウィズ マイ ラゲッジ
この荷物を預かっていただけますか？	**Can I leave my luggage with you?** キャナイ リーヴ マイ ラゲッジ ウィズ ユー
トイレはどこですか？	**Where is the restroom?** ウェー イズ ザ レストルーム
休憩は何分ですか？	**How long is the stop?** ハウ ロング イズ ザ ストップ
いつまでに戻ればいいですか？	**What time should I be back by?** ウォッタイム シュダイ ビー バック バイ
❗ もう我慢できません。（トイレ）	**I really need to go.** アイ リーリィ ニード トゥ ゴー
❗ どうしたのですか？（トラブル）	**What's wrong?** ウォッツ ロング

📖 旅の単語帳

食事休憩	**meal break** ミーゥ ブレイク	トイレ休憩	**toilet break** トイレット ブレイク
～行き	**bound for ～** バウンド フォ	～経由	**via ～** ヴァイア
直行	**a direct route** ア ダイレクト ルート	運転手	**driver** ドライヴァー

交通

長距離バスに乗るまで／バスに乗る

レンタカーの貸出カウンターで

レンタカーはどこで借りられますか？	**Where can I rent a car?** ウェー　キャナイ レンタカー
レンタカーを借りたいのですが。	**I'd like to rent a car.** アイド ライク トゥ レンタカー
レンタカーを予約している佐藤です。	**I reserved a car under the name Sato.** アイ リザーヴド ア カー アンダー ザ ネイム　サトー
クレジットカードはお持ちですか？	**Do you have a credit card?** ドゥ ユー　ハヴァ　クレディット カード
保証金をお預かりします。	**I'll need your deposit now.** アイウ ニード ヨー　ディポジット ナウ
国際免許証を見せてください。	**Could I see your international driver's license?** クダイ　シー ヨー　インターナショナル ドライヴァーズ ライセンス
料金表を見せてください。	**Could I see a price list?** クダイ　シー ア プライス リスト
保険は料金に含まれていますか？	**Does the price include insurance?** ダズ　ザ　プライス インクルード インシューランス
オートマチック（マニュアル）車がいいのですが。	**I'd like an automatic (a stick shift) car.** アイド ライク アン オートマティック （ア スティック シフト）カー
チャイルドシートをつけたいのですが。	**I'd like a child seat.** アイド ライク ア チャイゥド シート
5日間借りたいです。	**I'd like the car for 5 days.** アイド ライク ザ　カー フォ ファイヴ デイズ
ここで乗り捨ててもいいですか？	**Can I drop the car off here?** キャナイ ドロップ ザ　カー オフ ヒア
一緒に車の確認をしてください。	**Let's check the car together.** レッツ　チェック ザ　カー　トゥゲザー

ここに傷がついています。	**There's a scratch here.** ゼーズ ア スクラッチ ヒア
ガソリンは満タンにして返しますか？	**Do I need to return it with a full tank of gas?** ドゥ アイ ニード トゥ リターン イット ウィザ フゥ タンク オヴ ガス
戻す場所と時間はどうしますか？	**When and where do I return the car?** ウェン アンド ウェー ドゥ アイ リターン ザ カー
事故にあったらどこに連絡すればいいですか？	**Who do I call if there's an accident?** フー ドゥー アイ コーゥ イフ ゼーズ アン アクシデント
出発前に運転の練習をしてもいいですか？	**Can I test drive it?** キャナイ テスト ドライヴイット

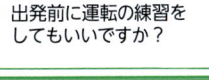

🚃 ドライブ中に

道を教えてもらえますか？	**Could I ask you for directions?** クダイ アスク ユー フォ ディレクションズ
ここへ行くにはこの道で間違いないですか？	**Is this the way to get here?** イズ ディス ザ ウェイ トゥ ゲット ヒア
トイレを貸してください。	**Could I use your restroom?** クダイ ユーズ ヨー レストルーム
車を停められる場所はありますか？	**Where can I park my car?** ウェー キャナイ パーク マイ カー
ここに車を停めてもいいですか？	**Can I park here?** キャナイ パーク ヒア
ここは地図でいうとどのあたりですか？	**Where is this on the map?** ウェー イズ ディス オン ザ マップ
このあたりで一番近いホテルはどこですか？	**Where is the closest hotel to here?** ウェー イズ ザ クローセスト ホテゥ トゥ ヒア
事故を起こしてしまいました。	**I've had an accident.** アイヴ ハド アン アクシデント

ガソリンスタンドで

近くにガソリンスタンドはありますか？	**Is there a gas station near here?** イズ ゼー ア ガス ステイション ニァ ヒァ
満タンにしてください。	**Fill 'er up, thanks.** フィラー アップ サンクス
50ドル分入れてください。	**$50 worth, thanks.** フィフティー ダラーズ ワース サンクス
⚠ ガソリンの入れ方が分かりません。	**I don't know how to put in gasoline.** アイ ドノー ハウ トゥ プット イン ガソリン
⚠ 車が故障しているようです。	**My car has broken down.** マイ カー ハズ ブロークン ダウン
⚠ タイヤがパンクしました。	**I have a flat tire.** アイ ハヴァ フラット タイア
手伝ってもらえますか？	**Could you help me, please?** クジュ ヘゥプ ミー プリーズ
窓を拭くものをください。	**Could I have something to clean the windows?** クダイ ハヴ サムシング トゥ クリーン ザ ウィンドウズ
ゴミを捨てる場所はありますか？	**Where can I put my trash?** ウェー キャナイ プット マイ トラッシュ
電話を貸してもらえますか？	**Could I use your phone?** クダイ ユーズ ヨー フォウン

旅の単語帳

保険	insurance インシューランス	ロードサービス	roadside assistance ロードサイド アシスタンス
走行距離	mileage マイリッジ	前払い	prepaid プリペイド
保証金	deposit ディポジット	保険契約証書	insurance card インシューランス カード

✎ 旅の情報　海外で車を運転する

　海外旅行では公共の交通機関を利用することがほとんどですが、車を使えば発着時刻や乗り換えなどに左右されない、自由な移動が叶います。ただし、国によって運転事情はさまざまなので、事前に情報収集を欠かさないようにしましょう。

▌訪問国の交通ルールを確認しておこう

交通ルールは各国さまざま。日本と似ている国もあれば、まったく違うルールの国もあります。重大な事故を起こさないためにも、ルールの確認は運転前にしっかりとすませておきましょう。

▌発車前には練習を

車を借りたら、目的地に向かう前にレンタカー会社の駐車場で一度練習してみるのも一案です。頭では分かっているつもりでも、実際にやってみるとなかなかできないもの。不安な点は発車前に解消しておきましょう。

▌暗い通りや人通りの少ない場所には注意

治安の悪い場所では何が起こるか分かりません。通行人が極端に少ない、落書きが多い、住宅に厳重な鉄格子がはめられているなどの特徴がある通りに出てしまった場合はすぐに引き返します。

▌ヒッチハイカーを乗せない

映画やテレビでよく見る光景ですが、国や地域によっては法律で禁止されています。違反すると罰せられるだけでなく、思わぬ犯罪に巻き込まれることがあるので、安易に知らない人を同乗させるのはやめましょう。

国際免許証を取得するには

　海外で運転するためには、国際免許証の取得が必要になります。日本の運転免許証があれば、通常、簡単な手続きで発行してもらえます。取得方法は各都道府県によって異なるので、最寄りの運転免許センターに問い合わせましょう。基本的には、日本の免許証の有効期限が1年以上必要ですが、1年未満の場合でも、失効前に免許の更新手続きをすれば取得が可能です。日本の免許証が失効すると、国際免許証も失効します。海外で運転するときも日本の免許証の携帯が必要なので、旅先に持っていくのを忘れずに。

飛行機を予約する

ロサンゼルス行きの飛行機をお願いします。	**I'd like to book a flight to LA.** アイド ライク トゥ ブック ア フライト トゥ エーエー
5日のABC航空457便を予約したいのですが。	**I'd like to book ABC Airlines,** アイド ライク トゥ ブック エイビーシー エーラインズ **Flight 457 on the 5th.** フライト フォー ファイヴ セヴン オン ザ フィフス
満席です。	**I'm sorry, that flight is full.** アイム ソリー　ザット フライト イズ フゥ
夜遅めの飛行機でも構いません。	**I don't mind if it's a late flight.** アイ ドン マインド イフ イッツ ア レイト フライト
キャンセル待ちをします。	**I'll wait for a cancelation.** アイゥ ウェイト フォ ア キャンセレーション
シカゴへの直行便はありますか？	**Is there a direct flight to Chicago?** イズ ゼー　ア ダイレクト フライト トゥ シカーゴ
あいにくデトロイトでの乗り換えになります。	**I'm afraid you'll have to change** アイム アフレイド ユーウ　ハフ　トゥ チェインジ **in Detroit.** イン デトロイト
明日までにニューヨークに着きたいのですが。	**I need to be in New York** アイ ニード トゥ ビー イン ニューヨーク **by tomorrow.** バイ トゥモロー
できるだけ早く出発したいのですが。	**I'd like to leave as soon** アイド ライク トゥ リーヴ アズ スーン **as possible.** アズ ポッシブゥ
6日に予約を変更したいのですが。	**I'd like to change my flight** アイド ライク トゥ チェインジ マイ フライト **to the 6th.** トゥ ザ シックス
予約のキャンセルをしたいのですが。	**I'd like to cancel my flight.** アイド ライク トゥ キャンセゥ マイ フライト
キャンセル料はかかりますか？	**Is there a cancelation fee?** イズ ゼー　ア キャンセレイション フィー
払い戻しをしてもらえますか？	**Can I get my money back?** キャナイ ゲット マイ マニー　バック

🚍 リコンファームする

リコンファームをしたいのですが。	**I'd like to reconfirm my flight.** アイド ライク トゥ リコンファーム マイ フライト
日本語で話してもいいですか？	**Can I speak in Japanese?** キャナイ スピーク イン ジャパニーズ
お名前と便名をお願いします。	**Could I have your name and flight number, please?** クダイ ハヴ ヨー ネイム アンド フライト ナンバー プリーズ
相田、ABC航空621便です。	**It's Aida, ABC Airlines, flight 621.** イッツ アイダ エイビーシー エーラインズ フライト シックス トゥー ワン
出発日はいつですか？	**When is the flight?** ウェン イズ ザ フライト
予約が入っていないようです。	**We have no record of your booking.** ウィー ハヴ ノウ レコード オブ ヨー ブッキング
❗ もう一度調べていただけますか？	**Could you check again, please?** クジュ チェッカゲン プリーズ
❗ 新しく予約を入れ直してください。	**I'd like to make a reservation for that flight.** アイド ライク トゥ メイク ア レザヴェーション フォ ザット フライト

✈ 旅の情報　リコンファームの手続きをするには

　リコンファームは、航空券の予約を確定するために行います。現在ではリコンファームを不要とする航空会社が多くなりましたが、引き続き事前の予約確定が必要な航空会社もあります。航空券を購入する際は、リコンファームが必要かどうか、航空会社に確認をしておきましょう。リコンファームが必要な場合は、出発の72時間前までに予約した便に搭乗する旨を航空会社に伝えます。電話で伝えてもいいですが、自信がない場合は、空港にある航空会社のカウンターで手続きをすませてしまうのがおすすめです。対面で会話ができるので、電話の会話よりもスムーズに手続きを進められるでしょう。

交通　飛行機を予約する／リコンファームする

空港でチェックインする

チェックインをお願いします。	**I'd like to check in.** アイド ライク トゥ チェキン
この荷物を機内に持ち込めますか？	**Can I take this on the plane?** キャナイ テイク ディス オン ザ プレイン
預ける荷物はありません。	**I have nothing to check.** アイ ハヴ ナッシング トゥ チェック
超過料金がかかりますか？	**Do I need to pay an excess baggage charge?** ドゥ アイ ニード トゥ ペイ アン エクセス バゲッジ チャージ
壊れものが入っています。丁寧に扱ってください。	**There are fragile items inside. Please handle with care.** ゼー アー フラジャイウ アイテムズ インサイド プリーズ ハンドゥ ウィズ ケー
何番ゲートに行けばいいですか？	**What gate should I go to?** ウォット ゲイト シュダイ ゴー トゥー
搭乗時間はいつですか？	**What's the boarding time?** ウォッツ ザ ボーディング タイム

搭乗する

何時から搭乗開始ですか？	**When do we start boarding?** ウェン ドゥ ウィー スタート ボーディング
搭乗は始まっていますか？	**Has boarding started?** ハズ ボーディング スターテッド
ABC航空、ただいまより、搭乗を開始いたします。	**ABC Airlines is now boarding.** エイ ビー シー エーラインズ イズ ナウ ボーディング
❗ 乗り遅れてしまいました。	**I missed my flight.** アイ ミスト マイ フライト
ほかの便に変更できませんか？	**Could I get another flight?** クダイ ゲット アナザー フライト

🚢 フェリーで

遊覧船（フェリー）の切符はどこで買えますか？	**Where can I buy boat (ferry) tickets?** ウェー　キャナイ バイ ボート（フェリー）ティケッツ
乗り場はどこですか？	**Where is the pier?** ウェー　イズ ザ　ピア
マン島へ行く船はありますか？	**Is there a boat to the Isle of Man?** イズ ゼー　ア ボート トゥ ザ　アイゥ オヴ マン
観光クルーズにはどのようなものがありますか？	**What kind of cruises do you have?** ウォット　カインド オヴ クルージズ ドゥ ユー　ハヴ
船内で何かイベントはありますか？	**Is there any entertainment** イズ ゼー　エニ エンタテインメント **on the boat?** オン ザ　ボート
高速艇に乗りたいのですが。	**I'd like to take a fast ferry.** アイド ライク トゥ テイカ ファスト フェリー
予約は必要ですか？	**Do I need a reservation?** ドゥ アイ ニード ア レザヴェーション
往復（片道）でお願いします。	**A roundtrip (one way) ticket, please.** ア ラウンド トリップ（ワンウェイ）ティケット プリーズ
食事はついていますか？	**Is there a meal included?** イズ ゼー　ア ミーゥ　インクルーデット
ランチ（ディナー）クルーズに参加したいです。	**I'd like to take a luch (dinner) cruise.** アイド ライク トゥ テイカ ランチ（ディナー）クルーズ
❗ 船酔いしたようです。	**I'm sea-sick.** アイム シーシック
❗ 医者を呼んでもらえますか？	**Could you call a doctor, please?** クジュ　　コーゥ ア ドクター　　プリーズ
❗ 救命胴衣はどこですか？	**Where are the life jackets?** ウェー　アァ ザ　ライフ ジャケッツ

宿泊 | Hotel

ホテルでリクエストする

いらっしゃいませ。
How can I help you?
ハウ　　キャナイ　　ヘゥプ　　ユー

☐ がほしいのですが。
I'd like ☐ .
アイド　ライク

指さしてみよう

▶水 
some water
サム　ウォータ

▶追加のタオル 
some more towels
サム　モー　タウゥズ

▶枕 
a pillow
ア　ピロウ

▶アメニティーセット 
an amenity set
アン　アメニティー　セット

▶トイレットペーパー 
some toilet paper
サム　トイレット　ペイパ

▶ドライヤー 
a hair dryer
ア　ヘー　ドライヤー

▶加湿器 
a humidifier
ア　ヒューミディファイア

▶変圧器 
a transformer
ア　トランスフォーマ

▶アイロン 
an iron
アン　アイアン

▶電気ポット 
an electric kettle
アン　イレクトリック　ケトゥ

▶空気清浄機 
an air purifier
アン　エー　ピュリファイア

▶石けん 
some soap
サム　ソープ

▶毛布 
a blanket
ア　ブランケット

▶コップ 
a cup
ア　カップ

▶ベビーベッド 
a baby bed
ア　ベイビー　ベッド

宿泊

指さし会話

指さし会話

フロントでおすすめのレストランを聞く

このあたりで食事をする場所を探しているのですが。

I'm looking for somewhere to eat.
アイム　ルキング　フォ　サムウェー　トゥ　イート

どのようなレストランをお探しですか？

What kind of restaurant are you looking for?
ウォット　カインド　オヴ　レストラン　アァ　ユー　ルキング　フォ

____ レストランはありますか？

Is there ____ restaurant around here?
イズ　ゼー　レストラン　アラウンド　ヒァ

指さしてみよう

▶和食 
a Japanese
ア　ジャパニーズ

▶中華 
a Chinese
ア　チャイニーズ

▶イタリアン 
an Italian
アン　イタリアン

▶フレンチ 
a French
ア　フレンチ

▶自然食 
an organic
アン　オーガニック

▶シーフード 
a seafood
ア　シーフード

チェックアウトする

505号室です。チェックアウトをお願いします。

I'm in room 505. I'd like to check out.
アイム イン ルーム ファイヴ オー ファイヴ　アイド ライク トゥ チェカウト

[____]で支払えますか？

Can I pay [____] ?
キャナイ　ペイ

指さしてみよう

▶クレジットカード
by credit card
バイ クレディット カード

▶現金
in cash.
イン キャッシュ

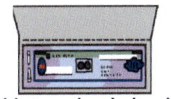

▶トラベラーズチェック
with travelers' checks
ウィズ トラヴェラーズ チェックス

困ったら…

クレジットで二重に請求されているようなのですが。
I think you've charged me twice.
アイ シンク　ユーヴ　チャージド　ミー　トゥワイス

このサービスは利用していません。
I didn't use this.
アイ ディデント ユーズ ディス

宿泊

指さし会話

宿泊施設を探す

ここでホテルの予約はできますか？	**Can I book a hotel here?** キャナイ ブック ア ホテゥ ヒァ
ホテル（ユースホステル）のリストはありますか。	**Do you have a list of hotels (youth hostels)?** ドゥ ユー ハヴァ リスト オヴ ホテゥズ （ユース ホステゥズ）
予算は1泊50ドルです。	**I don't want to pay more than $50 a night.** アイ ドン ウォントゥ ペイ モー ザン フィフティ ダラーズ ア ナイト
観光しやすいホテルがいいのですが。	**I'd like a hotel good for sightseeing.** アイド ライク ア ホテゥ グッド フォ サイトシーイング
駅に近いホテルを探しています。	**I'm looking for a hotel near the station.** アイム ルキング フォ ア ホテゥ ニァ ザ ステイション
バス（トイレ）付きの部屋があるホテルがいいのですが。	**I'd like a hotel with a private bath (toilet).** アイド ライク ア ホテゥ ウィズ ア プライヴェット バース（トイレット）
禁煙（喫煙）の部屋がいいです。	**I'd like a non-smoking (smoking) room.** アイド ライク ア ノン スモーキング（スモーキング）ルーム
WIFIが通っている部屋がいいです。	**I'd like a room with WIFI.** アイド ライク ア ルーム ウィズ ワイファイ
2泊したいのですが。	**I'd like to stay 2 nights.** アイド ライク トゥ ステイ トゥー ナイツ
長期滞在できるホテルを探しています。	**I'm looking for a long stay hotel.** アイム ルキング フォ ア ロングステイ ホテゥ
❗ 今晩泊まれるホテルを探しています。	**I'd like a hotel for tonight.** アイド ライク ア ホテゥ フォ トゥナイト
そのホテルを予約してください。	**Could you book that hotel for me?** クジュ ブック ザット ホテゥ フォ ミー
そのホテルには何時からチェックインできますか？	**What time is check in?** ウォッタイム イズ チェキン

予約する

宿泊 / 宿泊施設を探す／予約する

ホテルの予約をお願いしたいのですが。	**I'd like to book a room.** アイド ライク トゥ ブック ア ルーム
はい、いつのご予約ですか？	**For when?** フォ ウェン
何名様でしょうか？	**For how many people?** フォ ハウ メニー ピープゥ
どんなお部屋がよろしいでしょうか？	**What kind of room would you like?** ウォット カインド オヴ ルーム ウジュ ライク
シングル（ツイン／ダブル）でお願いします。	**A single (twin / double) room, please.** ア シングゥ (トゥウィン / ダブゥ) ルーム プリーズ
シングルで2部屋お願いします。	**2 single rooms, please.** トゥー シングゥ ルームズ プリーズ
家族で1部屋に泊まれますか？	**Can our whole family stay in one room?** キャン アウ ホーゥ ファミリー ステイ イン ワン ルーム
眺めがいい部屋は空いていますか？	**I'd like a room with a view.** アイド ライク ア ルーム ウィズ ア ヴュー
朝食代は料金に含まれていますか？	**Does the price include breakfast?** ダズ ザ プライス インクルード ブレクファスト
キッチンはありますか？	**Does the room have a kitchen?** ダズ ザ ルーム ハヴァ キッチン
前もって部屋を見ることはできますか？	**Can I see the room, please?** キャナイ シー ザ ルーム プリーズ
長期滞在の割引はありますか？	**Is there a discount for long stays?** イズ ゼー ア ディスカウント フォ ロング ステイズ
では、この部屋にします。	**I'll take this room.** アイゥ テイク ディス ルーム

チェックインする

チェックインをお願いします。	**I'd like to check in, please.** アイド ライク トゥ チェキン　プリーズ
杉本です。	**My name is Sugimoto.** マイ ネイム イズ スギモト
日本で予約しました。	**I booked in Japan.** アイ ブックト イン ジャパン
インターネットで予約しました。	**I booked online.** アイ ブックト オンライン
これが控えです。	**This is my receipt.** ディス イズ マイ レシート
宿泊カードに記入をお願いします。	**Could you fill out the registration card, please?** クジュ　フィラウト ザ　レジストレイション カード　プリーズ
お支払いはどうなさいますか？	**How would you like to pay for the room?** ハウ ウジュ　ライク トゥ ペイ フォ ザ ルーム
現金（カード）でお願いします。	**Cash (credit card).** キャッシュ（クレディット カード）
このカード（トラベラーズチェック）は使えますか？	**Can I use this card (these travelers' checks)?** キャナイ ユーズ ディス カード（ズィーズ トラヴェラーズ チェックス）
保証金は必要ですか？	**Is there a deposit?** イズ ゼー　ア ディポジット
全額前払いしています。	**I've paid in full upfront.** アイヴ ペイド イン フゥ アップフラント
いますぐ部屋に入れますか？	**Is the room available now?** イズ ザ　ルーム　アヴェイラブゥ ナウ
荷物をフロントで預かってもらえますか？	**Could I leave my things at the front desk?** クダイ　リーヴ　マイ シングズ アット ザ フラント デスク

荷物を部屋に運んでもらえますか？	**Could you carry my things to my room, please?**
少し早いですがチェックインしてもいいですか？	**I'm a little early but can I check in?**
⚠ 到着が遅くなりそうです。	**I'll be arriving later than expected.**
予約はそのままにしてください。	**Please keep my reservation.**
⚠ 部屋の鍵が開きません。	**I can't open the door to my room.**
予約が入っていないようです。	**We have no record of your reservation.**
ここに電話していただけますか？（代理店など）	**Could you call this number, please?**
⚠ かわりの部屋は用意してもらえますか？	**Could you give me another room?**
⚠ 替わりのホテルを探してください。	**Could you find another hotel for me?**
⚠ 泊まれないと困ります。	**I need somewhere to stay.**
チェックアウトは何時ですか？	**What time is checkout?**

宿泊 — チェックインする

旅の単語帳

受付	reception	宿泊カード	registration card
保証金	deposit	領収書	receipt
貴重品	valuables	セーフティーボックス	safe

column 旅の豆知識

ホテルのしくみ

ホテルの施設

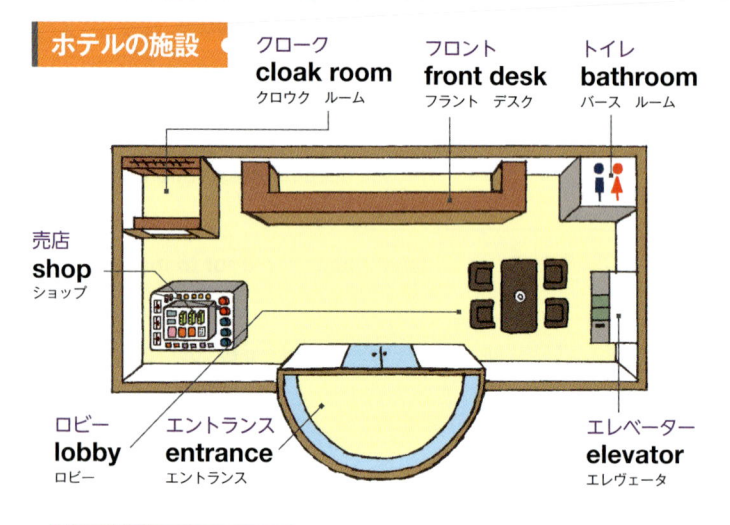

- クローク **cloak room** クロウク ルーム
- フロント **front desk** フラント デスク
- トイレ **bathroom** バース ルーム
- 売店 **shop** ショップ
- ロビー **lobby** ロビー
- エントランス **entrance** エントランス
- エレベーター **elevator** エレヴェータ

ホテルのスタッフ

支配人
hotel manager
ホテゥ マネジャー

総責任者。解決できないトラブルは、直接訴えることもできます。

フロントスタッフ
reception staff
レセプション スターフ

チェックインや会計を担当。観光の相談にのってくれることも。

ベルマン／ポーター
bellhop / porter
ベゥホップ／ポータ

荷物を運んでくれたり、客室の案内をしてくれたりするスタッフ。

宿泊カード

REGISTRATION FORM

LAST NAME ①   FIRST NAME ②
ADDRESS ③

COUNTRY ④   POSTAL CODE ⑤
TELEPHONE ⑥   E-MAIL ⑦
PASSPORT NO ⑧
SIGNATURE ⑨

NOTICE : The hotel requires an advance payment equal to one night rate for
⑩   guarantee fee. Cancellation on the same day or no-shows will be charged
            one full night.

①姓　②名　③住所　④国　⑤郵便番号　⑥電話番号　⑦メールアドレス
⑧パスポート番号　⑨署名　⑩宿泊に際しての注意書き

ドアマン
doorman
ドーマン

車の送迎や誘導が仕事。タクシーの呼びだしを頼むことができます。

ハウスキーパー
housekeeper
ハウスキーパー

客室の清掃や日用的な用事の手配を担当。24時間体制のホテルも。

コンシェルジュ
concierge
コンシェージュ

観光案内やチケットの手配など、頼みごとができたらまず相談。

フロントとのやりとり

日本語を話せる人はいますか？	**Is there anyone who can speak Japanese?** イズ ゼー エニワン フー キャン スピーク ジャパニーズ
この近くにおすすめのレストランはありますか？	**What's a good restaurant around here?** ウォッツ ア グッド レストラン アラウンド ヒァ
このあたりに観光スポットはありますか？	**Is there any good sightseeing around here?** イズ ゼー エニ グッド サイトシイング アラウンド ヒァ
ここから一番近い駅はどこですか？	**Where is the closest station?** ウェー イズ ザ クローセスト ステイション
タクシーを呼んでもらえますか？	**Could you call me a taxi, please?** クジュ コーゥ ミー ア タクシー プリーズ
ホテルの住所が書かれたカードをください。	**Could I get a card with the hotel's address on it, please?** クダイ ゲタ カード ウィズ ザ ホテゥズ アドレス オニット プリーズ
空港へのシャトルバスはありますか？	**Is there a shuttle bus to the airport?** イズ ゼー ア シャトゥ バス トゥジ エーポート
プリントアウトしていただけますか？	**Could you print that out for me, please?** クジュ プリント ザット アウト フォ ミー プリーズ
このあたりに危険なエリアはありますか？	**Is there anywhere dangerous near here?** イズ ゼー エニウェー デインジャラス ニァ ヒァ
この付近の地図はありますか？	**Could I have a map of the area?** クダイ ハヴァ マップ オヴジ エリア
朝食は何時からですか？	**What time is breakfast?** ウォッタイム イズ ブレクファスト
朝食はどこでとるのですか？	**Where is breakfast?** ウェー イズ ブレクファスト
貴重品を預かってもらえますか？	**Could you hold on to my valuables for me?** クジュ ホーゥド オン トゥ マイ ヴァリュアブゥズ フォ ミー

出かけるので鍵を預かってください。	**I'm going out. Here's my room key.** アイム ゴーイング アウト ヒァズ マイ ルーム キー
戻りました。鍵をお願いします。	**Could I get my room key, please?** クダイ ゲット マイ ルーム キー プリーズ
⚠ 鍵を部屋に忘れてきてしまいました。	**I locked my key in the room.** アイ ロックト マイ キー イン ザ ルーム
⚠ 鍵をなくしてしまいました。	**I lost my room key.** アイ ロスト マイ ルーム キー
⚠ 部屋番号を忘れてしまいました。	**I forgot my room number.** アイ フォゴット マイ ルーム ナンバー
この荷物を日本まで送りたいのですが。	**I'd like to send this to Japan.** アイド ライク トゥ センド ディス トゥ ジャパン
バーの営業時間を教えてください。	**What are the hours of the bar?** ウォット アァ ジ アウワズ オヴ ザ バァ
料金は部屋につけてください。	**Could you charge it to my room?** クジュ チャージ イット トゥ マイ ルーム
喫煙スペースはありますか？	**Is there a smoking area?** イズ ゼー ア スモーキング エリア
パソコンルームはありますか？	**Is there a computer room?** イズ ゼー ア コンピューター ルーム
コインランドリーはありますか？	**Is there a coin laundry?** イズ ゼー ア コイン ロンドリー

宿泊 フロントとのやりとり

📖✎ 旅の単語帳

非常口	emergency exit エマージェンシー エグジット	貴重品	valuables ヴァリュアブズ
両替	money exchange マニーエクスチェインジ	喫煙スペース	smoking area スモーキング エリア
ルームキー	room key ルーム キー	コンシェルジュ	concierge コンシェージュ

部屋からリクエストする

ルームサービスをお願いしたいのですが。	**I'd like to order room service.** アイド ライク トゥ オーダ ルーム サーヴィス
トイレットペーパーを補充してください。	**Could I have some more toilet paper?** クダイ ハヴ サム モー トイレット ペイパ
ドライヤーを貸してください。	**Could I borrow a hair dryer?** クダイ ボロウ ア ヘー ドライヤ
シーツを替えてください。	**Could you change the sheets, please?** クジュ チェインジ ザ シーツ プリーズ
お湯をポットでいただきたいのですが。	**I'd like a pot of hot water.** アイド ライク ア ポット オヴ ホット ウォータ
部屋の掃除をお願いします。	**I'd like my room cleaned, please.** アイド ライク マイ ルーム クリーンド プリーズ
タオルを追加してください。	**Could I get some more towels, please?** クダイ ゲッサム モー タウゥズ プリーズ
シャンプーをいただけますか？	**Could I get some shampoo, please?** クダイ ゲッサム シャンプー プリーズ
モーニングコールをお願いできますか？	**Could I get a wake-up call, please?** クダイ ゲタ ウェイクアップ コーゥ プリーズ
何時ですか？	**For what time?** フォ ウォッタイム
6時でお願いします。	**For 6, please.** フォ シックス プリーズ
薬をもらえますか？	**Could I get some medicine?** クダイ ゲッサム メディシン
どのくらいでお願いできますか？（時間）	**How long will it take?** ハウ ロング ウィリット テイク

来客

ちょっと待ってください。	**One moment, please.** ワン モーメント プリーズ
どちら様ですか？	**Who is this, please?** フー イズ ディス プリーズ
入ってください。	**Come in.** カミン
❗ 頼んでいません。	**I didn't ask for anything.** アイ ディデント アスク フォ エニシング
❗ 人を呼びますよ。	**I'll call for help.** アイウ コーウ フォ ヘウプ

トラブルを訴える

予約していた部屋と違います。	**This isn't the room I booked.** ディス イズント ザ ルーム アイ ブックト
部屋を替えてください。	**I'd like to change rooms, please.** アイド ライク トゥ チェインジ ルームズ プリーズ
追加料金がかかりますか？	**Will that cost extra?** ウィゥ ザット コスト エクストラ
お湯が出ません。	**I can't get any hot water.** アイ キャント ゲット エニ ホット ウォータ
水が汚いのですが。	**The water is dirty.** ザ ウォータ イズ ダーティー
隣の部屋がうるさいのですが。	**The people in the next room are** ザ ピーブゥ イン ザ ネクスト ルーム アァ **making too much noise.** メイキング トゥー マッチ ノイズ
代わりに注意してください。	**Could you tell them to be** クジュ テゥ ゼム トゥ ビー **quiet for me?** クワイエット フォ ミー

宿泊

部屋からリクエストする／来客／トラブルを訴える

電気がつきません。	There's no power. ゼーズ　ノウ　パウワ	
部屋が寒い（暑い）のですが。	The room is really cold (hot). ザ　ルーム　イズ リーリ　コーゥド（ホット）	
トイレが流れません。	The toilet won't flush. ザ　トイレット ウォウント フラッシュ	
トイレが詰まりました。	The toilet is blocked. ザ　トイレット イズ ブロックト	
電話がつながらないのですが。	The phone doesn't work. ザ　フォウン　ダズント　ワーク	
インターネットがつながりません。	The internet doesn't work. ザ　インターネット ダズント　ワーク	
テレビがつきません。	The TV doesn't work. ザ　ティーヴィー ダズント ワーク	
エアコンが動きません。	The air conditioner doesn't work. ジ　エー　コンディショナー　ダズント　ワーク	
修理してください。	Could you fix it, please? クジュ　フィックス イット プリーズ	
頼んだものが来ません。	I ordered something but it hasn't come. アイ オーダード サムシング　バット イット ハズント　カム	
❗ 鍵がかからないのですが。	I can't lock the door (window). アイ キャント ロック ザ ドー（ウィンドウ）	
雨漏りがしています。	The roof is leaking. ザ　ルーフ イズ リーキング	
窓が開き（閉まり）ません。	The window won't open (close). ザ　ウィンドウ　ウォウント オウブン（クローズ）	
❗ 荷物がなくなっています。	Something is missing from my room. サムシング　イズ ミッシング　フロム　マイ ルーム	

⚠️	具合が悪くなりました。	**I feel sick.** アイ フィーゥ シック
⚠️	医者を呼んでください。	**Could you call a doctor, please?** クジュ コーゥ ア ドクター プリーズ
	タオルが汚れています。	**The towels are dirty.** ザ タウゥズ アァ ダーティー
	部屋がタバコ臭いです。	**The room smells of cigarette smoke.** ザ ルーム スメゥズ オヴ シガレット スモーク
	シーツが湿っています。	**The sheets are damp.** ザ シーツ アァ ダンプ
	部屋が掃除されていないのですが。	**My room hasn't been cleaned.** マイ ルーム ハズント ビーン クリーンド

宿泊 / トラブルを訴える

部屋の設備

- バルコニー **balcony** バゥコニー
- テーブル **table** テーブゥ
- ソファ **sofa** ソゥファ
- ベッド **bed** ベッド
- 照明(スタンド) **light** ライト
- 浴室 **bathroom** バースルーム
- トイレ **toilet** トイレット
- カーテン **curtain** カーテン
- いす **chair** チェー
- デスク **desk** デスク
- テレビ **TV** ティーヴィー
- クローゼット **closet** クロゼット
- シャワーカーテン **shower curtain** シャウワ カーテン
- シャワー **shower** シャウワ
- ドア **door** ドー

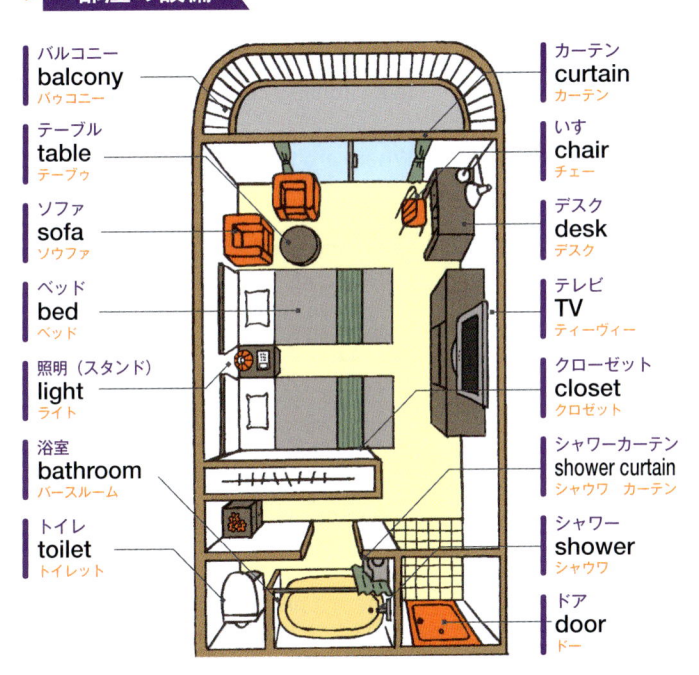

ホテルのジムを利用する

フィットネスクラブはどこですか？	**Where's the gym?** ウェーズ ザ ジム
何時から開いていますか？	**What time does it open?** ウォッタイム ダズ イット オウプン
手ぶらでも大丈夫ですか？	**Do I need to bring anything?** ドゥ アイ ニード トゥ ブリング エニシング
どのようなサービスがありますか？	**What kind of services are there?** ウォット カインド オヴ サーヴィシズ ァァ ゼー
予約は必要ですか？	**Do I need a reservation?** ドゥ アイ ニード ア レザヴェーション
料金はかかりますか？	**Does it cost anything?** ダズ イット コスト エニシング
ウェア（水着／タオル）は借りられますか？	**Can I borrow training wear** キャナイ ボロウ トレーニング ウェー **(a swimming costume / a towel)?** （ア スウィミング コスチューム ／ ア タウゥ）
ロッカーはどこですか？	**Where are the lockers?** ウェー ァァ ザ ロッカーズ
これを使ってもいいですか？	**Can I use this?** キャナイ ユーズ ディス
使い方を教えてください。	**How does this work?** ハウ ダズ ディス ワーク
ランニングマップをください。	**Could I get a running map?** クダイ ゲタ ランニング マップ
パーソナルトレーニング（ヨガ）を受けたいのですが。	**I'd like some personal (yoga) training.** アイド ライク サム パーソナゥ（ヨガ） トレーニング
子ども用のプログラムはありますか？	**Is there a program for children?** イズ ゼー ア プログラム フォ チゥドレン

ホテルでマッサージを受ける

予約は必要ですか？	**Do I need a reservation?** ドゥ アイ ニード ア レザヴェーション
どんなコースにしますか？	**What would you like done?** ウォット ウジュ ライク ダン
どんなコースがあるのか教えてください。	**What kind of choices are there?** ウォット カインド オヴ チョイシズ アァ ゼー
このコースはどういう内容ですか？	**What does this involve?** ウォット ダズ ディス インヴォゥヴ
部屋で受けられますか？	**Can I get the massage in my room?** キャナイ ゲット ザ マッサージ イン マイ ルーム
首（肩）が凝っています。	**I have a stiff neck (shoulders).** アイ ハヴァ スティフ ネック（ショゥダーズ）
足が疲れています。	**My legs are tired.** マイ レッグズ アァ タイアド
腰が痛いです。	**I have a sore back.** アイ ハヴァ ソー バック
全身がだるいです。	**I feel worn out.** アイ フィーゥ ウォーナウト
強さはいかがですか？	**Tell me if it's too strong?** テゥ ミー イフ イッツ トゥー ストロング
ちょうどいいです。	**It's just right.** イッツ ジャスト ライト
少し強すぎます。	**It's a little strong.** イッツ ア リトゥ ストロング
もう少し強めにお願いします。	**A little stronger, please.** ア リトゥ ストロンガー プリーズ

ホテルのヘアサロンで

今からお願いできますか？	**Can someone see me now?** キャン サムワン シー ミー ナウ
カット（カラー／パーマ／ヘアセット）をお願いします。	**I'd like to get my hair cut** アイド ライク トゥ ゲット マイ ヘー カット **(colored / permed / set).** （カラード ／ パームド ／ セット）
ひげそりをお願いします。	**I'd like a shave, please.** アイド ライク ア シェーヴ プリーズ
指名はありますか？	**Anyone in particular?** エニワン イン パティキュラー
誰でも結構です。	**I don't mind who.** アイ ドン マインド フー
ジーナさんにしてください。	**I'd like Gina, please.** アイド ライク ジーナ プリーズ
今日はどのようにされますか？	**What would you like done today?** ウォット ウジュ ライク ダン トゥデイ
このようにしてください。	**Could you make it like this?** クジュ メイキット ライク ディス
この服に合うようにセットしてください。	**Could you do my hair to go** クジュ ドゥ マイ ヘー トゥ ゴー **with this outfit?** ウィズ ディス アウトフィット
シャンプーされますか？	**Would you like a shampoo?** ウジュ ライク ア シャンプー
別料金ですか？	**Does that cost extra?** ダズ ザット コスト エクストラ
お湯が熱すぎます。	**The water is too hot.** ザ ウォータ イズ トゥー ホット
それはつけないでください。（ヘアスプレー、ワックスなど）	**Don't use that, please.** ドン ユーズ ザット プリーズ

ホテルでクリーニングを頼む

405号室です。クリーニングをお願いします。	**I'm in room 405.** アイム イン ルーム フォー オウ ファイヴ **I need some dry-cleaning done.** アイニード サム ドライクリーニング ダン
できるだけ早く戻していただきたいのですが。	**I'd like it back as soon as possible.** アイド ライキット バック アズ スーン アズ ポッシブゥ
何時にできあがりますか？	**When will it be ready?** ウェン ウィリット ビー レディ
今晩必要になります。	**I'll need it tonight.** アイゥ ニーディット トゥナイト
明日の朝までに仕上げていただけますか？	**I'd like it done by tomorrow morning.** アイド ライキット ダン バイ トゥモロー モーニング
この汚れを取ってください。	**Could you get this stain out?** クジュ ゲット ディス ステイン アウト
これはドライクリーニングしてください。	**Could I have this dry-cleaned, please?** クダイ ハヴ ディス ドライクリーンド プリーズ
この衣類にアイロンをかけてください。	**Could you iron this, please?** クジュ アイアン ディス プリーズ
わたしの洗濯ものは仕上がっていますか？	**Is my laundry ready?** イズ マイ ローンドリ レディ
❗ これは私のものではありません。	**This isn't mine.** ディス イズント マイン
❗ まだ洗濯ものが戻ってきません。	**My laundry has not come back yet.** マイ ローンドリ ハズ ノット カム バック イエット
❗ シャツが1枚足りません。	**I'm missing a shirt.** アイム ミッシング ア シャート
おとといお願いしました。	**I asked you to clean it 2 days ago.** アイ アスクト ユー トゥ クリーニット トゥー デイズ アゴー

宿泊

ホテルのヘアサロンで／ホテルでクリーニングを頼む

チェックアウトする

今晩チェックアウトの手続きをしたいのですが。	I'd like to do the checkout procedures tonight. アイド ライク トゥ ドゥ ザ チェカウト プロシージャーズ トゥナイト
12時まで延長できますか？	Could I extend checkout to 12 o'clock? クダイ エクステンド チェカウト トゥ トゥウェゥヴ オクロック
もう1泊できますか？	I'd like to stay an extra night. アイド ライク トゥ ステイ アン エクストラ ナイト
明日のタクシーの手配をお願いできますか？	Could you arrange a taxi for tomorrow? クジュ アレインジ ア タクシー フォ トゥモロー
空港へのアクセスを教えてください。	How do I get to the airport? ハウ ドゥ アイ ゲット トゥ ジ エーポート
明日の朝、荷物を取りに来てほしいのですが。	Could someone come and get my luggage tomorrow morning? クド サムワン カム アンド ゲット マイ ラゲッジ トゥモロー モーニング
ミニバーは使用されましたか？	Did you use the minibar? ディジュ ユーズ ザ ミニバァ
この荷物を夕方4時まで預かっていただけますか？	Could I leave this with you until 4pm? クダイ リーヴ ディス ウィズ ユー アンティゥ フォー ピーエム
貴重品を預けています。	I left some valuables at the front desk. アイ レフト サム ヴァリュブゥス アット ザ フラント デスク
⚠ 料金が違うようです。	I think there's a mistake with the bill. アイ シンク ゼーズ ア ミステイク ウィズ ザ ビゥ
⚠ このサービスは利用していません。	I didn't use this. アイ ディデント ユーズ ディス
領収書をください。	Could I have a receipt, please? クダイ ハヴァ レシート プリーズ
楽しくすごせました。ありがとう。	I had a great time here. アイ ハドア グレイト タイム ヒァ Thank you. サンキュー

column | 旅のマナー&ルール
海外のホテルマナー

ルール1 要望はその場ではっきり伝えよう

欧米は、自分の意見をはっきり主張する文化です。何かトラブルが起きたときは遠慮せずに、その場ではっきり伝えます。ホテル側に改善の余地があることであれば、対応してくれる可能性があります。

ルール2 ロビーや廊下は公共の場

部屋から一歩出れば、そこは公共の場とみなされます。ロビーや廊下をパジャマやスリッパで出歩くのは控えましょう。また、大声で話すこともマナー違反になるので注意します。

ルール3 知らない人は部屋に入れない

どんな状況であれ、知らない人を部屋に入れた時点で、あなたの責任になってしまいます。ドアには必ずチェーンをかけ、不審な訪問があったらドアを開けずにフロントに相談してみてください。

ルール4 外出時も防犯意識を忘れない

鍵をかけて外出するときでも、貴重品を出しっぱなしにしないように。不在時にも、クリーニングなどで不特定の人の出入りがあります。貴重品はセーフティーボックスか、鍵のかかるスーツケースにしまいましょう。

ルール5 洗濯物はバルコニーに干さない

ホテルに限らず、一般の住宅地でも洗濯物を屋外に干すことはマナー違反になります。国や地域によっては条例で禁止されていることもあるので、洗濯物は浴室などに干すようにします。

ルール6 サービスを受けたら感謝の気持ちを

頼みごとを聞いてもらったり、何かサービスを受けたりしたら、「Thank you」などの言葉や、チップで感謝の気持ちを伝えましょう。ホテルスタッフとの関係がよくなることで、滞在生活も快適になるでしょう。

ユースホステルで

今晩泊まれますか？	**Can I stay here tonight?** キャナイ ステイ ヒア トゥナイト
1泊いくらですか？	**How much per night?** ハウ マッチ パァ ナイト
会員価格はありますか？	**Is there a members rate?** イズ ゼー ア メンバーズ レイト
会員証はありません。	**I don't have my membership card.** アイ ドン ハヴ マイ メンバーシップ カード
食事はいりません。	**No meals, thanks.** ノウ ミーウズ サンクス
朝食（夕食）を付けてください。	**Could I get breakfast (dinner), please?** クダイ ゲット ブレクファスト（ディナー） プリーズ
門限はありますか？	**Is there a curfew?** イズ ゼー ア カーフュー
家族で1部屋貸し切れますか？	**Could we rent out a whole room for our family?** クド ウィー レント アウト ア ホーゥ ルーム フォ アウ ファミリー
個室にできますか？	**Could I get a private room, please?** クダイ ゲタ プライヴェット ルーム プリーズ
トイレ付きの部屋がいいのですが。	**Can I get a room with a toilet?** キャナイ ゲタ ルーム ウィズ ア トイレット
インターネットはできますか？	**Can I use the internet?** キャナイ ユーズ ジ インターネット
相部屋で構いません。	**I don't mind sharing a room.** アイ ドン マインド シェーリング ア ルーム
もう1泊できますか？	**Could I stay an extra night?** クダイ ステイ アン エクストラ ナイト

貸し自転車はありますか？	**Is there a bicycle rental service?** イズ ゼー ア バイシクゥ レンタゥ サーヴィス
クレジットカード（トラベラーズチェック）は使えますか？	**Do you take credit cards (travelers' checks)?** ドゥ ユー テイク クレディット カーズ （トラヴェラーズ チェックス）

✎旅の情報　ユースホステルに宿泊する

　基本的には相部屋で、セルフサービス。たまたま泊まり合わせた人との交流も楽しみのひとつです。近頃は部屋のタイプや設備もいろいろなものがでてきており、家族で1部屋を貸し切れたり、自転車を借りられたりと、サービスが充実しているユースホステルもあります。

▍宿泊費がリーズナブル

一般的なホテルに比べ、安価で滞在できるのが特徴。会員になると、より低い価格で宿泊できます。

▍会員専用の割引

会員カードを提示すると、美術館の入場料や、鉄道の運賃が割引になることがあるのでお得です。

❶ここに注意 相部屋では防犯対策を

不特定多数と同室になる相部屋では、貴重品を出しっぱなしにしないなど、注意が必要です。

📖旅の単語帳

個室	**a private room** ア プライヴェット ルーム	相部屋	**a shared room** ア シェード ルーム
バス・トイレ付き	**a private bath / toilet** ア プライヴェット バース / トイレット	バス・トイレ共同	**communal bath / toilet** コミューナゥ バース / トイレット
門限	**curfew** カーフュー	貸し自転車	**rental bicycles** レンタゥ バイシクゥズ
会員カード	**membership card** メンバーシップ カード	女性専用	**women only** ウィメン オンリー

宿泊 / ユースホステルで

アパートメントホテルで

宿泊費に光熱費は含まれていますか？	**Are utilities included?** アァ　ユーティリティーズ　インクルーデット
フロントの営業時間はいつからいつまでですか？	**What hours is the front desk open?** ウォット　アウワズ　イズ　ザ　フラント　デスク　オウプン
退去日の手続きについて教えてください。	**What are the procedures for leaving?** ウォット　アァ　ザ　プロシージャーズ フォ　リーヴィング
家主の連絡先を教えてください。	**How do I contact the owner?** ハウ　ドゥ　アイ　コンタクト　ジ　オウナ
掃除は必要ですか？	**Do we need to clean the apartment?** ドゥ　ウィー　ニード　トゥ　クリーン　ジ　アパートメント
近くに食事ができる場所はありますか？	**Is there somewhere to eat near the apartment?** イズ　ゼー　サムウェー　トゥ　イート ニア　ザ　アパートメント
近くにスーパーマーケットはありますか？	**Is there a supermarket nearby?** イズ　ゼー　ア　スーパーマーケット　ニアバイ
延泊はできますか？	**Could we extend our stay?** クド　ウィー　エクステンド　アウ　ステイ
早めに退去したいのですが。	**We'd like to leave early.** ウィード　ライク　トゥ　リーヴ　アーリ
入居後はどこに問い合わせればいいですか？	**Who should we contact for questions after we move in?** フー　シュド　ウィー　コンタクト　フォ クエスチョンズ　アフター　ウィー　ムーヴ　イン
メイドサービスを頼みたいのですが。	**I'd like to have a maid clean the apartment.** アイド　ライク　トゥ　ハヴァ　メイド　クリーン ジ　アパートメント
新しいタオルが欲しいのですが。	**I'd like some new towels.** アイド　ライク　サム　ニュー　タウズ
日用品はどこで買えばいいですか？	**Where can I buy daily necessities?** ウェー　キャナイ　バイ　デイリー　ネセティーズ

シーツを変えてもらえますか？	**I'd like some new sheets, please.** アイド ライク サム　ニュー シーツ　プリーズ
❗ 契約と違います。	**This isn't what we agreed.** ディス イズント ウォット　ウィー アグリード

✍旅の情報　アパートメントホテルに宿泊する

　長期滞在を考えているなら、アパートメントホテルを借りるのもいいでしょう。家具や家電がそろったアパートに、現地に住む感覚で滞在できます。コンシェルジュやハウスキーピングなど、ホテルに近いサービスを備える施設もあります。

▌海外生活気分を楽しめる
近所のグローサリーで買い物して自炊するなど、まるで現地で生活しているかのような滞在ができます。

▌広々とした居住空間
海外のアパートは居住空間が広いものが多くあります。一般的なホテルの客室よりも解放的です。

❗ここに注意
入居後の手続きは自己対応
日本の仲介業者を通せば、入居の手続きは代行してもらえますが、入居後の手続きは自分でする必要が。

📖 旅の単語帳

メイドサービス	**maid service** メイド サーヴィス	キッチン用品	**kitchenware** キッチンウェー
冷蔵庫	**fridge** フリッジ	電子レンジ	**microwave oven** マイクロウェーヴ アヴン
契約	**contract** コントラクト	契約料	**commission** コミッション
仲介手数料	**broker's commission** ブローカーズ コミッション	家主	**owner** オウナ

column 旅の豆知識
チップのしくみ

チップの目安

シーン	アメリカ・カナダ	イギリス
タクシーに乗った	10〜15%	10%前後
ポーターやベルマンに荷物を運んでもらった	荷物1つにつき$1〜2	荷物1つにつき£0.5〜1
ホテルで部屋を掃除してもらった	1回につき$2〜5	1回につき£0.5〜1（なくても可）
コンシェルジュにチケットの手配やレストランの予約を頼んだ	難易度により$10〜30	依頼1件につき£1〜2 完了後、合計金額の10%（なくても可）
ルームサービスを頼んだ	合計金額の10〜15%	1回につき£0.5〜1
ドアマンがタクシーを捕まえてくれた	難易度により$1〜2	難易度により£0.5〜1
ホテルやレストランで車を誘導してもらった	車1台につき$1〜2	基本的には不要
レストランで食事をした	合計金額の10〜15%（高級レストランでは20%以上）	合計金額の10%前後
バー（パブ）のカウンターでオーダーした	1杯につき$1（または合計金額の15〜20%）	基本的には不要
美術館や劇場のクロークで荷物を預けた	荷物1つにつき$1	基本的には不要
観光ガイドを頼んだ	半日観光 $3〜5 1日観光 $5〜10	半日観光 £1.5〜3 1日観光 £2.5〜5
レンタカーを洗浄してもらった	1回につき$2	基本的には不要
スパ・エステで施術を受けた	合計金額の15〜20%	合計金額の15〜20%

チップ不要 ホテルのフロント、ファーストフード店、航空会社・レンタカーの窓口スタッフ、ショップ店員など

※上記金額は目安です。チップは、してもらったサービスへの感謝の気持ち。期待を上回るサービスを受けたら多めに渡しても OK です。

レシートの見方【クレジット支払いの場合】

```
         RIVERSIDE
         RESTAURANT

   assorted vegetables        15.00
   soup of the day            15.00
   beef steak                 50.00
   dessert                    20.00
   alcohol                    20.00
   ─────────────────────────────────
① subtotal                   120.00

② tip

③ total

④      Rika Sato
```

①小　計
受けたサービスや購入したものの合計金額。この額に対しチップを支払う。

②チップ
「tip」という表記のほかに「service charge」「gratuities」などの表記がある。あらかじめ代金に含まれているチップがない場合は、ここに自分でチップの額を書く。チップが含まれている場合は空欄でOK。

③合　計
①の小計に、②のチップを足した額を書く。チップが代金に含まれている場合は、小計と同じ金額を書けばよい。

④サイン
クレジットで支払う場合は、サインをする。

チップのスマートな渡し方

　受けたサービスに対する感謝の気持ちを表すチップ。せっかくならスマートに渡したいものです。小額の通貨だけを入れたチップ専用の財布を持ち歩けば、慣れないお金に迷うこともありません。また、アメリカでは、チップを紙幣で渡します。余っているからといって、大量の小銭を残して行くのはマナー違反。余り物を置いていくのでは感謝の気持ちは伝わりません。万が一、大きい紙幣しかない場合は、おつりをもらえばOKです。カナダやイギリスは小額の通貨が小銭なので小銭で支払っても大丈夫。オーストラリアやニュージーランドでは、チップの習慣がないので、チップの支払いは不要です。

食事 | Restaurant

指さし会話
レストランでリクエストする

すみません。
Excuse me.
エクスキューズ　ミー

☐ をください。
Could I get ☐ , please?
クダイ　　　　　ゲット
プリーズ

指さしてみよう

▶メニュー 
a menu
ア メニュー

▶日本語のメニュー 
a Japanese menu
ア ジャパニーズ メニュー

▶水 
some water
サム ウォータ

▶炭酸水 
some soda water
サム ソウダ ウォータ

▶紙ナプキン
some paper napkins
サム ペイパ ナプキンズ

▶会計 
the check
ザ チェック

▶ナイフ 
a knife
ア ナイフ

▶フォーク 
a fork
ア フォーク

▶スプーン 
a spoon
ア スプーン

▶箸 
some chopsticks
サム チョップスティックス

▶ワインクーラー 
a wine cooler
ア ワイン クーラー

▶追加の皿 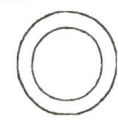
some more plates
サム モー プレーツ

▶追加のいす
an extra chair
アン エクストラ チェー

▶子ども用のいす 
a high chair
ア ハイ チェー

▶灰皿 
an ashtray
アン アッシュトレイ

食事

指さし会話

レストランを探す

レストランが多いのはどのあたりですか？	**Where are most of the restaurants?** ウェー アァ モゥスト オヴ ザ レストランツ
ここから一番近いレストランを探しています。	**Where's the closest restaurant?** ウェーズ ザ クローセスト レストラン
歩いて行ける距離がいいです。	**Is there a restaurant within walking distance?** イズ ゼー ア レストラン ウィジン ウォーキング ディスタンス
この土地ならではのものが食べたいです。	**We'd like to try some local cuisine.** ウィード ライク トゥ トライ サム ローカゥ クイジーン
リーズナブルでおいしいレストランを知りませんか？	**Is there a restaurant good but cheap?** イズ ゼー ア レストラン グッド バット チープ
ひとり50ドルくらいが希望です。	**Is there a restaurant for about $50 per person?** イズ ゼー ア レストラン フォ アバウト フィフティー ダラーズ パー パースン
子どもも入れるレストランがいいのですが。	**Is there a restaurante where children are welcome?** イズ ゼー ア レストラン ウェー チゥドレン アァ ウェゥカム
ベジタリアンのメニューを用意しているレストランを教えてください。	**Is there somewhere with a vegetarian menu?** イズ ゼー サムウェー ウィズ ア ヴェジテリアン メニュー
遅くまで開いているレストランはありますか？	**Is there a restaurant open late?** イズ ゼー ア レストラン オゥプン レイト
落ち着いた（賑やかな）レストランがいいのですが。	**Are there any quiet (lively) restaurants?** アァ ゼー エニ クワイエット（ライヴリ） レストランツ
流行っているレストランはありますか？	**Which restaurants are hot right now?** ウィッチ レストランツ アァ ホット ライト ナウ
お店の名前を書いてもらますか？	**Could you write down the name, please?** クジュ ライト ダウン ザ ネイム プリーズ
お店への行き方を教えてください。	**Could you tell me how to get there?** クジュ テゥ ミー ハウ トゥ ゲット ゼー

column | 旅のマナー&ルール

ドレスコードの基礎知識

欧米では特に、場の格にあわせた装いをすることが重要視されます。高級レストランや豪華客船ではドレスコードが指定されていることが多くあり、規定に外れた装いをしていると入店や入場を断られる場合が。ただし、ひとくちに高級レストランといっても、店によってドレスコードの指定はさまざま。格式ある場へ出かける場合は、あらかじめドレスコードについて確認しておくと安心です。

フォーマル
男性：モーニング（昼）
　　　タキシード（夜）
女性：アフタヌーンドレス（昼）
　　　イブニングドレス（夜）

インフォーマル
男性：ダークスーツ
　　　（ネクタイ着用）
女性：ワンピース以上、イブニングドレス未満のやや改まった服装

スマートカジュアル
男性：ジャケット着用
　　　（ノーネクタイ可）
女性：エレガントな
　　　ワンピースなど

> **Check!**
> **こんな服装には気をつけて**
> Tシャツや短パン、サンダル履きは、高級レストランなどの格式ある場では立ち入りを断られる場合があります。

レストランを予約する

予約をお願いします。	**I'd like to make a reservation.** アイド ライク トゥ メイク ア レザヴェーション
夜7時に3名です。	**I'd like to book a table for 3** アイド ライク トゥ ブック ア テーブゥ フォ スリー **for 7pm tonight, please.** フォ セヴン ピーエム トゥナイト プリーズ
2人ですがあいていますか？	**Do you have a table for 2?** ドゥ ユー ハヴァ テーブゥ フォ トゥー
その時間は満席です。	**We're fully booked at that time.** ウェー フリー ブックト アット ザット タイム
何時ならいいですか？	**What times are available?** ウォッタイムズ アァ アヴェイラブゥ
9時以降なら承れます。	**Anytime after 9pm.** エニタイム アフター ナイン ピーエム
窓側の席がいいです。	**Could we get a table by the window?** クド ウィー ゲタ テーブゥ バイ ザ ウィンドウ
テラスは空いてますか？	**Is the terrace available?** イズ ザ テラス アヴェイラブゥ
ドレスコードはありますか？	**Is there a dress code?** イズ ゼー ア ドレス コウド
子どもも入れますか？	**Are children allowed?** アァ チゥドレン アラウド
ラストオーダーは何時ですか？	**What time is last order?** ウォッタイム イズ ラスト オーダ
禁煙（喫煙）席がいいのですが。	**Could we get a non-smoking** クド ウィー ゲタ ノンスモーキング **(smoking) table, please?** （スモーキング）テーブゥ プリーズ
ベジタリアンのメニューはありますか？	**Is there a vegetarian menu?** イズ ゼー ア ヴェジタリアン メニュー

乳製品（卵、小麦）のアレルギーがあります。	I'm allergic to dairy products (eggs / wheat) アイム アラージック トゥ デーリ プロダクツ（エッグズ / ウィート）
クレジットカード（トラベラーズチェック）は使えますか？	Do you accept credit cards (travelers' checks)? ドゥ ユー アクセプト クレディット カーズ（トラヴェラーズ チェックス）
記念日のお祝いをしたいのですが。	We'd like to celebrate our anniversary. ウィード ライク トゥ セレブレイト アウ アニヴァーサリー
全員でひとつのテーブルに座りたいです。	We want to be seated together. ウィー ウォントゥ ビー シーティッド トゥゲザー
❗ 時間に遅れてしまいそうです。	We're running late. ウェー ランニング レイト
１５分後に着きますが、席はキープしてもらえますか？	We'll be there in 15 minutes. Could you hold our table, please? ウィーゥ ビー ゼー イン フィフティーン ミニッツ　クジュ ホーゥド アウ テーブゥ プリーズ
❗ 予約の取り消しをしたいのですが。	I'd like to cancel my reservation. アイド ライク トゥ キャンセゥ マイ レザヴェーション
❗ 予約の変更をしたいのですが。	I'd like to change my reservation. アイド ライク トゥ チェインジ マイ レザヴェーション
8時（4人）に予約を変更したいのですが。	I'd like to change my reservation to 8pm (4 people). アイド ライク トゥ チェインジ マイ レザヴェーション トゥ エイト ピーエム（フォー ピーブゥ）
3名で予約していましたが、4名に変更できますか？	I booked for 3 but there will be 4 now. アイ ブックト フォ スリー バット ゼー ウィゥ ビー フォー ナウ

食事 / レストランを予約する

旅の単語帳

禁煙席	non-smoking table ノンスモーキング テーブゥ	喫煙席	smoking table スモーキング テーブゥ
窓際席	window seat ウィンドウ シート	テラス席	seat on the terrace シート オン ザ テラス
ウェイター	waiter ウェイター	ウェイトレス	waitress ウェイトレス
ラストオーダー	last order ラスト オーダ	ドレスコード	dress code ドレス コウド

レストランに到着して

予約していた並木です。	**I have a reservation for Namiki.** アイ ハヴァ レザヴェーション フォ ナミキ
テーブル席を予約しています。	**We reserved a table.** ウィー レザーブド ア テーブゥ
⚠ 予約していた席と違います。	**This isn't the table we asked for.** ディス イズント ザ テーブゥ ウィー アスクト フォ
窓側の席を予約していたんですが。	**We booked a table by the window.** ウィー ブックト ア テーブゥ バイ ザ ウィンドウ
あとからもう一人きます。	**One more will be joining us later.** ワン モー ウィゥ ビー ジョイニング アス レイター

予約せずにレストランに行く

こんばんは。3人で入れますか？	**Hi, could we get a table for 3, please?** ハイ クド ウィー ゲタ テーブゥ フォ スリー プリーズ
ちょうどいま満席です。お待ちいただけますか？	**I'm afraid we're full at the moment.** アイム アフレイド ウェーフゥ アット ザ モーメント **Would you like to wait?** ウジュ ライク トゥ ウェイト
ばらばらなら入れます。	**We can seat you seperately.** ウィー キャン シート ユー セパレットリー
全員一緒の席にしてください。	**We'd like to sit together, thanks.** ウィード ライク トゥ シット トゥゲザー サンクス
どのくらい待ちますか？	**How long is the wait?** ハウ ロング イズ ザ ウェイト
20分くらいです。	**About 20 minutes.** アバウト トゥウェンティー ミニッツ
では、待ちます。	**OK, we'll wait.** オーケー ウィーゥ ウェイト

今回はやめておきます。	**We'll come back another time.** ウィーウ カム バック アナザー タイム
ラストオーダーは何時ですか？	**What time is last order?** ウォッタイム イズ ラスト オーダ

🍽 レストランの中で

荷物（コート）を預かってもらえますか？	**Could I leave my things (coat) with you, please?** クダイ リーヴ マイ シングス （コート） ウィズ ユー プリーズ
⚠ メニューがありません。	**We don't have a menu.** ウィ ドン ハヴァ メニュー
メニューをください。	**Could we have a menu, please?** クド ウィー ハヴァ メニュー プリーズ
日本語のメニューはありますか？	**Is there a Japanese menu?** イズ ゼー ア ジャパニーズ メニュー
ワインリストをください。	**Could we see the wine list?** クド ウィー シー ザ ワイン リスト
あちらの席に移ってもいいですか？	**Could we move over there?** クド ウィー ムーヴ オーヴァー ゼー
奥の席に座ってもいいですか？	**Could we sit in the back?** クド ウィー シット イン ザ バック
禁煙（喫煙）席に移れますか？	**Could we move to a non-smoking (smoking) table?** クド ウィー ムーヴ トゥア ノン スモーキング （スモーキング） テーブゥ
子ども用の椅子はありますか？	**Do you have a high chair?** ドゥ ユー ハヴァ ハイ チェー
⚠ 寒い（暑い）のですが。	**It's a bit cold (hot).** イッツ ア ビット コーゥド （ホット）
トイレはどこですか？	**Where is the restroom?** ウェー イズ ザ レストルーム

column 旅の豆知識

メニューのしくみ

メニューの見方

一般的なメニューには、大きく分けて「前菜」「スープ」「サラダ」「主菜」「デザート」「ドリンク」などのカテゴリーがあります。それに加えて、旬などを意識した「本日のおすすめ」が用意されていることも。いろいろなカテゴリーから選んでバラエティーに富んだ食事を楽しんで。

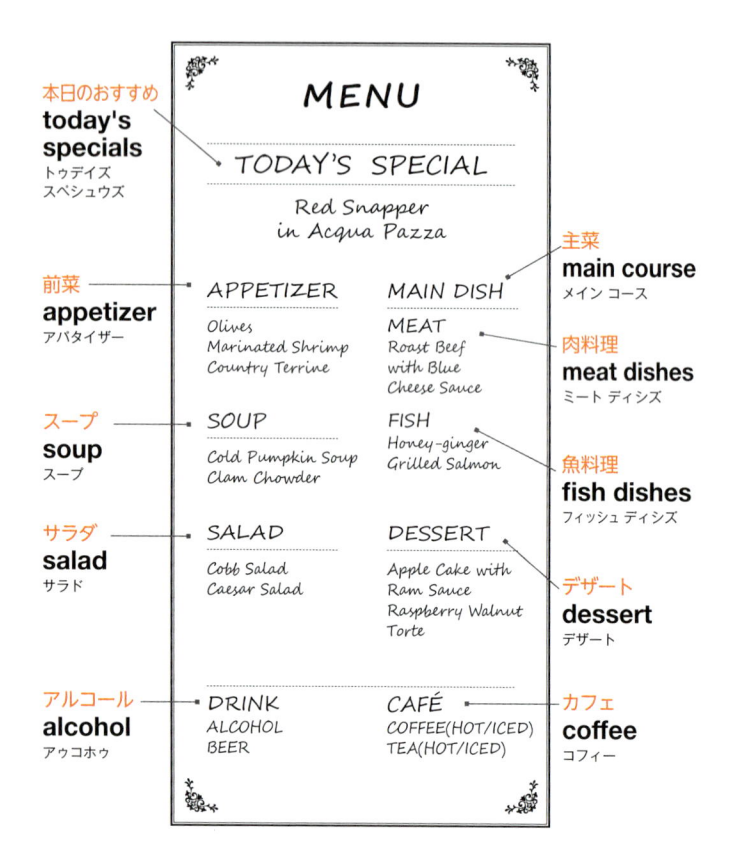

本日のおすすめ
today's specials
トゥデイズ スペシュウズ

前菜
appetizer
アパタイザー

スープ
soup
スープ

サラダ
salad
サラド

アルコール
alcohol
アゥコホゥ

主菜
main course
メイン コース

肉料理
meat dishes
ミート ディシズ

魚料理
fish dishes
フィッシュ ディシズ

デザート
dessert
デザート

カフェ
coffee
コフィー

MENU

TODAY'S SPECIAL

Red Snapper
in Acqua Pazza

APPETIZER
Olives
Marinated Shrimp
Country Terrine

SOUP
Cold Pumpkin Soup
Clam Chowder

SALAD
Cobb Salad
Caesar Salad

MAIN DISH

MEAT
Roast Beef
with Blue
Cheese Sauce

FISH
Honey-ginger
Grilled Salmon

DESSERT
Apple Cake with
Ram Sauce
Raspberry Walnut
Torte

DRINK
ALCOHOL
BEER

CAFÉ
COFFEE(HOT/ICED)
TEA(HOT/ICED)

フルコース

前菜、スープ、メイン料理などが決まった順序でサーブされます。いろいろと注文するのが大変であれば、コースで頼むのがおすすめ。自分で注文するのは飲み物ぐらいになるので注文のハードルがぐっと下がります。

アラカルト

メニューから好きなものを選び、1品ずつ料理を注文します。自分の食べたいものだけを頼めるので便利。ただし、格式あるレストランでは、コースのような構成で注文するほうが好ましいとされています。

ウェイターの呼び方

日本のように大声をあげて「すみません」と声をかけるのは、場の空気を壊してしまい、マナー違反になるので注意。海外のレストランでウェイターを呼ぶときは、顔の位置程度に片手をあげて、無言で自分のテーブル担当に合図をします。なかなか気がついてもらえなくても、気長に待ちましょう。どうしても気がついてもらえないときは「Excuse me.」などと控えめに声をかけます。

オーダーする

注文してもいいですか？	**We're ready to order.** ウェー レディ トゥ オーダ
はい、ただいま。	**Certainly.** サータンリー
少々お待ちください。	**One moment, please.** ワン モーメント プリーズ
お決まりですか？	**Are you ready to order?** アァ ユー レディ トゥ オーダ
これをください。	**I'll have this, thanks.** アイゥ ハヴ ディス サンクス
以上でよろしいですか？	**Will there be anything else?** ウィゥ ゼー ビー エニシング エゥス
以上でお願いします。	**That's all, thank you.** ザッツ オーゥ サンキュー
また追加で注文します。	**We'll order more later.** ウィーゥ オーダ モー レイター

値段を相談する

50ドル以内におさめたいのですが。	**We don't want to spend more than $50.** ウィ ドン ウォントゥ スペンド モー ザン フィフティー ダラーズ
おひとり様あたりですか？	**Per person?** パァ パースン
はい、ひとりあたりです。	**Yes, per person.** イエス パァ パースン
いいえ、全員でです。	**No, for all of us.** ノウ フォ オーロヴアス

メニューについて聞く

人気のメニューはどれですか？	**What's popular here?** ウォッツ ポピュラー ヒア
「本日のおすすめ」は何ですか？	**What are today's specials?** ウォット アァ トゥデイズ スペシュゥズ
これは何ですか？	**What's this?** ウォッツ ディス
ここでしか食べられないものはありますか？	**Is there anything you can only eat here?** イズ ゼー エニシング ユー キャン オンリー イート ヒア
この店の（この地域の）名物料理はありますか？	**What dish is the restaurant (area) famous for?** ウォット ディッシュ イズ ザ レストラン （エリア） フェイマス フォ
どんな食材を使っていますか？	**What's in this?** ウォッツ イン ディス
「本日のスープ」は何ですか？	**What's today's soup?** ウォッツ トゥデイズ スープ
❗ すぐに出てくるものは何ですか？	**What can be served straight away?** ウォット キャン ビー サーヴド ストレータウェイ
どんな味付けになっていますか？	**What is it flavored with?** ウォット イズ イット フレイヴァード ウィズ
コースの説明をしてください。	**Could you tell us about the course?** クジュ テゥ アス アバウト ザ コース
今からでもコースを注文できますか？	**Is it too late to order the course?** イズ イット トゥー レイト トゥ オーダ ザ コース
セットメニューはありますか？	**Is there a set menu?** イズ ゼー ア セット メニュー
飲み物はセットに入っていますか？	**Does the set meal include a drink?** ダズ ザ セット ミーゥ インクルード ア ドリンク

食事

オーダーする／値段を相談する／メニューについて聞く

あのテーブルのメニューは何ですか？	**What are they eating at that table?** ウォット アァ ゼイ イーティング アット ザット テーブゥ	
同じものをください。	**I'll have the same.** アイゥ ハヴ ザ セイム	
温かい（冷たい）ものをください。	**Something warm (cold), please.** サムシング ウォーム（コーゥド）プリーズ	
塩を控えめにしてください。	**Could you go easy on the salt, please?** クジュ ゴー イージー オン ザ ソゥト プリーズ	
薄い味付けのものはありますか？	**Is there anything that's lightly flavored?** イズ ゼー エニシング ザッツ ライトリ フレイヴァード	
辛いものが食べられません。	**I can't eat spicy food.** アイ キャント イート スパイシー フード	
コースの食前酒（前菜）はいかがいたしますか？	**Would you like an aperitif (entrée)?** ウジュ ライク アン アペリティフ（オントレ）	
メインはお肉とお魚、どちらになさいますか？	**Would you like the beef or the fish?** ウジュ ライク ザ ビーフ オ ザ フィッシュ	
量が多いですか？	**Is it a big serving?** イズ イット ア ビッグ サーヴィング	
どのくらいの量ですか？	**How big is it?** ハウ ビッグ イズ イット	
私たちに食べられるでしょうか？	**Would we be able to eat it?** ウド ウィー ビー エイブゥ トゥ イーティット	
これで全員おなかいっぱいになりそうですか？	**Would that be enough for all of us?** ウド ザット ビー イナフ フォ オーロヴ アス	
どんなワインがありますか？	**What wines do you have?** ウォット ワインズ ドゥ ユー ハヴ	
どんなデザートがありますか？	**What desserts do you have?** ウォット デザーツ ドゥ ユー ハヴ	

🍽 メニューについてリクエストする

食事

メニューについて聞く／メニューについてリクエストする

少なめに盛りつけてください。	**Make it a small serving, please.** メイキット ア スモーゥ サーヴィング プリーズ
薄めの味付けでお願いします。	**Could you use just a little flavoring?** クジュ ユーズ ジャスト ア リトゥ フレイヴァリング
シェアしたいので取り分けて持ってきてもらえますか？	**Could you bring it on separate plates so we can share it?** クジュ ブリングキット オン セパレイト プレイツ ソー ウィー キャン シェー イット
じゃがいもを抜いてもらえますか？	**Could you make it with no potatoes, please?** クジュ メイキット ウィズ ノウ ポティトウズ プリーズ
じゃがいもが入っていないメニューを教えてください。	**What doesn't have potato in it?** ウォット ダズント ハヴ ポテイトウ イン イット
❗ 乳製品のアレルギーを持っています。	**I'm lactose intolerant.** アイム ラクトウス イントレラント
お肉の焼き加減はどうされますか？	**How would you like your steak?** ハウ ウジュ ライク ヨー スティク
レア（ミディアム／ウェルダン）でお願いします。	**Rare (medium rare / well done).** レー （ミディアム レー ／ ウェゥダン）
お水をいただけますか？	**Could I get some water, please?** クダイ ゲッサム ウォータ プリーズ
炭酸入り（なし）のお水をください。	**Carbonated (flat) water, thanks.** カーボネイティッド （フラット） ウォータ サンクス
ボトルでください。	**Could I get a bottle?** クダイ ゲタ ボトゥ
注文を変更できますか？	**Can I change my order?** キャナイ チェインジ マイ オーダ
料理を1品キャンセルできますか？	**I'd like to cancel something.** アイド ライク トゥ キャンセゥ サムシング

column 旅の豆知識
メニューの単語

アメリカ料理

アメリカ料理といえば、ボリューム満点のファーストフード。

ハンバーガー
hamburger
ハンバーガー

ホットドッグ
hot dog
ホット ドッグ

バーベキュー
barbecue
バーベキュー

本場のバーベキューはボリュームがケタ違い。

イギリス料理

素材をいかしたシンプルな料理が特徴。アフタヌーンティーのような優雅な食文化も。

フィッシュ&チップス
fish and chips
フィッシュ アンド チップス

イギリスを代表する、白身魚とポテトのフライ料理。

ローストビーフ
roast beef
ロースト ビーフ

アフタヌーンティー
afternoon tea
アフタヌーン ティー

ティースタンドに盛りつけられた料理は、下段からいただくのがマナー。

ハワイ料理

ハワイ王国時代の伝統料理と、アジア移民の食文化に影響を受けた日常食が共存。

locomoco
ロコモコ

日本でもおなじみ。ハンバーグと目玉焼きをのせた丼。

laulau
ラウラウ

肉や魚をタロイモの葉とティの葉で包んだ蒸し料理。

lomilomi
ロミロミ

細かく刻んだ生魚と野菜を揉みこんだ和えもの。

カナダ料理

お隣のアメリカや、入植者の食文化を取りいれた多国籍な料理が豊富です。

poutine
プーティン

グレイビーソースとチェダーチーズをまぶしたフライドポテト。

salmon jerky
サーモンジャーキー

もともとはカナダ原住民の保存食。鮭の日干し。

nanaimo bar
ナナイモ バー

クッキー生地、カスタード、チョコレートが層になった甘いケーキ。

オーストラリア・ニュージーランド料理

豊かな自然の恵みを受けたメニューが楽しめる。イギリスの影響を受けた料理も。

meat pie
ミート パイ

lobster and oysters
ロブスター アンド オイスターズ

lamb roast
ラム ロースト

前菜

カナッペ	canape カナップ		ピクルス	pickles ピクゥス
チーズ	cheese チーズ		マリネ	marinade マリネイド
生ハム	uncured ham アンキュアド ハム		シュリンプカクテル	shrimp cocktail シュリンプ コクテイゥ
カルパッチョ	carpaccio カァパッチォ		エスカルゴ	escargot エスカァゴ
アンチョビ	anchovy アンチョウビ		オリーブ	olive オリヴ
スモークサーモン	smoked salmon スモークト サーモン		テリーヌ	terrine テリーヌ
カプレーゼ	Caprese Salad カプレーズ サラド		前菜の盛り合わせ	assorted vegetables アソーテッド ヴェジタブゥズ

スープ

クラムチャウダー	clam chowder クラム チャウダー		コンソメスープ	consomme soup コンソメ スープ
コーンスープ	corn soup コーン スープ		オニオンスープ	onion soup アニオン スープ
トマトスープ	tomato soup トメィト スープ		カボチャスープ	pumpkin soup パンプキン スープ
ミネストローネ	minestrone ミネストローニ		チキンスープ	chicken soup チキン スープ
野菜スープ	vegetable soup ヴェジタブゥ スープ		ブロッコリースープ	broccoli soup ブロッコリ スープ
ポタージュ	potage ポタージュ		ヴィシソワーズ	vichyssoise ヴィシソワーズ
ミソスープ	miso soup ミソ スープ		日替わりスープ	soup of the day スープ オヴ ザ デイ

サラダ

コールスロー	coleslaw コーゥスロー		シーザーサラダ	Caesar salad シーザー サラダ
コブサラダ	Cobb salad コブ サラダ		アボカドサラダ	avocado salad アヴォカド サラダ
グリーンサラダ	green salad グリーン サラダ		マカロニサラダ	macaroni salad マカロニ サラダ
温野菜	warm vegetable salad ウォーム ヴェジタブゥ サラダ		トマトサラダ	tomato salad トメィト サラダ

肉

牛肉	**beef** ビーフ	子牛肉	**veal** ヴィーゥ
豚肉	**pork** ポーク	鶏肉	**chicken** チキン
アヒル	**duck** ダック	子羊肉	**lamb** ラム
羊肉	**mutton** マトン	七面鳥	**turkey** ターキー
ベーコン	**bacon** ベーコン	ハム	**ham** ハム
ビーフステーキ	**beef steak** ビーフ ステイク	ローストチキン	**roast chicken** ロースト チキン
フライドチキン	**fried chicken** フライド チキン	テリヤキ	**teriyaki** テリヤキ

魚

カニ	**crab** クラブ	ヒラメ	**flounder** フラウンダー
ムール貝	**mussel** マスゥ	カキ	**oyster** オイスター
サケ	**salmon** サーモン	イワシ	**sardine** サーディーン
スズキ	**sea bass** シー バス	エビ	**shrimp / prawn** シュリンプ / プローン
イカ	**squid** スクイッド	メカジキ	**swordfish** ソード フィッシュ
マグロ	**tuna** トゥナ	タコ	**octopus** オクトプス
ウナギ	**eel** イーゥ	アワビ	**abalone** アバロウニ

食材の部位

牛

タン	**tongue** タン	肩ロース	**chuck** チャック
リブロース	**ribs** リブズ	サーロイン	**sirloin** サーロイン
ヒレ	**tenderloin** テンダロイン	モモ	**round** ラウンド

食材の部位

豚

肩ロース	shoulder ショゥダー	ロース	loin ロイン
ヒレ	tenderloin テンダロイン	バラ	pork belly ポーク ベリー

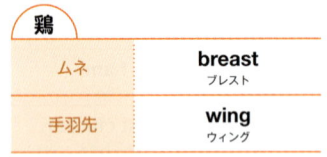

鶏

ムネ	breast ブレスト	ささみ	chicken tender チキン テンダー
手羽先	wing ウィング	モモ	thigh サイ

野菜・果物

玉ねぎ	onion アニオン	トマト	tomato トメィト
キャベツ	cabbage キャビッジ	ニンジン	carrot キャロット
ピーマン	peppers ペッパーズ	ナス	eggplant エッグプラント
じゃがいも	potato ポテイトウ	ゴボウ	burdock root バァドック ルート
きゅうり	cucumber キューカンバー	かぼちゃ	pumpkin パンプキン
とうもろこし	corn コーン	ブロッコリー	broccoli ブロッコリー
クレソン	watercress ウォータクレス	バジル	basil バズゥ
グリーンピース	peas ピーズ	アボカド	avocado アヴォカド
大根	daikon radish ダイコン ラディッシュ	ホウレンソウ	spinach スピニッチ
りんご	apple アップゥ	ぶどう	grape グレイプ
サクランボ	cherry チェリー	ナシ	pear ペー
いちご	strawberry ストロベリー	モモ	peach ピーチ
キウィ	kiwifruit キウィ フルート	ライチ	lychee ライチ

パン

スコーン	**scone** スコウン	マフィン	**muffin** マフィン
イングリッシュマフィン	**English muffin** イングリッシュ マフィン	ベーグル	**bagel** ベイグゥ
サンドウィッチ	**sandwich** サンドウィッチ	フランスパン	**French bread** フレンチ ブレッド
クロワッサン	**croissant** クォワッサン	ロールパン	**bread roll** ブレッド ローゥ

デザート

ジンジャークッキー	**gingersnap** ジンジャースナップ	ティラミス	**tiramisu** ティラミスー
タルト	**tart** タート	プディング	**pudding** プディング
ドーナツ	**doughnut** ドーナット	シフォンケーキ	**chiffon cake** シフォン ケイク
パンケーキ	**pancake** パンケイク	ジンジャーブレッド	**gingerbread** ジンジャーブレッド
ブラウニー	**brownie** ブラウニー	シャーベット	**sherbet** シャーベット
サンデー	**sundae** サンデイ	クレープ	**crepe** クレイプ

ソフトドリンク

オレンジジュース	**orange juice** オレンジ ジュース	リンゴジュース	**apple juice** アップゥ ジュース
コーラ	**cola** コーラ	ジンジャエール	**ginger ale** ジンジャーエイゥ
ウーロン茶	**oolong tea** ウーロング ティー	レモネード	**lemonade** レモネイド
コーヒー	**coffee** コフィー	エスプレッソ	**espresso** エスプレッソ
カフェラテ	**café latte** カフェ ラテ	カフェオレ	**café au lait** カフェ オレ
紅茶	**tea** ティー	レモンティー	**tea with lemon** ティー ウィズ レモン
ミルクティー	**tea with milk** ティー ウィズ ミゥク	ハーブティー	**herb tea** ハーブ ティー

ビール

生ビール	draft beer ドラフト ビァ	エール	ale エイゥ
黒ビール	dark beer ダーク ビァ	ホワイトビール	white beer ワイト ビァ

ワイン

赤ワイン	red wine レッド ワイン	白ワイン	white wine ワイト ワイン
スパークリングワイン	sparkling wine スパークリング ワイン	ロゼ	rosé ロゼイ
ホットワイン	mulled wine マゥド ワイン	ハウスワイン	house wine ハウス ワイン
ビオワイン	natural wine ナチュラゥ ワイン	カベルネ	cabernet カベァネイ
シャルドネ	chardonnay シャードネイ	メルロー	merlot メゥロー

カクテル

ギムレット	gimlet ギムレット	ジンバック	gin buck ジンバック
マルガリータ	margarita マーゲリータ	ウォッカトニック	vodka tonic ヴォッカ トニック
マティーニ	martini マティーニ	スクリュードライバー	screwdriver スクリュードライヴァー

その他

日本酒	sake サーキ	紹興酒	shaoxingjiu シャオチンチュー
ブランデー	brandy ブランディー	ウィスキー	whiskey ウィスキー

飲み方

水割り	with water ウィズ ウォータ	お湯割り	with hot water ウィズ ホット ウォータ
ロック	on the rocks オン ザ ロックス	ストレート	straight ストレイト

調理法

味付けした	seasoned シーズンド
網焼きにした	grilled グリゥド
オーブンで焼いた	baked ベイクト
炭火で焼いた	charcoal grilled チャアコーゥ グリゥド
詰めものにした	stuffed スタッフト
煮込んだ	stewed ステュード
蒸した	steamed スティームド
ソテー	sautéed ソテード
ミディアム (ステーキ)	medium ミディアム
油で揚げた	deep-fried ディープ フライド
炒めた	stir-fried スター フライド
燻製にした	smoked スモークト
つぶした	crushed クラッシュト
生の	raw ロー
混ぜ合わせた	mixed ミックスト
ゆでた	boiled ボイゥド
レア (ステーキ)	rare レー
ウェルダン (ステーキ)	welldone ウェゥダン

調味料

油	oil オイゥ
ウスターソース	Worcestershire sauce ウスタシア ソース
塩	salt ソゥト
砂糖	sugar シュガー
マスタード	mustard マスタァド
オリーブオイル	olive oil オリヴ オイゥ
オイスターソース	oyster sauce オイスター ソース
こしょう	pepper ペパ
酢	vinegar ヴィネガー
マヨネーズ	mayonnaise マヨネーズ

ドレッシング

フレンチドレッシング	French dressing フレンチ ドレッシング
サウザンアイランドドレッシング	Thousand Island dressing サウザン アイランド ドレッシング
イタリアンドレッシング	Italian dressing イタリアン ドレッシング
ランチドレッシング	ranch dressing ラーンチ ドレッシング
ノンオイルドレッシング	oil free dressing オイゥ フリー ドレッシング

食事中に

いい匂い！	**It smells great!** イト スメゥズ グレイト
すごくおいしいです。	**It's delicious!** イッツ デリシャス
日本では食べたことがありません。	**I've never had this in Japan.** アイヴ ネヴァー ハド ディス イン ジャパン
これはどうやって食べるのですか？	**How do I eat this?** ハウ ドゥ アイ イート ディス
これを分けて食べたいのですが。	**We'd like to share it.** ウィード ライク トゥ シェー イット
パンを追加でいただけますか？	**Could we get some more bread, please?** クド ウィー ゲッサム モー ブレッド プリーズ
⚠ これは注文してません。	**We didn't order this.** ウィー ディデント オーダ ディス
⚠ また注文した料理がきていません。	**We're still waiting on what we ordered.** ウェー スティゥ ウェイティング オン ウォット ウィー オーダド
⚠ 1時間待っているのですが。	**We've been waiting for an hour.** ウィーヴ ビーン ウェイティング フォ アナウワ
以上でお揃いですか？	**Is this everything you ordered?** イズ ディス エヴリシング ユー オーダド
もう一度メニューを見せてください。	**Could we see the menu again?** クド ウィー シー ザ メニュー アゲン
すみません、おなかがいっぱいになってしまいました。	**Sorry, I'm so full.** ソリー アイム ソー フゥ
まだ作っていない料理があったらキャンセルしてもらえませんか？	**Could you cancel anything that hasn't been made yet?** クジュ キャンセゥ エニシング ザット ハズント ビーン メイド イェット

おしぼりをいただけますか？	**Could I have a hot towel?** クダイ ハヴァ ホット タウゥ
グラスを割ってしまいました。	**We broke a glass.** ウィー ブロウク ア グラス
片付けていただけませんか？	**Could you clean it up, please?** クジュ クリーニット アップ プリーズ
料理の中に髪の毛が入っています。	**There's a hair in my food.** ゼーズ ア ヘー イン マイ フード
これは火が通っていません。	**This isn't cooked.** ディス イズント クックト
料理が冷めています。	**My food is cold.** マイ フード イズ コーゥド
味が濃すぎます。	**It's too rich.** イッツ トゥー リッチ
辛すぎます。	**It's too spicy.** イッツ トゥー スパイシー
抜いてもらうはずだったじゃがいもが入っています。	**I asked for no potato.** アイ アスクト フォ ノー ポテイトウ
ナイフ（フォーク／スプーン）を落としてしまいました。	**I dropped my knife (fork / spoon).** アイ ドロップト マイ ナイフ（フォーク / スプーン）
お皿をお下げしてもよろしいですか？	**Are you done with this?** アァ ユー ダン ウィズ ディス
まだ食べている途中です。	**I'm still eating this.** アイム スティゥ イーティング ディス
残ったものを持ちかえってもいいですか？	**Could we get a doggy bag?** クド ウィー ゲタ ドギー バッグ
とてもおいしかったです。ありがとう。	**It was delicious. Thank you.** イット ワズ デリシャス サンキュー

食事

食事中に

column 旅のマナー&ルール
レストランの基礎知識

テーブルセッティング

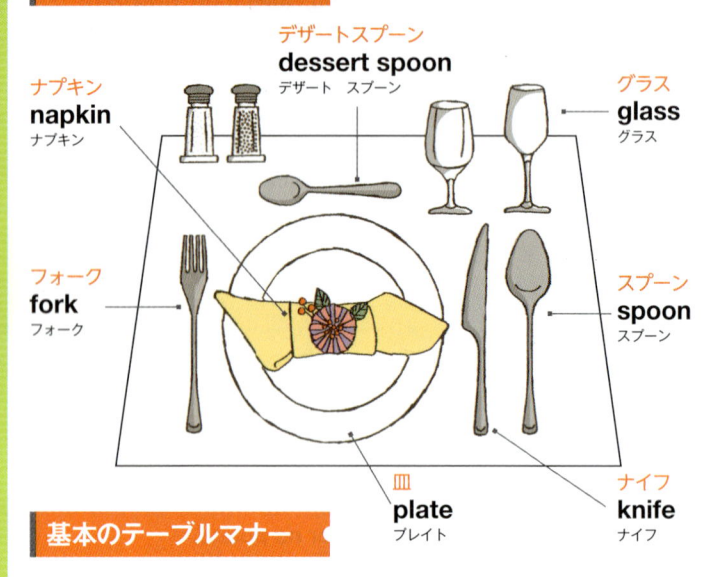

デザートスプーン
dessert spoon
デザート　スプーン

ナプキン
napkin
ナプキン

グラス
glass
グラス

フォーク
fork
フォーク

スプーン
spoon
スプーン

皿
plate
プレイト

ナイフ
knife
ナイフ

基本のテーブルマナー

◆ コースの場合、出される料理に合わせてカトラリーが置かれています。テーブルにセットされたナイフやフォークは外側から使うようにします。

◆ 食事中はできるだけ立ち上がらないようにします。ほしいものに手が届かない場合、同席者に手渡ししてもらいます。

◆ 床に落としたものは、自分で拾わないように。カトラリーやナプキンなどを落としてしまったら、ウェイターに合図をして拾ってもらいます。

◆ 音をたてて食事をしないようにしましょう。スープをすする音や、ナイフやフォークが皿に当たる音には特に注意を。

◆ 注文をすませたら、最初の飲み物や料理が出されるまでにナプキンを広げて膝に置きます。帰る際は、角と角をぴったり合わせないなど、あまりきれいにたたまないのがマナー。

レストランマナー

ルール1　案内されるまでは席につかない

入店したら「Hello」などと挨拶を。席があいていても、勝手に席につかないように。ウェイターが案内してくれるのを待ちましょう。気がついてもらえない場合は、近くの店員に「Excuse me」と声をかけてみましょう。

ルール2　テーブルには担当者がいる

注文や支払い、頼みごとなどはすべて担当ウェイターに声をかけます。チップも、担当ウェイターに支払うように。関係ないテーブルには呼んでも来てくれない場合があるので、担当者の顔を覚えておくとスムーズです。

ルール3　大声をあげない

誰も注文をとりに来なくても、決して大声をあげないこと。場の空気を尊重するのがマナーです。何かを頼みたいときは、手やアイコンタクトで静かに合図を送りましょう。

ルール4　水は有料

海外のレストランでは、水もほかの飲み物同様に注文しないと出てきません。炭酸入りの水と炭酸なしの水が選べますが、炭酸入りの水が苦手なら「Without gas.（炭酸抜きで）」と伝えましょう。

ルール5　バッグの置き場所には注意

いすの背もたれの隙間にバッグを置いたり、テーブルにバッグを置いたまま離席したりすると、スリなどの被害にあう恐れが。担当ウェイターがついていたとしても、バッグは常に持ち歩くようにしましょう。

ルール6　支払いは一括清算で

割り勘で食事をする際も、店内では一括精算するのがマナーです。カジュアルなレストランであっても、割り勘のやりとりは店を出た後でするように心がけましょう。

支払い

精算をお願いします。	**Could we get the check, please?** クド ウィー ゲット ザ チェック プリーズ
どこで払えばいいですか？	**Where do I pay?** ウェー ドゥ アイ ベイ
別々に支払えますか？	**Can we pay seperately?** キャン ウィー ペイ セパレットリー
テーブルで払えますか？	**Can we pay at the table?** キャン ウィー ペイ アット ザ テーブゥ
サービス料は含まれていますか？	**Does that include the service charge?** ダズ ザット インクルード ザ サーヴィス チャージ
全部でいくらですか？	**How much all together?** ハウ マッチ オーゥ トゥゲザー
クレジットカード（トラベラーズチェック）は使えますか？	**Do you accept credit cards (travelers' checks)?** ドゥ ユー アクセプト クレディット カーズ （トラヴェラーズ チェックス）
❗ この料金は何ですか？	**What's this for?** ウォッツ ディス フォ
❗ この料理は注文していません。	**I didn't order this.** アイ ディデント オーダ ディス
❗ この料理はキャンセルしました。	**I cancelled this.** アイ キャンセゥド ディス
❗ 計算が違っているようです。	**This is wrong.** ディス イズ ロング
❗ おつりが違います。	**You gave me the wrong change.** ユー ゲイヴ ミー ザ ロング チェインジ
❗ おつりをもらっていません。	**You didn't give me my change.** ユー ディデント ギヴ ミー マイ チェインジ

領収書をください。	**Can I get a receipt?** キャナイ ゲタ　レシート	
割引されていますか？	**Is this discounted?** イズ ディス ディスカウンテッド	
❗ チップはカード払いに含めました。	**I paid the tip on my card.** アイ ペイド ザ　ティップ オン マイ カード	
いい食事になりました。	**That was a great meal.** ザット　ワズ　ア グレイト　ミーゥ	
これはとっておいてください。	**This is for you.** ディス イズ フォ ユー	

旅の情報　レストランで支払いをする

テーブル会計の場合

テーブルの担当ウェイターに食事の代金を支払います。チップの習慣がある国では、代金と一緒のタイミングでチップも渡しましょう。サービス料込みの場合でも、おつりを1ドルや1ポンドといった小額貨幣でもらったら、若干の金額をチップとして置いていくのが慣例です。ただし、あまり細かい小銭をじゃらじゃら置いていくのはマナー違反になるので注意。

レジ会計の場合

海外ではテーブル会計の場合が多いですが、店によってはレジ会計になることも。レジ会計の場合はウェイターが誘導してくれます。チップを代金と別に支払う場合、チップはテーブルに置き、食事代金のみをレジで精算します。担当者が分かる場合は、「Thank you.」などの言葉を添えて手渡ししてもいいでしょう。

旅の単語帳

一括払い	a single payment ア シングゥ ペイメント		分割払い	installments インストーゥメンツ
クレジットカードで	by card バイ カード		現金で	in cash イン キャッシュ
サービス料込	includes a service charge インクルーズ ア サーヴィス チャージ		サイン	signiture シグニチャ

ファストフード店で

ご注文は？	**Can I take your order?** キャナイ テイク ヨー オーダ
このセットをお願いします。	**I'll have this combo.** アイゥ ハヴ ディス コンボ
ハンバーガーとポテトをください。	**A burger and fries, thanks.** ア バーガー アンド フライズ サンクス
子ども向けのメニューはありますか？	**Is there a kids' menu?** イズ ゼー ア キッズ メニュー
サイズはS・M・Lのどれにしますか？	**What size, small, medium or large?** ウォット サイズ スモーゥ ミディアム オ ラージ
マスタード（ピクルス）は抜いてください。	**Hold the mustard (pickles).** ホーゥド ザ マスタード （ピクゥス）
こちらでお召し上がりですか？	**For here or to go?** フォ ヒア オ トゥゴー
テイクアウトします。／店内で食べます。	**To go. / For here.** トゥ ゴー ／ フォ ヒア
番号札を持ってお待ちください。	**Take this number.** テイク ディス ナンバー
20番の方、お待たせしました。	**20. Number 20.** トゥウェンティー ナンバー トゥウェンティー
トレイの返却場所はどこですか？	**Where do I return the tray?** ウェー ドゥアイ リターン ザ トレイ
そのままで結構です。	**Just leave it there.** ジャスト リーヴ イット ゼー
ここに並べばいいですか？	**Is this the line?** イズ ディス ザ ライン

カフェテリアで

注文はどうやってするのですか？	**How do I order?** ハウ ドゥ アイ オーダ
コーヒーだけテイクアウトできますか？	**Can I just get a coffee to go?** キャナイ ジャスト ゲタ コフィー トゥ ゴー
軽く食べられるものはありますか？	**What's light?** ウォッツ ライト
ランチは終わってしまいましたか？	**Did we miss lunch?** ディド ウィー ミス ランチ
セットメニューはありますか？	**Is there a set?** イズ ゼー ア セット
ミルクとガムシロップは使いますか？	**Would you like cream or syrup?** ウジュ ライク クリーム オ シロップ
ガムシロップだけ使います。	**Just syrup, thanks.** ジャスト シロップ サンクス
低脂肪乳に変えてください。	**Could I get low-fat milk, please?** クダイ ゲット ロウ ファット ミゥク プリーズ
コーヒーは食前と食後、どちらにお持ちしますか？	**Would you like your coffee before or after the meal?** ウジュ ライク ヨー コフィー ビフォー オ アフター ザ ミーゥ
食前（食後）でお願いします。	**Before (After) the meal, thanks.** ビフォー （アフター） ザ ミーゥ サンクス
⚠ テーブルを拭いてもらえますか？	**Could you wipe the table, please?** クジュ ワイプ ザ テーブゥ プリーズ
⚠ お皿を下げてください。	**Could you take away the plates, please?** クジュ テイカウェイ ザ プレィツ プリーズ
会計をお願いします。	**Could I get the check?** クダイ ゲット ザ チェック

食事

ファストフード店で／カフェテリアで

観光 | Sightseeing

指さし会話
観光の希望を伝える

観光の希望はありますか？
What would you like to do?
ウォット　ウジュ　　　　　　ライク　トゥ　ドゥ

_____ するのにいい場所はありますか？
Where should I go to _____ ?
ウェー　　シュダイ　　　　　ゴー　トゥ

指さしてみよう

▶ツアーに参加

take a tour
テイカ　トゥア

▶街歩き

see the city
シー　ザ　シティ

▶美術鑑賞

see some art
シー　サム　アート

▶観劇

see a play
シー　ア　プレイ

▶スポーツ観戦

see a sports game
シー　ア　スポーツ　ゲーム

▶自然探索

see some nature
シー　サム　ネイチャー

▶音楽鑑賞

hear some music
ヒア　サム　ミュージック

▶エステ

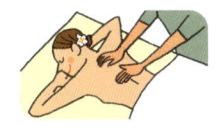

get a beauty treatment
ゲタ　ビューティー　トリートメント

▶クルーズ

take a cruise
テイカ　クルーズ

▶史跡めぐり

see historical sites
シー　ヒストリクゥ　サイツ

観光

指さし会話

145

観光の情報を集める

日本語のパンフレットはありますか？	Is there a Japanese brochure? イズ ゼー ア ジャパニーズ ブローシャー
無料のパンフレット(地図)はありますか？	Are there any free brochures (maps)? アァ ゼー エニ フリー ブロウシャーズ (マップス)
日本語版のタウン誌はどこで手に入りますか？	Where can I get a community paper in Japanese? ウェー キャナイ ゲタ コミュニティ ペイパ イン ジャパニーズ
市内の地図をください。	Could I get a map of the city, please? クダイ ゲタ マップ オヴ ザ シティ プリーズ
バス(地下鉄)の路線図をください。	Could I get a bus (subway) route map? クダイ ゲタ バス (サブウェイ) ルート マップ
バス(地下鉄)の時刻表をください。	Could I get a bus (subway) timetable? クダイ ゲタ バス (サブウェイ) タイムテーブゥ
シティパス™はありますか？	Is there a city pass? イズ ゼー ア シティ パス
観光名所でおすすめはありますか？	Where do you recommend for sightseeing? ウェー ドゥ ユー レコメンド フォ サイトシーイング
何かおもしろいイベントはありますか？	Are there any events worth seeing? アァ ゼー エニ イヴェンツ ワース シーイング
何時に行われますか？	What time is that? ウォッタイム イズ ザット
アートに興味があります。	I'm interested in art. アイム インタレスティッド イン アート
若者に人気のスポットはありますか？	Where do young people go? ウェー ドゥ ヤング ピープゥ ゴー
大人におすすめの場所はありますか？	What do you recommend for adults? ウォット ドゥ ユー レコメンド フォ アダゥツ

家族連れでも楽しめるところはありますか？	**What do you recommend for families?** ウォット ドゥ ユー レコメンド フォ ファミリーズ
買い物をするのにいい場所はありますか？	**Where is good for shopping?** ウェー イズ グッド フォ ショッピング
これはどこですか？	**Where is this?** ウェー イズ ディス
中に入って見学できますか？	**Can we go inside and take a look around?** キャン ウィー ゴー インサイド アンド テイカ ルカラウンド
有料ですか？	**Does it cost anything?** ダズ イット コスト エニシング
景色がいい場所を探しています。	**I'm looking for somewhere beautiful.** アイム ルキング フォ サムウェー ビューティフゥ
ここから歩けますか？	**Can I walk there from here?** キャナイ ウォーク ゼー フロム ヒァ
どのくらいかかりますか？	**How long does it take?** ハウ ロング ダズ イッテイク
一番いい行き方を教えてください。	**What's the best way to get there?** ウォッツ ザ ベスト ウェイ トゥ ゲット ゼー
日帰りできますか？	**Can we take a day trip?** キャン ウィ テイカ デイトリップ？

観光

観光の情報を集める

旅の情報　海外のトイレ事情

　日本では、駅やコンビニなどで簡単にトイレが見つかることが多いですが、海外では、なかなかトイレが見つからず困る場合があります。駅や公園のトイレは危険なこともあるので、ホテルやデパートなどの安全な場所でトイレに行くようにしましょう。観光先で安全なトイレを見つけたら、行きたくなくても念のために用をすませておくと安心です。トイレ中のスリも珍しくないので、手の届かないところに貴重品の入ったバッグをかけないように。トイレットペーパーが備えつけられていない場合も想定して、流せるティッシュを持ち歩くのもよいでしょう。

バス（電車）で行けますか？	**Can I get a bus (train) there?** キャナイ ゲタ バス（トレイン）ゼー
日帰りで行けるところを探しています。	**I want to take a day trip** アイ ウォントゥ テイカ デイ トリップ **somewhere.** サムウェー
ガイド付きツアーがあれば教えてください。	**Are there any guided tours?** アァ ゼー エニ ガイディッド トゥァズ
それに予約は必要ですか？	**Do I need to book?** ドゥ アイ ニード トゥ ブック
ここで予約できますか？	**Can I book here?** キャナイ ブック ヒア
タクシーで観光したいのですが。	**I'd like to go sightseeing in a taxi.** アイド ライク トゥ ゴー サイトシイング イナ タクシー
2時間程度の観光ツアーはありますか？	**Are there any tours about 2** アァ ゼー エニ トゥァズ アバウト トゥー **hours long?** アウアズ ロング
遊覧船はありますか？	**Is there a tour boat?** イズ ゼー ア トゥア ボート
切符はどこで買えますか？	**Where do I buy tickets?** ウェー ドゥ アイ バイ ティケッツ
遊覧船の乗り場はどこですか？	**Where does the tour boat leave from?** ウェー ダズ ザ トゥアボート リーヴ フロム
この劇場では何を上映していますか？	**What's showing at this theater?** ウォッツ ショウイング アット ディス シアター
今日のチケットはとれるでしょうか？	**Can I get tickets for this?** キャナイ ゲット ティケッツ フォ ディス
一番いい席（安い席）はいくらですか？	**How much are the best** ハウ マッチ アァ ザ ベスト **(cheapest) seats?** （チーペスト） シーツ
お土産を買う場所はありますか？	**Where can I buy souvenirs?** ウェー キャナイ バイ スーヴェニァズ

> **column｜旅のマナー&ルール**

海外の観光マナー

ルール1　興味本位で危険なエリアに近づかない

興味本位で治安の悪い場所に近づくと、取り返しのつかないことになりかねません。ホテルのフロントスタッフなど信頼のおける人にお願いして、危険な場所を地図にマークしてもらうとよいでしょう。

ルール2　スケジュールには余裕をもって

旅行にハプニングはつきものです。予定を詰め込みすぎないことがスケジュールを上手にたてるコツ。少々の遅れやトラブルも、楽しむくらいの気持ちで過ごしてみると、心に余裕のある旅行ができます。

ルール3　TPOに合わせた服装を

街中で華美に着飾ると、スリなどに狙われる可能性があります。観光中は現地に溶け込む服装を心がけましょう。高級レストランなどドレスコードが要求される場所に行くときだけ、ドレスアップをします。

ルール4　宗教的タブーに気をつけて

宗教施設では、騒いだりむやみに写真を撮ったりしないようにしましょう。女性の場合、宗教によっては肌の露出や立ち入りが制限されることがあります。宗教マナーに配慮した行動を心がけましょう。

ルール5　写真撮影は慎重に

宗教施設や軍事施設などは、撮影が禁止されていることが多くあります。写真を撮る際は、撮影禁止の看板がないか確認したり、近くの警備員に尋ねてみましょう。観光地でも、現地の人や店を撮る場合は、必ず許可を得て。

ルール6　不要な物やサービスははっきり断る

海外では、意思をはっきり伝えることが重要です。日本のような曖昧な断りの表現は通じません。また、断ることに遠慮して、愛想笑いでごまかすのも、海外ではいい印象をもたれないので注意。

博物館へはどうやって行けばいいですか？	How do I get to the museum? ハウ ドゥ アイ ゲットゥ ザ ミュジアム
今日は開館日ですか？	Is it open today? イズ イット オウプン トゥデイ
何時から何時まで開いていますか？	What are its hours? ウォット アァ イッツ アウワズ
それはこの地図のどこですか？	Where is that on this map? ウェー イズ ザット オンディス マップ
ここに印をつけてくれませんか？	Could you mark it on the map, please? クジュ マーク イット オン ザ マップ プリーズ
日本語のガイドはどこで頼めますか？	Where can I find a Japanese guide? ウェー キャナイ ファインダ ジャパニーズ ガイド

📷 観光ツアーを予約する

このツアーに申し込みたいのですが。	I'd like to book this tour. アイド ライク トゥ ブック ディス トゥア
おすすめのツアーはありますか？	What tours do you recommend? ウォット トゥアズ ドゥ ユー レコメンド
ほかにはどんなツアーがありますか？	What other tours are there? ウォット アザー トゥアズ アァ ゼー
午前中（午後）のツアーはありますか？	Are there any morning (afternoon) tours? アァ ゼー エニ モーニング（アフタヌーン）トゥアズ
日本語ガイド付きのツアーはありますか？	Are there any tours with a Japanese guide? アァ ゼー エニ トゥアズ ウィズ ア ジャパニーズ ガイド
そのツアーではどこを観光できますか？	What can we see on that tour? ウォット キャン ウィー シー オン ザット トゥア
マンハッタンを観光するツアーはありますか？	Are there any tours of Manhattan? アァ ゼー エニ トゥアズ オヴ マンハッタン

半日（2時間）くらいのツアーはありますか？	Are there any half-day (2-hour) tours?
食事は含まれていますか？	Does that include a meal?
チケット代は含まれていますか？	Does that include the tickets?
ツアー代金はいくらですか？	How much is the tour?
バスにトイレはありますか？	Does the bus have a toilet?
自由行動の時間はありますか？	Is there any free time?
いつ、どこに集合するのでしょうか？	When and where do we meet?
何時から何時までかかりますか？	What time does it start and finish?
雨が降ったらどうなりますか？	What if it rains?
雨天決行（雨天中止）です。	The tour will proceed (be canceled) if it rains.
中止になったら代金は返金してもらえますか？	Can I get my money back if it's canceled?
返金にはなりません。	There are no refunds.
解散はどこになりますか？	Where does the tour finish?
ホテルまで迎えにきてもらえますか？	Can you pick me up at my hotel?

観光

観光の情報を集める／観光ツアーを予約する

ホテルまで送ってもらえますか？	**Can you take me back to my hotel?** キャンユー テイク ミー バック トゥ マイ ホテウ
送迎代はかかりますか？	**Does it cost extra to be picked up and dropped off?** ダズ イット コスト エクストラ トゥ ビー ピックト アップ アンド ドロップト オフ
キャンセル料はいつからかかりますか？	**When do cancelation fees apply?** ウェン ドゥ キャンセレーション フィーズ アプライ

📷 観光ツアーに参加して

あれは何ですか？	**What's that?** ウォッツ ザット
写真を撮ってもいいですか？	**Can I take a photo?** キャナイ テイカ フォウトウ
写真を撮ってもらえますか？	**Could you take a photo for me?** クジュ テイカ フォウトウ フォ ミー
どのくらい古い（新しい/高い/深い/大きい）のですか？	**How old (new / high / deep / big) is it?** ハウ オーゥド（ニュー / ハイ / ディープ / ビッグ）イズ イット
あれ（これ）の名前はなんですか？	**What's that (this) called?** ウォッツ ザット（ディス）コーゥド
誰がつくったのですか？	**Who made it?** フー メイド イット
ここの歴史について教えてください。	**Could you tell me about the history of it?** クジュ テゥ ミー アバウト ザ ヒストリー オヴ イット
もう一度言ってください。	**Could you say that again, please?** クジュ セイ ザット アゲン プリーズ
おもしろいですね！	**Interesting!** インタレスティング
気に入りました。	**I like it.** アイ ライキット

集合時間はいつですか？	What time do we meet? ウォッタイム ドゥ ウィー ミート
食事をとる時間はありますか？	Is there time to eat? イズ ゼー タイム トゥ イート
どこで食事がとれますか？	Where can we eat? ウェー キャン ウィー イート
❗ トイレに行きたいのですが。	I need to use the restroom. アイ ニード トゥ ユーズ ザ レストルーム
トイレはどこですか？	Where's the restroom? ウェーズ ザ レストルーム
買い物をしてもいいですか？	Can I do some shopping? キャナイ ドゥ サム ショッピング
到着時間はいつごろですか？	What time do we arrive? ウォッタイム ドゥ ウィー アライヴ
❗ バスに酔ってしまいました。	I'm car-sick. アイム カーシック
❗ 具合が悪くなりました。	I feel sick. アイ フィーウ シック
❗ 忘れ物をしてしまいました。	I left something behind. アイ レフト サムシング ビハインド
❗ 友人（家族）がまだ戻っていません。	My friend (family) hasn't come back yet. マイ フレンド （ファミリー） ハズント カム バック イエット

旅の単語帳

パンフレット	brochure ブロウシャー	ツアー代金	tour fee トゥア フィー
1日の	one-day ワンデイ	半日の	half-day ハーフデイ
キャンセル料	cancelation fee キャンセレーション フィー	集合場所	meeting place ミーティング プレイス
自由時間	free time フリータイム	日帰りの	day trip デイ トリップ

観光

観光ツアーを予約する／観光ツアーに参加して

⚠️	時間に遅れてすみません。	**Sorry for being late.** ソリー　フォ ビーイング レイト
	タバコを吸う場所はありますか？	**Where can I smoke?** ウェー　キャナイ　スモーク
	すみません、私はタバコが苦手です。	**I'm sorry, I don't like cigarettes.** アイム ソリー　アイドン　ライク シガレッツ
	窓を開けてもいいですか？	**Can I open the window?** キャナイ オウプン ザ　ウィンドウ
	この場所で気をつけたほうがいいことはありますか？	**Is there anything I should be careful of here?** イズ ゼー　エニシング　アイ シュド　ビー ケーフゥ　オヴ ヒァ
	一緒に観光しませんか？	**Do you want to go sightseeing together?** ドゥ ユー　ウォントゥ　ゴー サイトシイング トゥゲザー

📷 街で

	観光案内所はどこにありますか？	**Where is the tourist information center?** ウェー　イズ ザ　トゥーリスト インフォメーション センター
	タクシー乗り場がどこか教えてもらえますか？	**Could you tell me where the taxi stand is, please?** クジュ　テウ ミー ウェー　ザ タクシー スタンド イズ プリーズ
	最寄りの駅（バス停）はどこでしょうか？	**Where's the closest station (bus stop)?** ウェーズ　ザ　クローセスト ステイション （バス　ストップ）
	最寄りの駅（バス停）まで連れていってもらえますか？	**Could you take me to the closest station (bus stop), please?** クジュ　テイク ミー トゥ ザ クローセスト ステイション （バス　ストップ） プリーズ
	この近くにトイレはありますか？	**Is there a restroom near here?** イズ ゼー　ア レストルーム　ニァ　ヒァ
⚠️	道に迷いました。	**I'm lost.** アイム ロスト
⚠️	ここはどこですか？	**Where am I?** ウェー　アム アイ

方向と方角

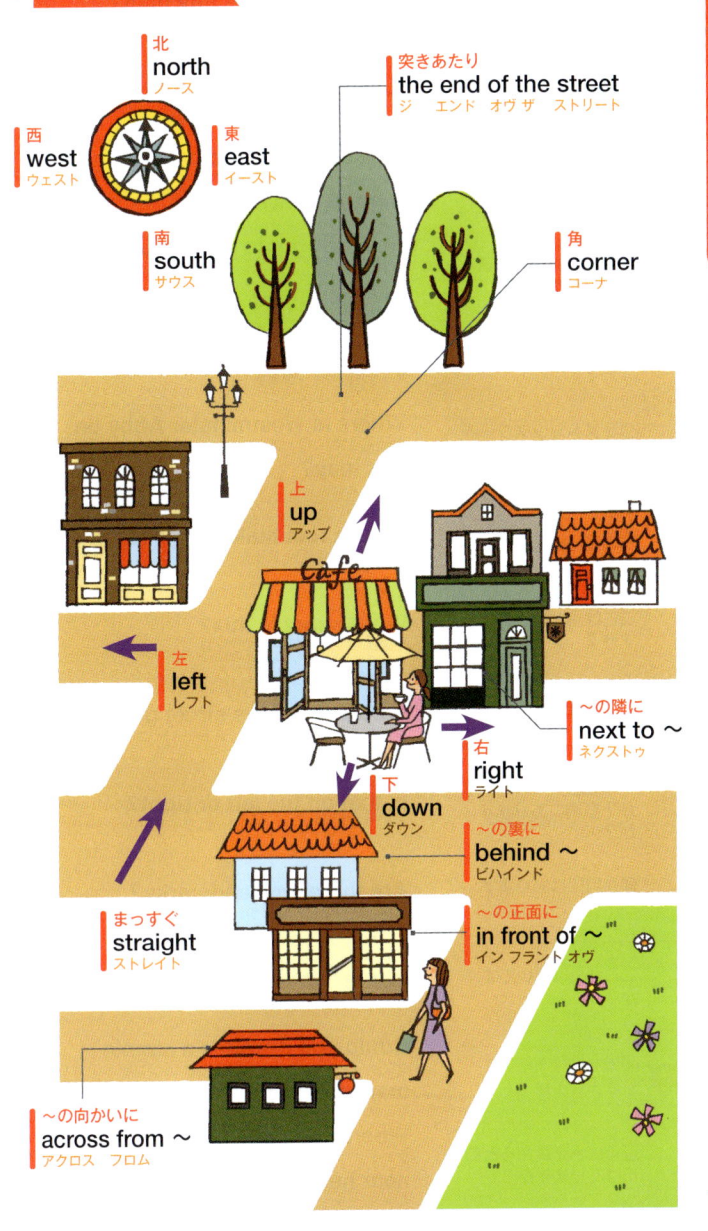

- 北 **north** ノース
- 西 **west** ウェスト
- 東 **east** イースト
- 南 **south** サウス
- 突きあたり **the end of the street** ジ エンド オヴ ザ ストリート
- 角 **corner** コーナ
- 上 **up** アップ
- 左 **left** レフト
- ～の隣に **next to ～** ネクストゥ
- 右 **right** ライト
- 下 **down** ダウン
- ～の裏に **behind ～** ビハインド
- まっすぐ **straight** ストレイト
- ～の正面に **in front of ～** イン フラント オヴ
- ～の向かいに **across from ～** アクロス フロム

観光

観光ツアーに参加して／街で

ここはこの地図のどこですか？	**Where are we on this map?** ウェー ァァ ウィー オン ディス マップ
MOMAに行きたいのですが、この道であっていますか？	**Is this the way to MOMA?** イズ ディス ザ ウェイ トゥ モウマ
セントラルパークへ行くのに目印はありますか？	**Are there any landmarks to get to Central Park?** ァァ ゼー エニ ランドマークス トゥ ゲットゥ セントラゥ パーク
自由の女神に行く道を教えてください。	**How do I get to the Statue of Liberty?** ハウ ドゥ アイ ゲットゥ ザ スタチュー オヴ リバティ
ここへは歩いて行けますか？	**Can I walk here?** キャナイ ウォーク ヒア
ウェストミンスター寺院はこの地図でいうとどこでしょうか？	**Where is Westminster Abby on this map?** ウェー イズ ウェストミンスター アビー オン ディス マップ
あの建物は何ですか？	**What's that building?** ウォッツ ザット ビゥディング
ここは何という通りですか？	**What street is this?** ウォット ストリート イズ ディス
この通りはどこへ出ますか？	**Where does this street go?** ウェー ダズ ディス ストリート ゴー
それは左側にありますか？右側にありますか？	**Is that on the left or right?** イズ ザット オン ザ レフト オ ライト
何か目印はありますか？	**Are there any landmarks?** ァァ ゼー エニ ランドマークス
ここからは遠いですか？	**Is it far from here?** イズ イット ファー フロム ヒア
❗ 簡単な地図を描いてもらえませんか？	**Could you draw me a simple map, please?** クジュ ドロー ミー ア シンプゥ マップ プリーズ
近くに水を買えるところはありますか？	**Where can I buy some water near here?** ウェー キャナイ バイ サム ウォータ ニア ヒア

美術館・博物館でチケットを買う

観光

街で／美術館・博物館でチケットを買う

チケット売り場はどこですか？	**Where is the ticket counter?** ウェー　イズ ザ　ティケット カウンター
企画展は何をやっていますか？	**What limited exhibitions are there?** ウォット リミティッド エグジビションズ　アァ　ゼー
子どもも楽しめる展示はありますか？	**Is there anything children might enjoy?** イズ ゼー　エニシング　チュドレン　マイト　エンジョイ
この展覧会のチケットをください。	**I'd like tickets to this exhibition.** アイド ライク ティケッツ トゥ ディス エグジビション
常設展だけでいいです。	**Just the regular exhibits will do.** ジャスト ザ　レギュラー　エグジビッツ　ウィゥ ドゥ
企画展とセットのチケットをください。	**I'd like a ticket that includes the limited exhibition.** アイド ライク ア ティケット ザット　インクルーズ　ザ　リミティッド エグジビション
この割引券は使えますか？	**Can I use this discount ticket?** キャナイ　ユーズ ディス　ディスカウント ティケット
何か割引はありますか？	**Are there any discounts?** アァ　ゼー　エニ　ディスカウンツ
学生割引はありますか？	**Is there a student discount?** イズ ゼー　ア ストューデント ディスカウント
学生証はありますか？	**Do you have student ID?** ドゥ ユー　ハヴ　ストューデント アイディー
無料開放日はありますか？	**Are there any free days?** アァ　ゼー　エニ　フリー　デイズ
大人2枚、子ども1枚ください。	**2 adults and one child, please.** トゥー アダゥツ アンド ワン チャイゥド プリーズ
今日は何かイベントはありますか？	**Are there any events happening today?** アァ　ゼー　エニ　イベンツ　ハプニング　トゥデイ

157

館内で

コインロッカーはどこですか？	**Where are the lockers?** ウェー アァ ザ ロッカーズ
ガイドツアーはありますか？	**Is there a guided tour?** イズ ゼー ア ガイディッド トゥア
プライベートのガイドツアーに申し込みたいのですが。	**I'd like a private guided tour.** アイド ライク ア プライヴェット ガイディッド トゥア
どの言語がいいですか？	**What language would you like?** ウォット ラングウェッジ ウジュ ライク
英語（日本語）がいいです。	**English. (Japanese.)** イングリッシュ （ジャパニーズ）
子ども用のオーディオガイドはありますか？	**Is there an audio guide for children?** イズ ゼー アン オーディオ ガイド フォ チュドレン
日本語のオーディオガイドはありますか？	**Is there an audio guide in Japanese?** イズ ゼー アン オーディオ ガイド イン ジャパニーズ
❗ これの使い方を教えてください。	**Could you show me how to use this, please?** クジュ ショウ ミー ハウ トゥ ユーズ ディス プリーズ
参加できるワークショップはありますか？	**Are there any workshops we could do?** アァ ゼー エニ ワークショップス ウィー クッドゥ
❗ 託児所はありますか？	**Is there a nursery?** イズ ゼー ア ナサリー
休憩できる場所はありますか？	**Is there somewhere we could take a rest?** イズ ゼー サムウェー ウィ クド テイカ レスト
展示室の中にトイレはありますか？	**Is there a restroom inside the exhibition?** イズ ゼー ア レストルーム インサイド ザ エグジビション
このパンフレットはもらえますか？	**Can I take this brochure?** キャナイ テイク ディス ブロウシャー

ミュージアムショップはどこですか？	Is there a museum shop? イズ ゼー ア ミュジアム ショップ
展覧会のカタログがほしいのですが。	I'd like an exhibition catalog. アイド ライク アン エグジビション カタログ
ミュージアムカフェはありますか？	Is there a café in the museum? イズ ゼー ア カフェ イン ザ ミュジアム
この展覧会の展示室に行きたいのですが。	How do I get to this exhibition? ハウ ドゥ アイ ゲットゥ ディス エグジビション

📷 展示室の中で

何か書くものを借りられますか？	Could I borrow something to write with? クダイ ボロウ サムシング トゥ ライト ウィズ
メモする紙をもらえますか？	Could I have some paper to write on? クダイ ハヴ サム ペイパ トゥ ライト オン
これは誰の作品ですか？	Who's work is this? フーズ ワーク イズ ディス
いつごろ描かれたものですか？	When was this painted? ウェン ワズ ディス ペインテッド
1900年代初頭です。	Early 1900's. ァァリー ナインティーン ハンドレッズ
この作品は何でつくられているのですか？	What is this made from? ウォット イズ ディス メイド フロム
油絵（水彩）です。	Oil paints (Watercolors). オイゥ ペインツ （ウォータカラーズ）
ピカソの展示はどこでやっていますか？	Where is the Picasso exhibition? ウェー イズ ザ ピカソ エグジビション
❗ ここに入ってもいいですか？	Can we go in here? キャン ウィー ゴー イン ヒァ

観光

館内で／展示室の中で

❗ 再入場はできますか？	**Can I leave and come back?** キャナイ リーヴ アンド カム バック	
これはさわってもいい作品ですか？	**Can I touch this?** キャナイ タッチ ディス	
この絵をスケッチしてもいいですか？	**Can I sketch this?** キャナイ スケッチ ディス	
この作品の写真を撮ってもいいですか？	**Can I take a photo of this?** キャナイ テイカ フォウトウ オヴ ディス	
はい。ただしフラッシュは使用しないでください。	**Yes, but no flash photography.** イエス バット ノウ フラッシュ フォトグラフィー	
いいえ、禁止です。	**No photos allowed.** ノウ フォウトウズ アラウド	
作品リストはありますか？	**Is there a list of items exhibited?** イズ ゼー ア リスト オヴ アイテムズ エグジビテッド	

旅の単語帳

企画展	**a limited exhibition** ア リミティッド エグジビション		常設展	**a permanent exhibition** ア パーマネント エグジビション
開館時間	**opening time** オウプニング タイム		閉館時間	**closing time** クロージング タイム
再入場	**re-entry** リエントリー		休館日	**days its closed** デイズ イッツ クローズド
入場料	**admission fee** アドミッション フィー		油彩	**oil painting** オイウ ペインティング
水彩	**watercolor painting** ウォータカラー ペインティング		絵画	**a picture / a drawing** ア ピクチャー / ア ドローイング
版画	**an etching** アン エッチング		彫刻	**a sculpture** ア スカゥプチャー
スケッチ	**a sketch** ア スケッチ		技法	**technique** テクニーク
古典美術	**classical art** クラシカゥ アート		印象派	**impressionist** インプレッショニスト
キュビズム	**cubism** キュビズム		現代アート	**modern art** モダン アート

映画館・劇場で

オペラを見たいのですが、何をやっていますか？	**I'd like to see an opera. What's on?**
ブロードウェイのチケットはどこで手に入りますか？	**Where can I get tickets for a Broadway show?**
いま、話題の作品は何ですか？	**What's hot right now?**
まだチケットは取れますか？	**Can I still get tickets?**
誰が出演していますか？	**Who's in it?**
この割引チケットは使えますか？	**Can I use this discount ticket?**
今晩7時の回のチケットを2枚ください。	**2 tickets for the 7 o'clock show tonight, please.**
明日の夜の2階席を1枚お願いします。	**One mezzanine seat for tomorrow night's show, please.**
真ん中（前列）の席が空いている回はありますか？	**Are there any shows with seats in the middle (front row seats) available?**
立ち見席はありますか？	**Is there gallery viewing?**
席が離れても大丈夫です。	**We don't mind sitting separately.**
大変混み合っておりまして、端の席のご案内になります。	**We can only seat you on the edge.**
全席自由席になります。	**All seats are unreserved.**

観光 / 展示室の中で／映画館・劇場で

ドレスコードはありますか？	Is there a dress code? イズ ゼー ア ドレス コウド
クロークはありますか？	Is there a cloak room? イズ ゼー ア クロウク ルーム
休憩はありますか？	Is there an intermission? イズ ゼー アン インタミッション
休憩時間はいつまでですか？	When does the intermission finish? ウェン ダズ ザ インタミッション フィニッシュ
上映時間はどのくらいになりますか？	How long is it? ハウ ロング イズ イット
この席に一番近い入口はどこですか？	Where is the closest door to this seat? ウェー イズ ザ クローセスト ドー トゥ ディス シート
プログラムガイドをください。	Could I have a program, please? クダイ ハヴァ プログラム プリーズ

旅の単語帳

舞台	a play ア プレイ	バレエ	ballet バレイ
指定席	reserved seat リザーヴド シート	自由席	unreserved seat アンリザーヴド シート
当日券	a ticket at the door ア ティケッツ アット ザ ドー	前売り券	advanced ticket アドヴァンスト ティケット
売り切れ	sold out ソーゥダウト	座席表	seat map シート マップ
出演者	performers パァフォーマズ	監督	director ディレクター
指揮者	conductor コンダクター	演奏家	musician ミュージシャン
クラシック	classical クラシカゥ	ミュージカル	musical ミュージカゥ
開場	doors open ドーズ オープン	開演	curtain カーテン
昼の部	matinee マティネイ	夜の部	evening performance イヴニング パフォーマンス

劇場の席

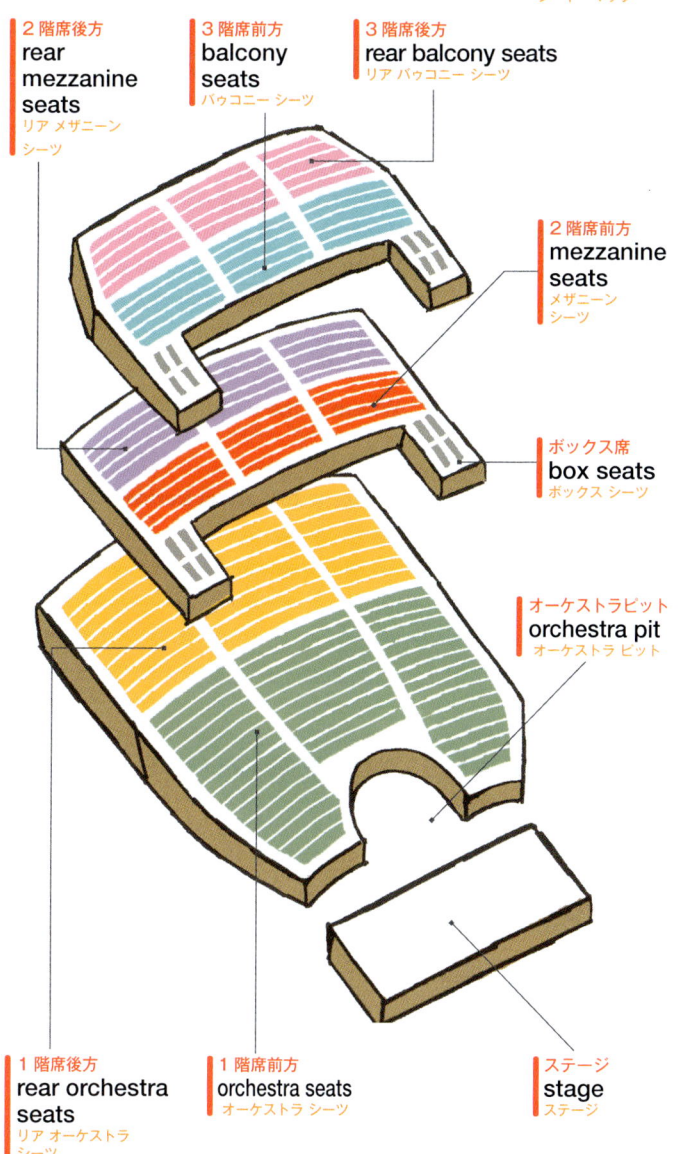

座席表
seat map
シート マップ

2階席後方
rear mezzanine seats
リア メザニーン シーツ

3階席前方
balcony seats
バルコニー シーツ

3階席後方
rear balcony seats
リア バルコニー シーツ

2階席前方
mezzanine seats
メザニーン シーツ

ボックス席
box seats
ボックス シーツ

オーケストラピット
orchestra pit
オーケストラ ピット

1階席後方
rear orchestra seats
リア オーケストラ シーツ

1階席前方
orchestra seats
オーケストラ シーツ

ステージ
stage
ステージ

観光

映画館・劇場で

フェスティバルで

ここが列の最後尾ですか？	**Is this the end of the line?** イズ ディス ジ エンド オヴ ザ ライン
チケットを拝見します。	**Ticket, please.** ティケット プリーズ
この荷物は持ち込みできません。	**You can't take this in.** ユー キャント テイク ディス イン
荷物を預ける場所はありますか？	**Is there somewhere I can leave my things?** イズ ゼー サムウェー アイ キャン リーヴ マイ シングズ
タイムテーブルはどこにありますか？	**Where is the timetable?** ウェー イズ ザ タイムテーブゥ
このアーティストが演奏している会場はどこですか？	**Where is this artist performing?** ウェー イズ ディス アーティスト パフォーミング
食事ができる場所を教えてください。	**Where can I get some food?** ウェー キャナイ ゲッサム フード
グッズ売り場はどこですか？	**Where can I buy some merchandise?** ウェー キャナイ バイ サム マーチャンダイス
キャンプ場はどこですか？	**Where is the tent area?** ウェー イズ ザ テント エリア
タオル（Tシャツ）はまだありますか？	**Are there still towels (T-shirts) left?** アァ ゼー スティゥ タウゥズ（ティーシャーツ）レフト
❗ 友人とはぐれてしまいました。	**I got seperated from my friend.** アイ ゴット セパレイティッド フロム マイ フレンド
❗ トイレはどこですか？	**Where are the toilets?** ウェー アァ ザ トイレッツ
ゴミを捨てたいのですが。	**Where do I put my trash?** ウェー ドゥ アイ プット マイ トラッシュ

📷 スポーツ観戦をする

観光

フェスティバルで／スポーツ観戦をする

この試合のチケットはどこで売っていますか？	**Where can I get tickets for this game?** ウェー キャナイ ゲット ティケッツ フォ ディス ゲーム
今晩の試合はどこ対どこですか？	**Who's playing tonight?** フーズ プレイング トゥナイト
試合開始は何時ですか？	**What time is the game?** ウォッタイム イズ ザ ゲーム
スタジアムへはどのように行くのがいいでしょうか？	**How do I get to the stadium?** ハウ ドゥ アイ ゲットゥ ザ ステイディウム
まだチケットは残っていますか？	**Are there still tickets left?** アァ ゼー スティゥ ティケッツ レフト
チケットください！（紙などに書いて）	**I need tickets!** アイ ニード ティケッツ
メインスタンド（ゴール裏）の席はありますか？	**Are there seats available in the mainstand (behind the goal)?** アァ ゼー シーツ アヴェイラブゥ インザ メインスタンド （ビハインド ザ ゴーゥ）
おすすめの席はありますか？	**Which seats do you recommend?** ウィッチ シーツ ドゥ ユー レコメンド
見やすい席がいいです。	**I'd like a seat with a good view.** アイド ライク ア シート ウィズ ア グッド ヴュー
応援で盛り上がれる席はどこですか？	**Which seats have the liveliest supporters?** ウィッチ シーツ ハヴ ザ ライヴリエスト サポーターズ
このチームを応援できる席はどこですか？	**Where should I sit if I'm rooting for this team?** ウェー シュダイ シット イフ アイム ルーティング フォ ディス ティーム
頑張れー！	**Go, go, go!** ゴー ゴー ゴー
惜しい！	**Close!** クロース

どちらが勝っていますか？	**Who's winning?** フーズ　ウィニング
地元のチームはどっちですか？	**Which is the home team?** ウィッチ　イズ　ザ　ホーム　ティーム
グッズ販売はどこでやっていますか？	**Where can I buy some merchandise?** ウェー　キャナイ　バイ　サム　マーチャンダイズ
サインください！	**Can I have your autograph?** キャナイ　ハヴ　ヨー　オートグラフ
ここで今日の試合を流しますか？ （カフェ、バーなどで）	**Can I see tonight's game here?** キャナイ　シー　トゥナイツ　ゲーム　ヒア
今日はサッカー（野球）の試合がありますか？	**Is there a soccer (baseball) game on today?** イズ　ゼー　ア　サカ　（ベイスボーゥ）　ゲーム　オン　トゥデイ
ホットドッグとビールをください。	**A hotdog and a beer, thanks.** ア　ホットドッグ　アンド　ア　ビァ　サンクス
空いているトイレはどこですか？	**Where are the least crowded toilets?** ウェー　アァ　ザ　リースト　クラウディッド　トイレッツ
この席はどのあたりでしょうか？	**Where are these seats?** ウェー　アァ　ジーズ　シーツ
⚠ すみません、通してください。	**Coming through!** カミング　スルー

旅の単語帳

野球	baseball ベイスボーゥ	サッカー	soccer / football サカ / フットボーゥ
バスケットボール	basketball バスケットボーゥ	バレーボール	volleyball ヴォリボーゥ
フィギュアスケート	figure skating フィギュア スケーティング	競馬	horse racing ホース　レーシング
ゴルフ	golf ゴゥフ	試合	game ゲーム
売店	shop ショップ	テニス	tennis テニス

サッカースタジアム

ホーム
home
ホーム

アウェイ
away
アウェイ

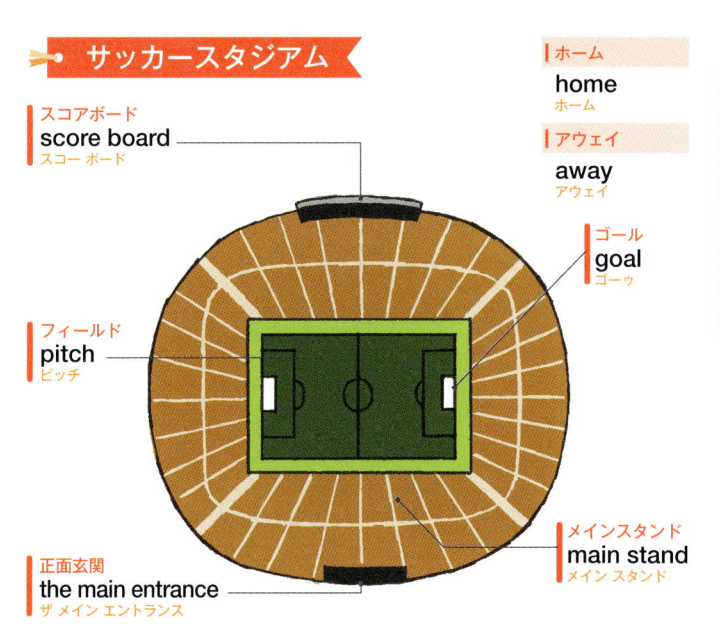

観光

スポーツ観戦をする

スコアボード
score board
スコー ボード

ゴール
goal
ゴーゥ

フィールド
pitch
ピッチ

メインスタンド
main stand
メイン スタンド

正面玄関
the main entrance
ザ メイン エントランス

野球スタジアム

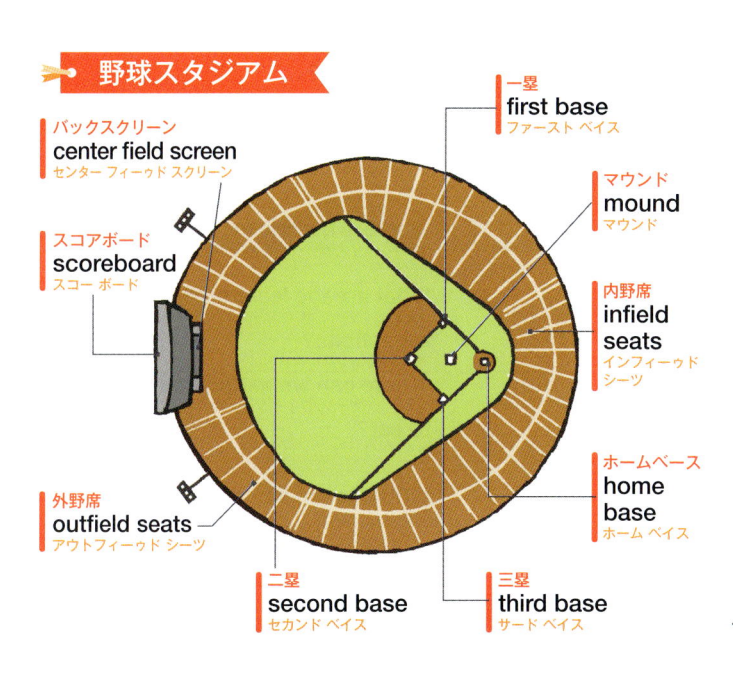

一塁
first base
ファースト ベイス

バックスクリーン
center field screen
センター フィーゥド スクリーン

マウンド
mound
マウンド

スコアボード
scoreboard
スコー ボード

内野席
infield seats
インフィーゥド シーツ

ホームベース
home base
ホーム ベイス

外野席
outfield seats
アウトフィーゥド シーツ

二塁
second base
セカンド ベイス

三塁
third base
サード ベイス

アミューズメントパークで

1日券をください。	**A day-pass, please.** ア デイ パス プリーズ
半日券はありますか？	**Is there a half-day pass?** イズ ゼー ア ハーフ デイ パス
今日は何かイベントがありますか？	**Are there any events on today?** アァ ゼー エニ イヴェンツ オン トゥデイ
待ち時間はどれくらいでしょうか？	**How long is the wait?** ハウ ロング イズ ザ ウェイト
園内のマップはどこにありますか？	**Where are the park maps?** ウェー アァ ザ パーク マップス
このアトラクションに行く方法を教えてください。	**How do I get to this attraction?** ハウ ドゥ アイ ゲッ トゥ ディス アトラクション
年齢（身長）制限はありますか？	**Is there an age (a height) restriction?** イズ ゼー アン エイジ (ア ハイト) リストリクション
子どもも安心して乗れる乗り物はありますか？	**What's not scary for children?** ウォッツ ノット スケーリ フォ チュドレン
このアトラクションの列はここですか？	**Where is the line for this attraction?** ウェー イズ ザ ライン フォ ディス アトラクション
今すいているアトラクションは何ですか？	**What are the least crowded attractions?** ウォット アァ ザ リースト クラウディッド アトラクションズ
食事できる場所はありますか？	**Where can we get something to eat?** ウェー キャン ウィー ゲット サムシング トゥ イート
❗ 一番近いトイレはどこですか？	**Where is the closest restroom?** ウェー イズ ザ クローセスト レストルーム
お土産を買える場所はありますか？	**Where can I buy souvenirs?** ウェー キャナイ バイ スーヴェニアァズ

エステ・スパで

スパはどこで受けられますか？	**Where can I find a spa?** ウェー キャナイ ファインド ア スパー
Aコースを予約したいのですが。	**I'd like to book the A course.** アイド ライク トゥ ブック ジ エイ コース
4時ごろあいていますか？	**Is 4 o'clock available?** イズ フォー オクロック アヴェイラブゥ
友人と一緒に受けられますか？	**Can you see me and my friend together?** キャン ユー シー ミー アンド マイ フレンド トゥゲザー
男性でも利用できますか？	**Do you see men?** ドゥ ユー シー メン
コースについて教えてください。	**Could you tell me about the treatments?** クジュ テゥ ミー アバウト ザ トリートメンツ
価格表を見せてください。	**Could I see the price list?** クダイ シー ザ プライス リスト
フェイシャル（ボディ）コースを受けます。	**I'd like a facial (body) treatment, please.** アイド ライク ア フェイシャゥ（ボディ）トリートメント プリーズ
予約している佐藤です。	**I have a reservation under Sato.** アイ ハヴァ レザヴェーション アンダー サトー
いくつか質問させていただきます。	**I'm going to ask you a few questions.** アイム ゴーイング トゥ アスク ユー ア フュー クエスチョンズ
持病はありますか？	**Do you have any chronic illnesses?** ドゥ ユー ハヴ エニ クロニック イゥネセズ
アレルギーはありますか？	**Are you allergic to anything?** アー ユー アラージック トゥ エニシング
肌が弱いです。	**I have delicate skin.** アイ ハヴ デリケット スキン

肌の乾燥が気になります。	**I'm worried about my dry skin.** アイム ワリード アバウト マイ ドライ スキン
足がむくんでいます。	**My legs are swollen.** マイ レッグズ アァ スウォレン
便秘気味です。	**I'm a little constipated.** アイム ア リトゥ コンスティベイティッド
胃腸が弱いです。	**I have a weak stomach.** アイ ハヴァ ウィーク スタマック
ストレスがたまっています。	**I'm stressed.** アイム ストレスト
施術室はこちらです。	**The treatment room is this way.** ザ トリートメント ルーム イズ ディス ウェイ
服を脱いでください。	**Please remove your clothes.** プリーズ リムーヴ ヨー クローズ
この服に着替えてください。	**Could you wear this, please?** クジュ ウェー ディス プリーズ
あおむけ（うつぶせ）に寝てください。	**Lie on your back (stomach), please.** ライ オン ヨー バック（スタマック）プリーズ
お加減はいかがですか？	**Too strong? Not strong enough?** トゥー ストロング ノット ストロング イナフ
⚠ ピリピリします。	**It stings.** イト スティングズ
⚠ 気分が悪くなりました。	**I feel sick.** アイ フィーゥ シック
とても気持ちがいいです。	**That feels great!** ザット フィーゥズ グレイト
今日使った化粧品を買うことができますか？	**Can I buy the cosmetics you used on me today?** キャナイ バイ ザ コスメティクス ユー ユーズド オン ミー トゥデイ

エステ・スパ

| 施術
treatment
トリートメント

| 施術室
treatment room
トリートメント ルーム

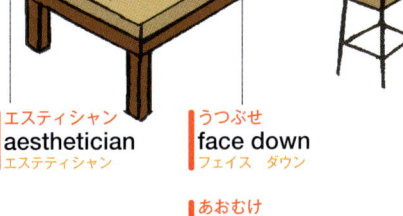

| アロマオイル
aroma oil
アロマ オイゥ

| エスティシャン
aesthetician
エステティシャン

| うつぶせ
face down
フェイス ダウン

| あおむけ
face up
フェイス アップ

| 足浴
foot bath
フット バス

観光

エステ・スパで

関連単語 からだや体調の悩み

| 贅肉
fat
ファット

| しわ
wrinkle
リンクゥ

| しみ
spot
スポット

| 疲れ
fatigue
ファティーグ

| 体のゆがみ
distortion
ディストーション

| ストレス
stress
ストレス

171

カジノで

ドレスコードはありますか？	**Is there a dress code?** イズ ゼー ア ドレス コウド
メンバーズカードをつくりたいのですが。	**I'd like to make a member's card.** アイド ライク トゥ メイク ア メンバーズ カード
これの遊び方を教えてください。	**How do you play this?** ハウ ドゥ ユー プレイ ディス
チップはどこで手に入れればいいですか？	**Where can I get chips?** ウェー キャナイ ゲット チップス
50ドル分のチップをください。	**$50 in chips, thanks.** フィフティー ダラーズ イン チップス サンクス
ここに誰か座っていますか？	**Is this seat taken?** イズ ディス シート テイクン
見ていてもいいですか？	**Can I just watch?** キャナイ ジャスト ウォッチ
おめでとうございます！（見学していたプレーヤーが勝ったとき）	**Nice one!** ナイス ワン
賭け方を教えてください。	**How do I bet?** ハウ ドゥ アイ ベット
続けます。	**I'll keep going.** アイゥ キープ ゴーイング
やめておきます。	**Fold.** フォーゥド
このチップを現金にしてください。	**I'd like to cash these chips, thanks.** アイド ライク トゥ キャッシュ ズィーズ チップス サンクス
今日はこれで終わりにします。	**I think I'll call it a day.** アイ シンク アイゥ コーリタデイ

📷 バーで

おすすめのバーはありますか？	**Could you recommend a good bar?** クジュ　　レコメンド　　ア グッド　バァ
食事はできますか？	**Do you have food?** ドゥ ユー ハヴ　フード
予約は必要ですか？	**Do I need a reservation?** ドゥ アイ ニード ア レザヴェーション
ドレスコードはありますか？	**Is there a dress code?** イズ ゼー　アドレス　　コウド
サービス料はいくらですか？	**How much is the surcharge?** ハウ　マッチ イズ ザ　サァチャージ
カウンターがいいです。	**I'd like to sit at the counter, please.** アイド ライク トゥ シット アット ザ カウンター プリーズ
ステージの近くがいいです。	**I'd like to sit near the stage?** アイド ライク トゥ シット ニァ ザ　ステージ
夜景のきれいなバーを知っていますか？	**Do you know a bar with a view** ドゥ ユー　ノウ　ア バァ ウィズ ア ヴュー **of the city lights?** オヴ ザ　シティ ライツ
ビールをください。	**Can I get a beer?** キャナイ ゲタ　ビア
ウィスキーの水割りをください。	**Whiskey and water, thanks.** ウィスキー　　アンド ウォータ　サンクス
ロックで。	**On the rocks.** オンザ　　ロックス
ここでは何がおいしいですか？	**What's good here?** ウォッツ　グッド　ヒァ
おかわりをください。	**Same again.** セイム　アゲン

観光

カジノで／バーで

クラブで

近くにいいクラブはありますか？	**Is there a good club near here?** イズ ゼー ア グッド クラブ ニァ ヒァ
どんなジャンルの音楽がかかっていますか？	**What kind of music is it?** ウォット カインド オヴ ミュージック イズ イット
何時頃から盛り上がり始めますか？	**From what time does it pick up?** フロム ウォッタイム ダズ イット ピカップ
何時までやっていますか？	**What time does it close?** ウォッタイム ダズ イット クローズ
若い人は多いですか？	**Are there lots of young people?** アァ ゼー ロッツ オヴ ヤング ピープゥ
入場料はいくらですか？	**How much is it to get in?** ハウ マッチ イズ イット トゥ ゲティン
ロッカーはどこですか？	**Where are the lockers?** ウェー アァ ザ ロッカーズ
身分証を見せてください。	**Can I see some ID?** キャナイ シー サム アイディー
モヒートをください。	**Can I get a mojito, please?** キャナイ ゲタ モヒート プリーズ
同じものをください。	**Same again, thanks.** セイム アゲン サンクス
あのDJは誰ですか？	**Who's that DJ?** フーズ ザット ディージェイ
格好いいですね！	**This is awesome!** ディス イズ オーサム
つきまとわないでください！	**Leave me alone.** リーヴ ミー アローン

📷 写真・ビデオを撮る

ここで写真を撮ってもいいですか？	**Can I take a photo here?** キャナイ テイカ フォウトウ ヒァ
写真撮影は禁止です。	**No photography allowed.** ノウ フォトグラフィー アラウド
フラッシュをたいてもいいですか？	**Can I use a flash?** キャナイ ユーズ ア フラッシュ
ビデオを撮ってもいいですか？	**Can I film this?** キャナイ フィウム ディス
ここに三脚を立ててもいいですか？	**Can I use a tripod here?** キャナイ ユーズ ア トライポッド ヒァ
わたし（わたしたち）の写真を撮ってもらえますか？	**Could you take a photo of me (us)?** クジュ テイカ フォウトウ オヴ ミー（アス）
背景が写るように撮ってください。	**Could you get the background in, please?** クジュ ゲット ザ バックグラウンド イン プリーズ
あの建物を全部入れてもらえますか？	**Could you get the whole building in, please?** クジュ ゲット ザ ホーゥ ビゥディング イン プリーズ
一緒に写真に写ってください。	**Could you get in the photo too?** クジュ ゲット イン ザ フォウトウ トゥー
シャッターボタンはここです。	**Just press this button.** ジャスト プレス ディス バトゥン
あなたの写真を撮ってもいいですか？	**Can I take a photo of you?** キャナイ テイカ フォウトウ オヴ ユー
写真を撮りましょうか？	**Do you want me to take a photo?** ドゥ ユー ウォミトゥ テイカ フォウトウ
どこを押すのですか？	**What do I press?** ウォット ドゥ アイ プレス

観光

クラブで／写真・ビデオを撮る

すみません、失敗しました。もう一度撮ります。	Sorry, let me take that again. ソリー　レミ　テイク　ザット　アゲン
笑ってください。	Smile! スマイゥ
みなさんもう少しくっついてください。	Could you squeeze in more? クジュ　　スクウィーズ　イン　モー
少し右（左）にずれてください。	Could you move a little to the right (left)? クジュ　　ムーヴ　アリトゥ　トゥ　ザ　ライト　（レフト）
おすすめの写真スポットはありますか？	Where's a good place to take a photo? ウェーズ　ア　グッド　プレイス　トゥ　テイカ　フォトゥ
⚠ この近くにメモリーカード（フィルム）を売っているお店はありませんか？	Where can I buy a memory card (film) around here? ウェー　キャナイ　バイ　ア　メモリー　カード　（フィゥム）アラウンド　ヒァ
近くにカメラ屋はありますか？	Is there a camera store near here? イズ　ゼー　ア　キャメラ　ストー　ニァ　ヒァ
⚠ カメラが壊れてしまったようです。	My camera is broken. マイ　キャメラ　イズ　ブロークン
これと同じバッテリーはありますか？	Do you have this battery? ドゥ　ユー　ハヴ　ディス　バッテリー
この近くに写真をプリントできる場所はありますか？	Where can I get photos printed around here? ウェー　キャナイ　ゲット　フォトゥズ　プリンテッド　アラウンド　ヒァ
このカードの中の写真をプリントしたいのですが。	I'd like to develop the photos on this card. アイド　ライク　トゥ　ディヴェロップ　ザ　フォトゥズ　オン　ディス　カード
1（2）枚ずつプリントしてください。	One copy (2 copies) each, please. ワン　コピー　（トゥー　コピーズ）イーチ　プリーズ
いつ仕上がりますか？	When will they be ready? ウェン　ウィゥゼイ　ビー　レディ
後で写真を送りたいのですが、メールアドレス（住所）を教えてください。	I want to send you the photos later. What's your email address (address)? アイ　ウォントゥ　センド　ユー　ザ　フォトゥズ　レイター ウォッツ　ヨー　イーメイゥ　アドレス　（アドレス）

伝わる英語のヒント集

海外では通じない和製英語

アフターサービス	**customer service** カスタマー サーヴィス
イアリング	**clip-on earrings** クリッポン イアリングス
ウィーンコーヒー	**Vienna coffee** ヴィエナ コフィー
ウィンカー	**indicator** インディケータ
オーダーメイド	**custom-made** カスタム メイド
オープンカー	**convertible** コンヴァーティブゥ
ガードマン	**security guard** セキュリティ ガード
キーホルダー	**key ring** キー リング
クラシック音楽	**classical music** クラシカゥ ミュージック
クレーム	**complaints** コンプレインツ
コンセント	**outlet** アウトレット
コンロ	**burner** バーナ
ストーブ	**heater** ヒータ
セーター	**sweater** スウェタ
ソフト	**software** ソフトウェー
チャック	**zipper** ジッパ
デパート	**department store** デパートメント ストー
ドンマイ	**Never mind.** ネヴァー マインド
バイキング	**buffet** バフェィ
パソコン	**computer** コンピュータ
ピアス	**earrings** イアリングス
フロント	**reception** リセプション
ペアリング	**couple rings** カプゥ リングス
マンション（建物）	**building** ビゥディング
マンション（部屋）	**apartment** アパートメント
メイク	**makeup** メイカップ
モーニングコール	**wake-up call** ウェイカップ コーゥ
ライブハウス	**venue** ヴニュ

ショッピング | Shopping

指さし会話

買い物をする

おすすめの ▢ を教えてください。

Could you recommend a good ▢ ?
クジュ　レコメンド　ア グッド

指さしてみよう

- ▶デパート 
  department store
  デパートメント　ストー

- ▶ショッピング街 
  shopping area
  ショッピング　エリア

- ▶土産物屋 
  souvenir shop
  スーヴェニア　ショップ

- ▶マーケット 
  market
  マーケット

- ▶食料品店 
  food store
  フード　ストー

- ▶安売り店 
  discount shop
  ディスカウント　ショップ

- ▶骨董品店 
  antique shop
  アンティーク　ショップ

- ▶雑貨店 
  knick-knack store
  ニック　ナック　ストー

指さし会話

デパートの売り場を尋ねる

ショッピング

指さし会話

___ 売り場はどこですか？

Where is the
ウェー　　イズ　ザ

_____ department?
デパートメント

指さしてみよう

▶婦人服 
ladies
レイディーズ

▶紳士服 
mens
メンズ

▶子ども服 
childrens
チゥドレンズ

▶アクセサリー 
accessory
アクセサリー

▶食品 
food
フード

▶化粧品 
cosmetics
コスメティクス

ほしいものを探す

免税店はどこにありますか？	**Where can I find a duty free store?** ウェー キャナイ ファインダ デューティー フリー ストー
ショッピング街はどこにありますか？	**Where is the shopping area?** ウェー イズ ザ ショッピング エリア
一番大きいショッピングセンターはどこですか？	**Where is the biggest shopping center?** ウェー イズ ザ ビゲスト ショッピング センター
近くにデパートはありますか？	**Is there a department store nearby?** イズ ゼー ア デパートメント ストー ニァバイ
今、流行っているお店はどこですか？	**What shops are in right now?** ウォット ショップス アァ イン ライト ナウ
大きな書店を探しています。	**I'm looking for a big bookstore.** アイム ルキング フォ ア ビッグ ブックストー
ここから遠いですか？	**Is it far from here?** イズ イット ファァ フロム ヒア
どのように行けばいいですか？	**How do I get there?** ハウ ドゥ アイ ゲット ゼー
最寄り駅はどこですか？	**Where is the closest station?** ウェー イズ ザ クローセスト ステイション
ここに書いてもらえますか？	**Could you write that down, please?** クジュ ライト ザット ダウン プリーズ
❗ メモリーカード（フィルム）を売っているお店はありますか？	**Where can I buy a memory card (film)?** ウェー キャナイ バイ ア メモリー カード（フィウム）
お土産を買えるお店を探しています。	**I'm looking for somewhere to buy souvenirs.** アイム ルキング フォ サムウェー トゥ バイ スーヴェニアァズ
いいお店を紹介してもらえませんか？	**Could you recommend somewhere good?** クジュ レコメンド サムウェー グッド

ここの特産品で珍しいものを探しています。	I'm looking for something unique to the area. アイム ルキング フォ サムシング ユニーク トゥ ジ エリア
ニューヨークならではのものを探しています。	I'm looking for something really New York. アイム ルキング フォ サムシング リーリ ニューヨーク
日本で買えないものを探しています。	I'm looking for something you can't get in Japan. アイム ルキング フォ サムシング ユー キャント ゲット イン ジャパン
これ（それ）はどこで買えますか？	Where can I buy this (that)? ウェー キャナイ バイ ディス（ザット）
そのお店の名前は何ですか？	What's the name? ウォッツ ザ ネイム
営業時間を教えてください。	What are the hours? ウォット アァ ジ アウワズ
休業日はありますか？	Are they open every day? アァ ゼイ オウプン エヴリデイ
品揃えが一番いいお店はどこですか？	Which shop has the best selection? ウィッチ ショップ ハズ ザ ベスト セレクション
❗ まだ開いているお店はありますか？	Is there anywhere still open? イズ ゼー エニウェー スティゥ オウプン
夜遅くまで開いているスーパーマーケットはありますか？	Is there a supermarket open late? イズ ゼー ア スーパーマーケット オウプン レイト
セールをやっているお店はありますか？	Is there anywhere having a sale? イズ ゼー エニウェー ハヴィング ア セーゥ
今、人気のブランドは何ですか？	What brands are in right now? ウォット ブランズ アァ イン ライト ナウ
このあたりでフリーマーケットはやっていますか？	Is there a flea market around here? イズ ゼー ア フリー マーケット アラウンド ヒァ
朝市はどこでやっていますか？	Where can I find a morning market? ウェー キャナイ ファインド ア モーニング マーケット

ショッピング

ほしいものを探す

免税カウンターはどこですか？	**Where is the tax free counter?** ウェー　イズ ザ　タックス フリー カウンター
食品街はありますか？	**Is there a food section?** イズ ゼー　ア フード　セクション
すこし休憩できるところはありますか？	**Is there somewhere I can have a rest?** イズ ゼー　サムウェー　アイ キャン ハヴァ　レスト
レストランフロアはありますか？	**Is there a restaurant floor?** イズ ゼー　ア レストラン　フロー
案内所はどこですか？	**Where is the information desk?** ウェー　イズ ジ　インフォメーション　デスク
❗ いますぐに必要です。	**I need it right away.** アイ ニード イット ライタウェイ

📖 旅の単語帳

デパート	department store デパートメント ストー	ショッピングセンター	shopping center ショッピング センター
スーパーマーケット	supermarket スーパマーケット	インテリアショップ	home décor store ホーム ディコア ストー
おもちゃ屋	toy store トイ ストー	食料品店	food shop フード ショップ
靴屋	shoe shop シュー ショップ	お土産屋	souvenir shop スーヴェニアァ ショップ
酒店	liquor store リカー ストー	薬局	pharmacy ファアマシー
ドラッグストア	drug store ドラッグ ストー	民芸品店	craft shop クラフト ショップ
スポーツ用品店	sporting goods shop スポーティング グッズ ショップ	CDショップ	CD shop シーディー ショップ
文房具店	stationary shop ステイショネリー ショップ	骨董品店	antique shop アンティーク ショップ
コンビニエンスストア	convenience store コンヴィニエンス ストー	安売り店	discount store ディスカウント ストー
ブランド	brand ブランド	免税店	duty free shop デューティー フリー ショップ
アウトレット	factory outlet ファクトリ アウトレット	市場	market マーケット

服を買う

婦人服（男性服／子ども服）売り場はどこですか？	**Where is the ladies' (men's / children's) department?**
フロアマップはありますか？	**Is there a floor map?**
エスカレーター（エレベーター）はどこですか？	**Where are the escalators (elevators)?**
日本語を話せる店員はいますか？	**Does anyone speak Japanese?**
いらっしゃいませ。何かお探しですか？	**Hi, can I help you find something?**
見ているだけです。	**I'm just looking, thanks.**
もう少し大きいサイズはありますか？	**Do you have this in a larger size?**
これの小さいサイズはありますか？	**Do you have this in a smaller size?**
私に合うサイズはありますか？	**Do you have my size?**
サイズを計ってもらえますか？	**Could you take my measurements?**
派手（地味）すぎます。	**It's too flashy (plain).**
もっと派手（地味）なものはありますか？	**Do you have anything less plain (plainer)?**
明るい（暗い）色のものはありますか？	**Do you have anything bright (dark)?**

カジュアル（フォーマル）なものを探しています。	**I'm looking for something casual (formal).** アイム ルキング フォ サムシング カジュアゥ（フォーマゥ）
いくらですか？	**How much is this?** ハウ マッチ イズ ディス
少し高すぎるようです。	**It's a little too expensive.** イッツ ア リトゥ トゥー エクスペンシヴ
50ドルくらいで探しています。	**I'm looking for something around $50.** アイム ルキング フォ サムシング アラウンド フィフティー ダラーズ
子ども用のものを探しています。	**I'm looking for something for a child.** アイム ルキング フォ サムシング フォ ア チャイゥド
あのセーターを見せてください。	**Could you show me that sweater?** クジュ ショウ ミー ザット スウェタ
鏡の前であててもいいですか？	**Can I see it in the mirror?** キャナイ シー イット イン ザ ミラァ
手にとってもいいですか？	**Can I hold it?** キャナイ ホーゥド イット
ほかに何色がありますか？	**What colors does it come in?** ウォット カラーズ ダズ イット カミン
試着してもいいですか？	**Can I try it on?** キャナイ トライ イトン
ぴったりです。	**It fits perfectly.** イット フィッツ パーフェクトリー
イメージと違いました。	**It's not what I had in mind.** イッツ ノット ウォット アイ ハドイン マインド
違う形（色）のものはありますか？	**Is there anything in a different shape (color)?** イズ ゼー エニシング イン ア ディファレント シェイプ （カラー）
ヒールが高すぎます。	**The heels are too high.** ザ ヒーゥズ アァ トゥー ハイ

幅がきつい（ゆるい）です。	**They're a little tight (loose).** ゼー　ア　リトゥ　タイト　（ルーズ）
すみません、また来ます。	**I'll be back.** アイゥ ビー バック
もう一度着てみてもいいですか？	**Can I try it on again?** キャナイ トライ イトン アゲン
これはどこ製のものですか？	**Where was this made?** ウェー　ワズ　ディス メイド
素材は何ですか？	**What's it made of?** ウォッツ　イット メイド オヴ
洗濯機で洗えますか？	**Can I wash it in a machine?** キャナイ ウォッシュ イット イナ マシーン
取り寄せてもらえますか？	**Could you get it for me?** クジュ　ゲット イット フォ ミー
どのくらいかかりますか？	**How long will it take?** ハウ　ロング ウィゥ イッテイク
包装していただけますか？	**Could you wrap it for me, please?** クジュ　ラップ イット フォ ミー プリーズ
別々に包んでください。	**Could you wrap them separately, please?** クジュ　ラップ ゼム　セパレットリー プリーズ
紙袋をください。	**Could you give me some paper bags?** クジュ　ギヴ ミー サム　ペイパ バッグズ
⚠ タグを切ってください。	**Could you cut off the tag, please?** クジュ　カトフ ザ　タグ プリーズ
⚠ 袋はいりません。	**I don't need a bag.** アイ ドン ニード ア バッグ
かさばらないように小さい袋に入れてください。	**Could you put it in a small bag so it's compact?** クジュ　プットイット イナ スモーゥ バッグ ソー イッツ コンパクト

サイズを直す

サイズ直しをお願いできますか？	**Could you alter this for me?** クジュ　オゥター ディス フォ ミー
裾を詰めて（伸ばして）ください。	**Could you shorten (lengthen) the hem?** クジュ　ショーテン（レンクセン）ザ　ヘム
袖を短くしてください。	**Could you shorten the sleeves?** クジュ　ショーテン ザ　スリーヴズ
丈を伸ばしてください。	**Could you lengthen it?** クジュ　レンクセン　イット
ウェストを詰めて（出して）ください。	**Could you take it in (let it out) at the waist?** クジュ　テイク イット イン（レット イット アウト） アット ザ ウェイスト
おすすめの長さはありますか？	**What length do you recommend?** ウォット レンクス　ドゥ ユー　レコメンド
いくらかかりますか？	**How much will it cost?** ハウ　マッチ　ウィリット コスト
いつできあがりますか？	**When will it be ready?** ウェン　ウィリット ビー レディ
明日の午前中までにお願いできますか？	**I need it by tomorrow morning.** アイ ニード イット バイ トゥモロー モーニング
❗ もっと早くお願いできませんか？	**Can it be done sooner?** キャン イット ビー ダン スーナー
ちょうどいいです、ありがとう。	**It's perfect. Thank you.** イッツ パーフェクト サンキュー
もう少し短く（長く）してください。	**Could you make it a little shorter (longer)?** クジュ　メイキット　アリトゥ ショーター（ロンガー）
❗ サイズが合わなかったら、またサイズ直しをしてもらえますか？	**Can I have it altered again if it's not the right size?** キャナイ ハヴ　イット オゥタード アゲン イフ イッツ ノット ザ　ライト サイズ

日本と海外のサイズ比較表

女 性

服

日 本	7号	9号	11号	13号	15号	17号	19号
アメリカ	4	6	8	10	12	14	16
イギリス	32	34	36	38	40	42	44
ハワイ	4	6	8	10	12	14	16
カナダ	4	6	8	10	12	14	16
オーストラリア	6	8	10	12	14	16	18
ニュージーランド	6	8	10	12	14	16	18

靴

日 本	22.0	22.5	23.0	23.5	24.0	24.5	25.0
アメリカ	5	5 1/2	6	6 1/2	7	7 1/2	8
イギリス	3 1/2	4	4 1/2	5	5 1/2	6	6 1/2
ハワイ	5	5 1/2	6	6 1/2	7	7 1/2	8
カナダ	5	5 1/2	6	6 1/2	7	7 1/2	8
オーストラリア	5	5 1/2	6	6 1/2	7	7 1/2	8
ニュージーランド	3 1/2	4	4 1/2	5	5 1/2	6	6 1/2

男 性

服

日 本	37	38	39	40	41	42	43
アメリカ	14 1/2	15	15 1/2	16	16 1/2	17	17 1/2
イギリス	14 1/2	15	15 1/2	16	16 1/2	17	17 1/2
ハワイ	14 1/2	15	15 1/2	16	16 1/2	17	17 1/2
カナダ	14 1/2	15	15 1/2	16	16 1/2	17	17 1/2
オーストラリア	37	38	39	40	41	42	43
ニュージーランド	37	38	39	40	41	42	43

靴

日 本	24.0	24.5	25.0	25.5	26.0	26.5	27.0
アメリカ	6 1/2	7	7 1/2	8	8 1/2	9	9 1/2
イギリス	5	5 1/2	6	6 1/2	7	7 1/2	8
ハワイ	6 1/2	7	7 1/2	8	8 1/2	9	9 1/2
カナダ	6 1/2	7	7 1/2	8	8 1/2	9	9 1/2
オーストラリア	5 1/2	6	6 1/2	-	7	7 1/2	8
ニュージーランド	5 1/2	6	6 1/2	-	7	7 1/2	8

※サイズの表記はあくまで参考値です。メーカーやブランドによって表記は異なりますので、購入の際は試着を。

column 旅の豆知識
ショッピングの単語

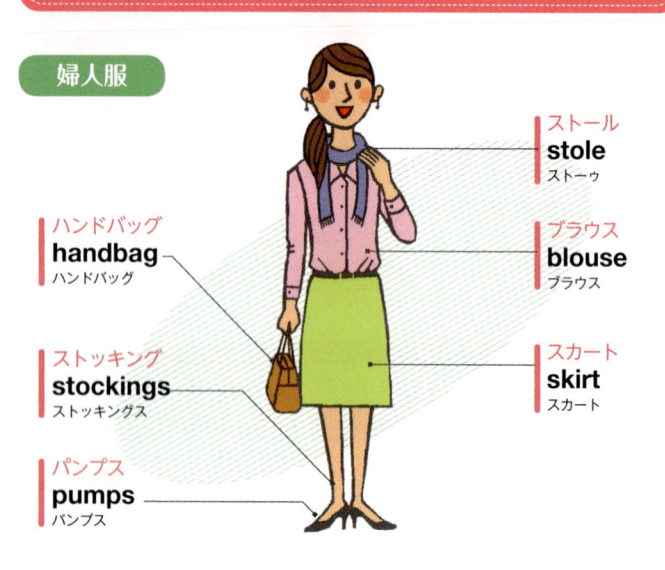

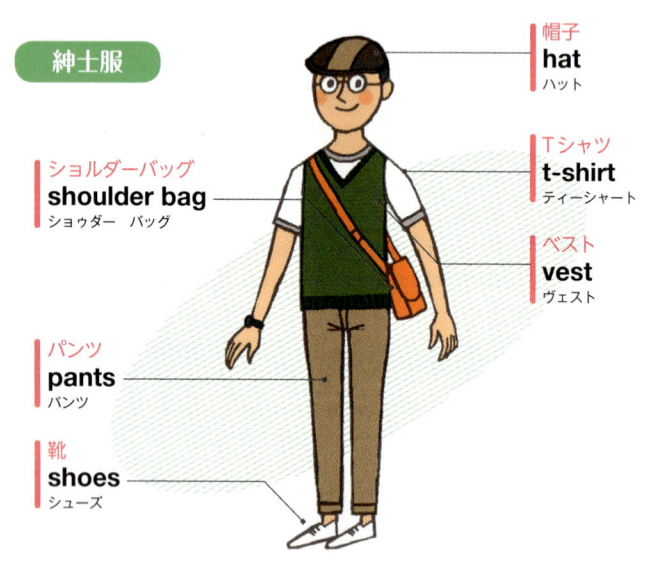

婦人服

| ストール | stole | ストーゥ |

| ハンドバッグ | handbag | ハンドバッグ |

| ブラウス | blouse | ブラウス |

| ストッキング | stockings | ストッキングス |

| スカート | skirt | スカート |

| パンプス | pumps | パンプス |

紳士服

| 帽子 | hat | ハット |

| Tシャツ | t-shirt | ティーシャート |

| ショルダーバッグ | shoulder bag | ショウダー バッグ |

| ベスト | vest | ヴェスト |

| パンツ | pants | パンツ |

| 靴 | shoes | シューズ |

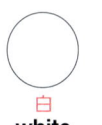

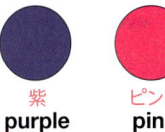

ファッション

ポロシャツ	**polo shirt** ポロ シャート		シャツ	**shirt** シャート
セーター	**sweater** スウェタ		ノースリーブ	**sleeveless** スリーヴレス
Vネック	**V-neck** ヴィーネック		タートルネック	**turtle-neck** タートゥネック
ボートネック	**boat neck** ボウトネック		長袖	**long-sleeve** ロングスリーヴ
半袖	**short-sleeve** ショートスリーヴ		ボタン	**button** バトゥン
襟あり	**collared** コラード		襟なし	**collarless** コラレス

ファッション小物

リュック	**backpack** バックパック		トートバッグ	**tote bag** トート バッグ
マフラー	**scarf** スカーフ		めがね	**glasses** グラーシズ
手袋	**gloves** グラヴズ		ネクタイピン	**tie pin** タイ ピン
カフリンクス	**cufflinks** カフリンクス		サングラス	**sunglasses** サングラーシズ
靴下	**socks** ソックス		ベルト	**belt** ベゥト
スカーフ	**scarf** スカーフ		水着	**swimsuit** スウィムスート

色

白 **white** ワイト	赤 **red** レッド	オレンジ **orange** オレンジ	黄色 **yellow** イエロー	緑 **green** グリーン	青 **blue** ブルー
紫 **purple** パープゥ	ピンク **pink** ピンク	ベージュ **beige** ベージュ	グレー **grey** グレイ	茶 **brown** ブラウン	黒 **black** ブラック

素材

綿	cotton コットン	麻	hemp ヘンプ
ウール	wool ウーゥ	絹	silk シゥク
化学繊維	synthetic fiber シンセティック ファイバー	カシミア	cashmere カシュミァ
コーデュロイ	corduroy コーデュロイ	デニム	denim デニム
シフォン	chiffon シフォン	ストレッチ	stretch material ストレッチ マテリアゥ
アンゴラ	angora アンゴーラ	サテン	satin サティン

時計・アクセサリー

腕時計	watch ウォッチ	掛け時計	clock クロック
電波時計	radio clock レィディオ クロック	防水	waterproof ウォータ プルーフ
ピアス	earrings イァリングズ	イヤリング	clip-on earrings クリッポン イァリングズ
ネックレス	necklace ネックレス	ブレスレット	bracelet. ブレイスレット
リング	ring リング	ブローチ	broach ブローチ
金	gold ゴーゥド	銀	silver シゥバー

化粧品

化粧水	face lotion フェイス ローション	乳液	milky lotion ミゥキー ローション
保湿クリーム	moisturizing cream モイスチャライジング クリーム	メイク落とし	makeup remover メイカップ リムーヴァー
ファンデーション	foundation ファウンデーション	日焼け止め	sunscreen サンスクリーン
アイブロウ	eyebrow makeup アイブラウ メイカップ	アイシャドウ	eyeshadow アイシャドウ
マスカラ	mascara マスカーラ	チーク	blush ブラッシュ
パウダー	powder パウダ	口紅	lipstick リップスティック

雑貨・日用品

傘	umbrella アンブレラ	財布	wallet ウォレット
鏡	mirror ミラー	タオル	towel タウゥ
ハンカチ	handkerchief ハンカチーフ	ティッシュボックス	tissue box ティシュー ボックス
文房具	stationary ステーショネリ	携帯電話アクセサリー	cell phone accessories セゥ フォウン アクセサリーズ
食器	table ware テーブゥ ウェー	石けん	soap ソープ
歯ブラシ	toothbrush トゥースブラシュ	歯磨き粉	toothpaste トゥースペイスト
下着	underwear アンダーウェー	入浴剤	bath salts バース ソゥツ
お香	incense インセンス	手帳	diary ダイアリ
花瓶	vase ヴェイス	キャンドル	candle キャンドゥ

デパート売り場

化粧品	cosmetics コスメティクス	婦人服	ladieswear レイディースウェー
紳士服	menswear メンズウェー	子ども服	childrenswear チゥドレンズウェー
インテリア	interior decorating インテリア デコレイティング	宝飾品	jewelry ジュゥリー
食品	food フード	催事場	event hall イヴェント ホーゥ
スポーツ用品	sporting goods スポーティング グッズ	レストラン街	restaurants レストランツ

スーパーマーケット売り場

野菜	vegetables ヴェジタブッズ	魚	seafood シーフード
肉	meat ミート	惣菜	deli デリ
日用品	daily necesseties デイリー ネセシティーズ	酒	liquor リカー
菓子	sweets スウィーツ	飲料	drinks ドリンクス

時計・アクセサリーを買う

最新のモデルはどれですか？	**What's the latest model?** ウォッツ ザ レイテスト モデゥ
どこのブランドのものですか？	**What brand is it?** ウォット ブランド イズ イット
ベルトの交換はできますか？	**Can I replace the band?** キャナイ リプレイズ ザ バンド
防水ですか？	**Is it waterproof?** イズ イット ウォータプルーフ
保証書は付いていますか？	**Does it have a warranty?** ダズ イット ハヴァ ウォランティ
⚠ 故障したら日本でも修理できますか？	**Can I get it repaired in Japan?** キャナイ ゲット イット リペードゥ イン ジャパン
この宝石は何ですか？	**What's this stone?** ウォッツ ディス ストーン
指のサイズを測ってもらえますか？	**Can you measure my finger?** キャン ユー メジャ マイ フィンガー
ペアリングはありますか？	**Do you have couple rings?** ドゥ ユー ハヴ カップゥ リングス
材質を教えてください。	**How good is the quality of the material?** ハウ グッド イズ ザ クォリティ オヴ ザ マティリアゥ
⚠ 鑑定書は付いていますか？	**Does it come with an appraisal certificate?** ダズ イット カム ウィズ アン アプレイサゥ サティフィケット
文字を彫ってもらえますか？	**Could you engrave it for me?** クジュ エングレーヴ イット フォ ミー
修理は受け付けてもらえますか？	**Can I get it fixed here?** キャナイ ゲット イット フィックスト ヒア

化粧品を買う

これの試供品はありますか？	**Is there a sample?** イズ ゼー ア サンプゥ
一番人気のある香水はどれですか？	**What's the most popular perfume?** ウォッツ ザ モゥスト ポピュラー パフューム
新商品はありますか？	**Do you have the latest products?** ドゥ ユー ハヴ ザ レイテスト プロダクツ
限定品はありますか？	**Are there any limited products?** アァ ゼー エニ リミティッド プロダクツ
日本人に人気があるのはどれですか？	**What's popular with Japanese customers?** ウォッツ ポピュラー ウィズ ジャパニーズ カスタマーズ
ディオールの新色の口紅はありますか？	**Do you have the new lipstick from Dior?** ドゥ ユー ハヴ ザ ニュー リップスティック フロム ディオァ
他の色を見せてください。	**Can you show me another color?** キャン ユー ショウ ミー アナザー カラー
私に似合う色はどれでしょうか。	**What color would look good on me?** ウォット カラー ウド ルック グッド オン ミー
試してみてもいいですか？	**Can I try it?** キャナイ トライ イット
アンチエイジング化粧水がほしいのですが。	**Do you have anti-ageing lotion?** ドゥ ユー ハヴ アンティエイジング ローション
保湿クリームはありますか？	**Do you have moisturizing cream?** ドゥ ユー ハヴ モイスチャライジング クリーム
❗ これは肌に合わないようです。	**This doesn't agree with my skin.** ディス ダズント アグリー ウィズ マイ スキン
❗ 敏感肌です。	**I have sensitive skin.** アイ ハヴ センシティヴ スキン

日用品・雑貨を買う

キャンドルがほしいのですが。	**I want to buy some candles.** アイ ウォントゥ バイ サム キャンドゥズ
おもちゃ売り場は何階ですか？	**What floor are toys?** ウォット フロー アァ トイズ
このお皿をさわってもいいですか？	**Can I touch this plate?** キャナイ タッチ ディス プレート
このペンの試し書きをしてもいいですか？	**Can I test this pen?** キャナイ テスト ディス ペン
レターヘッドにイニシャルを入れてもらえますか？	**Could you put my initials on the letterhead?** クジュ プット マイ イニシャッズ オン ザ レターヘッド
かわいいポストカードを探しています。	**I'm looking for some cute postcards.** アイム ルキング フォ サム キュート ポストカーズ
このカバーはほかにどんな色がありますか？	**What other colors does the cover come in?** ウォット アザー カラーズ ダズ ザ カヴァー カミン
生理用品はありますか？	**Do you sell women's sanitary products?** ドゥ ユー セゥ ウィメンズ サニタリー プロダクツ
ティッシュペーパーはありますか？	**Do you sell tissues?** ドゥ ユー セゥ ティシューズ
歯ブラシを探しています。	**I'm looking for a toothbrush.** アイム ルキング フォ ア トゥースブラッシュ
下着売り場はありますか？	**Is there an underwear section?** イズ ゼー アン アンダウェー セクション
日焼け止めはありますか？	**Do you sell sunscreen?** ドゥ ユー セゥ サンスクリーン
小分けの洗剤を探しています。	**I'm looking for detergent in small packets?** アイム ルキング フォ ディタージェント イン スモーゥ パケッツ

お土産を買う

特産品でおもしろいものはありますか？	Are there any interesting local products?
母親（会社／友人）へのお土産を探しています。	I'm buying a present for my mother (coworkers / friend).
お土産でおすすめはありますか？	What would make a good present?
小さいサイズでたくさん入っているものがいいです。	I want something with a lot of small things in it.
インパクトのあるものを探しています。	I want something with an impact.
パッケージがかわいい（高級な）ものがいいです。	I want something with a cute (stylish) package.
ここでしか買えないものを探しています。	I want to buy something I can't buy anywhere else.
限定品はありますか？	Are there any limited products?
女性（男性／子ども）に人気の商品は何ですか？	What's popular with women (men / children)?
包装していただけますか？	Could you wrap it for me, please?
別々に包んでください。	Could you wrap them separately?
❗ 小分け袋を個数分ください。	Could you give me a bag for each item?
包装は別料金ですか？	Does it cost extra to have it wrapped?

ショッピング

日用品・雑貨を買う／お土産を買う

マーケットで買い物をする

マーケットはどこでやっていますか？	**Where can I find a market?** ウェー　キャナイ ファインド ア マーケット
アンティーク品でおもしろいものを探しています。	**I'm looking for something antique and interesting.** アイム ルキング　フォ サムシング アンティーク アンド インタレスティング
古着のお店はありますか？	**Where can I buy vintage clothes?** ウェー　キャナイ バイ　ヴィンテッジ クローズ
ビル・エヴァンスのレコードはありますか？	**Do you have any Bill Evans records?** ドゥ ユー ハヴ　エニ　ビゥ エヴァンズ レコーズ
右（左）から２番目のものをお願いします。	**I'll take the one 2nd from the right (left).** アイゥ テイク ザ ワン　セカンド フロム ザ ライト（レフト）
それを半分だけください。	**I'll take half of that.** アイゥ テイク ハーフ オヴ ザット
どれが食べごろですか？	**Which one is ripe?** ウィッチ　ワン　イズ ライプ
賞味期限はいつまででしょうか？	**When is the use-by date?** ウェン　イズ ザ　ユーズ バイ デイト
５個でいくらですか？	**How much for 5?** ハウ　マッチ　フォ ファイヴ
これは何ですか？	**What's this?** ウォッツ　ディス
試食してもいいですか？	**Can I try it?** キャナイ トライ イット
❗これは生で食べられますか？	**Can I eat this raw?** キャナイ　イート ディス ロー
❗さわってもいいですか？	**Can I touch it?** キャナイ　タッチ　イット

値段の交渉をする

値引きしてくださいませんか？	**Could I get a discount?** クダイ　ゲタ　ディスカウント
ほかのお店ではもっと安かったです。	**It was cheaper elsewhere.** イット ワズ チーパー　エゥスウェー
3つで20ドルならどうですか？	**How about 3 for $20?** ハウ　アバウト　スリー　フォ トゥウェンティー ダラーズ
15ドルなら買います。	**I would buy it for $15.** アイ ウド　バイ　イット フォ フィフティーン ダラーズ
⚠ もう少し値引きできませんか？	**Could you go a little lower?** クジュ　ゴー ア リトゥ ロワー
少しなら安くできますよ。	**I can give you a small discount.** アイ キャン ギヴ ユー ア スモーゥ ディスカウント
これ以上は無理です。	**That's as far as I can go.** ザッツ　アズ ファー アズ アイ キャン ゴー
3個買うので1個おまけしてください。	**Can I get one for free if I buy 3?** キャナイ ゲット ワン フォ フリー イフ アイ バイ スリー
7個買ったらいくらになりますか？	**How much for 7?** ハウ　マッチ　フォ セヴン
キズがあります。安くなりませんか？	**It's damaged. Can I get a discount?** イッツ ダメジド　キャナイ ゲタ　ディスカウント
現金で買ったら安くなりますか？	**Is it cheaper if I pay in cash?** イズ イット チーパー イフ アイ ペイ イン キャッシュ
⚠ 私にはまだ少し高すぎます。	**It's still a little expensive for me.** イッツ スティーゥ ア リトゥ エクスペンシヴ フォ ミー
電卓を貸してください。	**Can I borrow a calculator?** キャナイ ボロウ　ア カゥキュレイター

ショッピング

マーケットで買い物をする／値段の交渉をする

支払いをする

どこで支払えばいいですか？	**Where do I pay?** ウェー ドゥ アイ ペイ
このクレジットカードは使えますか？	**Do you accept this card?** ドゥ ユー アクセプト ディス カード
領収書をください。	**Can I have a receipt?** キャナイ ハヴァ レシート
この商品を買うのはやめます。	**I decided not to buy this one.** アイ ディサイディッド ノットゥ バイ ディス ワン
私が渡したのは100ドル札です。	**I gave you a hundred.** アイ ゲイヴ ユー ア ハンドレッド
⚠ おつりが違うようです。	**You gave me the wrong change.** ユー ゲイヴ ミー ザ ロング チェインジ
⚠ まだおつりをもらっていないのですが。	**You didn't give me my change.** ユー ディデント ギヴ ミー マイ チェインジ
値札を取ってください。	**Could you remove the price tag, please?** クジュ リムーヴ ザ プライス タグ プリーズ
日本へ配送してもらえますか？	**Can I have this sent to Japan?** キャナイ ハヴ ディス セント トゥ ジャパン
配送するとどのくらい時間がかかりますか？	**How long will it take to arrive?** ハウ ロング ウィゥ イッ テイク トゥ アライヴ
保険をかけたいのですが。	**I'd like to get insurance.** アイド ライク トゥ ゲット インシューランス
「別送品」と外箱に明記してください。	**Could you write "unaccompanied baggage" on the box?** クジュ ライト アンアカンパニイド バゲッジ オン ザ ボックス
⚠ これは買っていません。	**I didn't buy this.** アイ ディデント バイ ディス

免税手続きをする

この商品は免税になりますか？	**Is this tax free?** イズ ディス タックス フリー
これを免税扱いにする方法を教えてください。	**How do I buy this tax free?** ハウ ドゥ アイ バイ ディス タックス フリー
免税の手続き用紙をください。	**Could I have a tax free form, please?** クダイ ハヴァ タックス フリー フォーム プリーズ
税金の払い戻しをしたいのですが。	**I'd like to get a tax refund.** アイド ライク トゥ ゲタ タックス リーファンド
パスポートを見せてください。	**Can I see your passport?** キャナイ シー ヨー パスポート
払い戻しの方法はどうなさいますか？	**How would you like to be refunded?** ハウ ウジュ ライク トゥ ビー リファンディッド
銀行に振り込んでください。	**Could you transfer it to my bank account?** クジュ トランスファー イット トゥ マイ バンク アカウント
現金でお願いします。	**In cash, thanks.** イン キャッシュ サンクス
クレジットカードに返金してください。	**Could you refund the credit card?** クジュ リファンド ザ クレジット カード
クレジットカード番号を書いてください。	**Could you write down your credit card number?** クジュ ライト ダウン ヨー クレディット カード ナンバー
ここにサインをお願いします。	**Could you sign here, please?** クジュ サイン ヒァ プリーズ
免税の手続きはどこでできますか？	**Where can I make it tax free?** ウェー キャナイ メイキット タックス フリー
ここで手続きができますか？	**Can I do that here?** キャナイ ドゥ ザット ヒァ

ショッピング

支払いをする／免税手続きをする

199

返品・交換をする

この商品の返品を受け付けてもらえますか？	**I'd like to return this, please.** アイド ライク トゥ リターン ディス プリーズ
払い戻しできますか？	**Can I get my money back?** キャナイ ゲット マイ マニー バック
レシートを見せてください。	**Can you show me your receipt?** キャン ユー ショウ ミー ヨー レシート
❗ レシートをなくしてしまいました。	**I lost my receipt.** アイ ロスト マイ レシート
サイズが合いませんでした。	**It didn't fit.** イット ディデント フィット
ほころびがありました。	**There was a torn seam.** ゼー ワズ ア トーン シーム
シミがありました。	**There was a stain on it.** ゼー ワズ ア ステイン オニット
ここに穴があいていました。	**There was a hole here.** ゼー ワズ ア ホーウ ヒァ
壊れているようです。	**It's broken.** イッツ ブロークン
動きませんでした。	**It didn't work.** イット ディデント ワーク
新しいものに交換してもらえますか？	**Can I have a new one, please?** キャナイ ハヴァ ニュー ワン プリーズ
ほかのサイズに交換してもらえますか？	**Can I change it to another size?** キャナイ チェインジ イット トゥ アナザー サイズ
現金（クレジットカード）で払いました。	**I paid in cash (by card).** アイ ペイド イン キャッシュ（バイ カード）

帰国 | Return

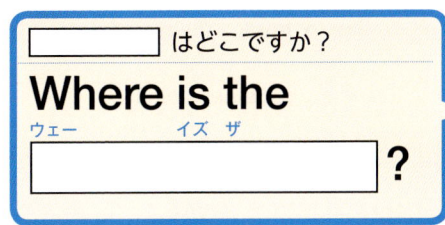

指さし会話
空港で過ごす

　　　　　　　　はどこですか？
Where is the
ウェー　　　イズ　ザ
　　　　　　　　　　？

指さしてみよう

▶免税店
duty free shop
ドゥティ　フリー　ショップ

▶カフェ
café
カフェ

▶書店
bookshop
ブックショップ

▶キッズルーム
nursery
ナーサリー

▶ラウンジ
lounge
ラウンジ

▶喫煙所
smoking area
スモーキング　エリア

▶トイレ
restroom
レストルーム

▶リフレッシュルーム
refresh room
リフレッシュ　ルーム

飛行機を予約する

ABC航空です。ご用件を承ります。	**This is ABC Airlines.** ディス イズ エイビーシー エーラインズ **How may I help you?** ハウ メイ アイ ヘゥプ ユー
もしもし、ABC航空ですか？	**Hello, is this ABC Airlines?** ハロー イズ ディス エイビーシー エーラインズ
東京行きを予約したいのですが。	**I'd like to book a flight to Tokyo.** アイド ライク トゥ ブック ア フライト トゥ トーキョー
エコノミー（ビジネス/ファーストクラス）でお願いします。	**Economy (Business class /** エコノミー （ビジネス クラス / **First class), please.** ファースト クラス） プリーズ
航空券はお持ちですか？	**Do you have a ticket?** ドゥ ユー ハヴァ ティケット
いつのご出発ですか？	**For what date?** フォ ウォット デート
明日の最終便（始発便）は何時ですか？	**What time is the last (first)** ウォッタイム イズ ザ ラスト（ファースト） **flight tomorrow?** フライト トゥモロー
明後日の午後（午前）の便が希望です。	**I'd like a flight in the afternoon** アイド ライク ア フライト イン ジ アフタヌーン **(morning) the day after tomorrow.** （モーニング） ザ デイ アフター トゥモロー
朝の10時台の飛行機はありますか？	**Are there any flights at around** ア ゼー エニー フライツ アット アラウンド **10am?** テン エィエム
あきはありますか？	**Are there seats available?** ア ゼー シーツ アヴェイラブゥ
まだ空席はあります。	**There are still seats available.** ゼー アー スティーゥ シーツ アヴェイラブゥ
どの空港から出発になりますか？	**Which airport does it leave from?** ウィッチ エーポート ダズ イット リーヴ フロム
では、560便、12時ちょうど発で承りました。	**OK, I've booked you on Flight** オーケー アイヴ ブックト ユー オン フライト **560 leaving at 12:00.** ファイヴ シックス オー リーヴィング アット トゥウェゥブ

予約を変更する

出発日の変更をしたいのですが。	**I'd like to change my flight.** アイド ライク トゥ チェインジ マイ フライト
お名前と航空券番号を教えてください。	**Could I have your name and ticket number, please?** クダイ ハヴ ヨー ネイム アンド ティケット ナンバー プリーズ
いつがよろしいでしょうか？	**When would you like to change the flight to?** ウェン ウジュ ライク トゥ チェインジ ザ フライト トゥ
10月1日、午前（午後）7時の便はあいていますか？	**Is the 7am (pm) flight available on October 1st?** イズ ザ ゼヴン エィエム (ピーエム) フライト アヴェイラブゥ オン オクトーバー ファースト
あいにく満席です。	**I'm sorry, it's full.** アイム ソリー イッツ フゥ
前後の便は空いていますか？	**Are the flights before or after that available?** アァ ザ フライツ ビフォー オ アフター ザット アヴェイラブゥ
明日の便で7時の便はあいていますか？	**Is tomorrow's 7am flight available?** イズ トゥモローズ ゼヴン エィエム フライト アヴェイラブゥ
8時の便があいています。	**There are seats available on the 8 o'clock flight.** ゼー アー シーツ アヴェイラブゥ オン ジ エイト オクロック フライト
では、それでお願いします。	**Great, I'll take that.** グレイト アイゥ テイク ザット

リコンファームする

リコンファームしたいのですが。	**I'd like to reconfirm my flight.** アイド ライク トゥ リコンファーム マイ フライト
同行者は私を含め2名です。	**There's 2 of us, including me.** ゼーズ トゥー オヴ アス インクルーディング ミー
同行者はいません。	**I'm traveling alone.** アイム トラヴェリング アローン

佐藤優香、ニューヨーク発東京行き、450便です。	I'm Yuka Sato, flying on Flight 450 from New York to Tokyo.
確かに予約を確認いたしました。	Yes, we have your reservation.
予約が確認できませんでした。	I'm sorry, we have no record of your reservation.

帰りの空港で

この荷物を預かってください。	I'd like to check this, please.
超過料金は発生しますか？	Are there excess baggage charges?
これを機内に持ちこめますか？	Can I take this on board?
そのかばんは制限オーバーで持ちこめません。	This is too big to take on board.
荷物預かり証をお持ちください。	Here is your baggage claim tag.
搭乗ゲートはどこですか？	Where is the boarding gate?
搭乗開始は何時ですか？	What time does boarding start?
時間通りに出発しますか？	Will the flight leave on time?
❗ どれくらい遅れますか？	How late will it be?
出発まで時間をつぶせる場所はありますか？	Where can I kill time until the flight?

PART 3

より充実した旅のために
＋αフレーズ集

- コミュニケーション　**P206**
- トラブル　**P216**
- 通信　**P232**

初対面で会話をする

はじめまして。	**Hi, how are you?** ハイ ハウ アァ ユー
今日はいい天気ですね。	**Lovely weather.** ラヴリー ウェザー
雨が降りそうですね。	**It looks like rain.** イット ルックス ライク レイン
名前は何ですか？	**What's your name?** ウォッツ ヨー ネイム
わたしは健太といいます。	**I'm Kenta.** アイム ケンタ
ケンと呼んでください。	**Call me Ken.** コーゥ ミー ケン
どこから来たのですか？	**Where are you from?** ウェー アァ ユー フロム
わたしは日本から来ました。	**I'm from Japan.** アイム フロム ジャパン
一人旅です。	**I'm traveling alone.** アイム トラヴェリング アロウン
友人（家族）と一緒に旅行しています。	**I'm traveling with my friend (friends / family).** アイム トラヴェリング ウィズ マイ フレンド （フレンズ ／ ファミリー）
友人を紹介します。	**This is my friend.** ディス イズ マイ フレンド
相席してもいいですか？	**Can we sit here?** キャン ウィー シット ヒァ
ここにいつからいるのですか？	**How long have you been here?** ハウ ロング ハヴ ユー ビーン ヒァ

ここには来たことがありますか？	**Have you been here before?** ハヴ ユー ビーン ヒァ ビフォー
アメリカに来たのは初めて（2回目）です。	**This is my first time** ディス イズ マイ ファースト タイム **(second time) to America.** （セカンド タイム）トゥ アメリカ
ずっと来たいと思っていました。	**I've always wanted to come.** アイヴ オールウェイズ ウォンテッド トゥ カム
楽しんでいますか？	**Are you having fun?** アァ ユー ハヴィング ファン
とても楽しんでいます。	**I'm having a great time.** アイム ハヴィング ア グレイト タイム
日本に帰りたくないくらいです。	**I don't wanna leave.** アイ ドン ワナ リーヴ
昨日シカゴに行ってきました。	**I went to Chicago yesterday.** アイ ウェント トゥ シカゴ イエスタデー
それは楽しそうですね！	**That sounds great!** ザット サウンズ グレイト
一緒に行きませんか？	**Do you wanna go together?** ドゥ ユー ワナ ゴー トゥゲザー
これからどこへ行くのですか？	**Where are you off to now?** ウェー アァ ユー オフ トゥ ナウ
ここにはなぜいるのですか？	**What brings you here?** ウォット ブリングズ ユー ヒァ
休暇（仕事、留学）です。	**I'm here on vacation** アイム ヒァ オン ヴェイケーション **(on business / studying).** （オン ビジネス ／ スタディイング）
わたしもです。	**Me too.** ミー トゥー
ここにはいつまでいるのですか？	**How long will you be staying?** ハウ ロング ウィゥ ユー ビー ステイイング

コミュニケーション / 初対面で会話をする

食事はしましたか？	**Have you eaten?** ハヴ　ユー　イートゥン
食事に行きませんか？	**Would you like to get something to eat?** ウジュ　ライク　トゥ　ゲット　サムシング トゥ　イート
はい、もちろんです。	**Sure.** ショー
すみません、予定があります。	**Sorry, I have plans.** ソリー　アイ　ハヴ　プランズ
会えて嬉しいです。	**It was nice meeting you.** イット ワズ ナイス ミーティング ユー
お話しできて楽しかったです。	**It was nice talking to you.** イット ワズ ナイス トーキング トゥ ユー
連絡を取りあいましょう。	**Do you want to exchange details?** ドゥ ユー ウォントゥ エクスチェインジ ディーテイゥズ
メールアドレス（電話番号）を教えてください。	**What's your email address (phone number)?** ウォッツ　ヨー　イーメイゥ アドレス （フォウン ナンバー）
フェイスブック（ツイッター）をやっていますか？	**Are you on Facebook (Twitter)?** アァ ユー オン フェイスブック （トゥウィタ）
私のアカウントはこれです。	**This is me.** ディス イズ ミー
ここに書いてもらえますか？	**Could you write that down?** クジュ　　ライト　ザット ダウン
また会いましょう。	**See you again.** シー　ユー　アゲン
いつ空いていますか？	**When are you free?** ウェン アァ ユー フリー
よい1日を。	**Have a nice day.** ハヴァ　　ナイス デイ

仲良くなって世間話をする

最近はどうですか？	**How's it going?** ハウズ イット ゴーイング
楽しくやっています。	**I've been having fun.** アイヴ ビーン ハヴィング ファン
久しぶりですね。	**Long time no see.** ロング タイム ノウ シー
元気でしたか？	**How have you been?** ハウ ハヴ ユー ビーン
こんなところで会うなんで偶然ですね。	**Fancy meeting you here!** ファンシー ミーティング ユー ヒァ
ごめんなさい、名前をもう一度聞いていいですか？	**Sorry, what's your name again?** ソリー ウォッツ ヨー ネイム アゲン
最近はどこか行きましたか？	**Where have you been recently?** ウェー ハヴ ユー ビーン リーセントリー
仕事は何をしているのですか？	**What do you do?** ウォット ドゥ ユー ドゥ
何を勉強しているのですか？	**What do you study?** ウォット ドゥ ユー スタディ
日本のどこに住んでいるのですか？	**Where do you live in Japan?** ウェー ドゥ ユー リヴ イン ジャパン
休日は何をしているの？	**What do you do in your spare time?** ウォット ドゥ ユー ドゥ イン ヨー スペー タイム
よく映画を観に行きます。	**I go to the movies.** アイ ゴー トゥ ザ ムーヴィーズ
スティーブン・キングの大ファンです。	**I'm a huge fan of Stephen King** アイム ア ヒュージ ファン オヴ スティーヴン キング

旅行にはよく行くのですか？	**Do you travel a lot?**	ドゥ ユー トラヴェゥ ア ロット
必ず1年に一回は旅行に行きます。	**I go traveling at least once a year.**	アイ ゴー トラヴェリング アット リースト ワンス ア イヤァ
インドア（アウトドア）派です。	**I'm an indoors (outdoors) person.**	アイム アン インドーズ （アウトドーズ） パースン
私の家（ホテル）に遊びに来ませんか？	**Do you wanna come to my place (hotel)?**	ドゥ ユー ワナ カム トゥ マイ プレイス（ホテゥ）
喜んで！	**I'd love to.**	アイド ラヴ トゥ
予定を確認します。	**Let me check my schedule.**	レミ チェック マイ スケジューゥ
また後で返事をしてもいいですか？	**Can I get back to you on that?**	キャナイ ゲット バック トゥ ユー オン ザット
すみません、他に予定があります。	**Sorry, I have plans.**	ソリー アイ ハヴ プランズ
楽しみです。	**I can't wait.**	アイ キャント ウェイト
誘ってくれてありがとうございます。	**Thanks for the invite.**	サンクス フォ ジ インヴァイト
これはお土産です。	**I got you something.**	アイ ゴット ユー サムシング
気にいってもらえるといいのですが。	**I hope you like it.**	アイ ホープ ユー ライキット
トイレをお借りしてもいいですか？	**Can I use the restroom?**	キャナイ ユーズ ザ レストルーム
電話をしてきてもいいですか？	**Can I go and make a phone call?**	キャナイ ゴー アンド メイク ア フォウン コーゥ

この部屋でタバコを吸ってもいいですか？	**Can I smoke in here?** キャナイ スモーク イン ヒア
素敵なお宅ですね！	**What a lovely home you have!** ウォット ア ラヴリー ホーム ユー ハヴ
お手伝いしましょうか？	**Do you need any help?** ドゥ ユー ニード エニー ヘゥプ
これ、おいしいですね。	**This is delicious!** ディス イズ デリシャス
日本に来たことはありますか？	**Have you ever been to Japan?** ハヴ ユー エヴァー ビーン トゥ ジャパン
ぜひ来てください。	**Please come.** プリーズ カム
案内します。	**I'll show you around.** アイゥ ショウ ユー アラウンド
記念に写真を撮りましょう！	**Let's take a photo.** レッツ テイカ フォウトウ
そろそろ帰る時間です。	**I should get going.** アイ シュド ゲット ゴーイング
今日はほんとうに楽しかったです。	**I had a great time today.** アイ ハド ア グレイト タイム トゥデイ
あなたがいなくなると寂しくなるな。	**I'm gonna miss you.** アイム ガナ ミス ユー
また絶対に会おうね！	**Let's meet again.** レッツ ミート アゲン
ご家族によろしくね。	**Say hello to your family.** セイ ハロー トゥ ヨー ファミリー
あなたに会えてよかった。	**I'm so glad we met.** アイム ソー グラッド ウィー メット

コミュニケーション 仲良くなって世間話をする

日本のことを話す

日本のことを知っていますか？	**Do you know much about Japan?** ドゥ ユー ノウ マッチ アバウト ジャパン
日本には四季があります。	**Japan has 4 distinct seasons.** ジャパン ハズ フォー ディスティンクト シーズンズ
富士山は日本で一番高い山です。	**Mt Fuji is the highest mountain in Japan.** マウント フジ イズ ザ ハイエスト マウンテン イン ジャパン
沖縄の海はとてもきれいです。	**Okinawa has great beaches, clear water.** オキナワ ハズ グレイト ビーチズ クリア ウォータ
春に桜が咲くとお花見をします。	**Everyone has flower-viewing parties when the cherry blossoms bloom in spring.** エヴリワン ハズ フラワー ヴューウィング パーティーズ ウェン ザ チェリー ブロッサムズ ブルーム イン スプリング
夏にはたくさんのお祭りがあります。	**There are lots of festivals in the summer.** ゼー アー ロッツ オヴ フェスティヴァゥズ イン ザ サマー
秋にはきれいな紅葉がみられます。	**There are lots of beautiful autumn leaves in autumn.** ゼー アー ロッツ オヴ ビューティフゥ オータム リーヴズ イン オータム
東北では冬によく雪が降ります。	**Nothern Japan gets lots of snow in winter.** ノーザン ジャパン ゲッツ ロッツ オヴ スノウ イン ウィンタ
最近は冬も暖かくなってきました。	**Winters have been warmer recently.** ウィンターズ ハヴ ビーン ウォーマー リーセントリー
日本はクリスマスよりもお正月のほうを盛大にお祝いします。	**The New Year is celebrated more than Christmas in Japan.** ザ ニュー イヤー イズ セレブレイティッド モー ザン クリスマス イン ジャパン
お正月には年賀状を出します。	**People send New Year Cards.** ピープゥ センド ニュー イヤー カーズ
寿司や天ぷら以外にもおいしい食べ物がたくさんあります。	**There's lots of great food apart from sushi and tempura.** ゼーズ ロッツ オヴ グレイト フード アパート フロム スシ アンド テンプラ
東京では飲食店が充実しています。	**There are so many restaurants in Tokyo.** ゼー アー ソー メニー レストランツ イン トーキョー

日本ではいろいろな国の料理が食べられます。	You can eat food from all over the world in Japan. ユー キャン イート フード フロム オーロヴァ ザ ワーゥド イン ジャパン
お箸は使えますか？	Can you use chopsticks? キャン ユー ユーズ チョップ スティックス
お箸の使い方を教えてください。	Can you show me how to use chopsticks? キャン ユー ショウ ミー ハウ トゥ ユーズ チョップスティックス
日本語では、ひらがな、カタカナ、漢字の3種類の文字を使い分けます。	There are 3 writing systems in Japanese, hiragana, katakana and kanji. ゼー アー スリー ライティング システムズ イン ジャパニーズ ヒラガナ カタカナ アンド カンジ
神社では鐘を鳴らし、お願いごとをします。	We ring a bell and make a wish at shrines. ウィー リング ア ベゥ アンド メイク ア ウィッシュ アット シュラインズ
神社ではおみくじで運勢を占います。	We draw sticks at the shrine to see our fortune. ウィー ドロー スティックス アット ザ シュライン トゥ シー アゥ フォーチュン
日本ではお風呂はお湯につかって疲れを癒します。	We take long hot baths to get rid of fatigue. ウィー テイク ロング ホット バース トゥ ゲット リッド オヴ ファティーグ
着物は着ますか？	Do you wear kimono? ドゥ ユー ウェー キモノ
夏のお祭りには若い人からお年寄りまで多くの人が浴衣を着ます。	At the summer festivals, young and old wear yukata. アット ザ サマー フェスティヴァゥズ ヤング アンド オーゥド ウェー ユカタ
クジラはほとんど食べません。	People almost never eat whale. ピープゥ オールモスト ネヴァー イート ウェイゥ
日本では控えめであることが美徳とされています。	We believe modesty is a virtue. ウィー ビリーヴ モデスティ イズ ア ヴァーチュー
日本の伝統文化を見るなら京都をお勧めします。	You should go to Kyoto if you want to see traditional Japan. ユー シュド ゴー トゥ キョート イフ ユー ウォントゥ トゥ シー トラディショナゥ ジャパン
都会に遊びにくるには東京が一番です。	Tokyo is the best for enjoying a big city. トーキョー イズ ザ ベスト フォ エンジョイイング ア ビッグ シティ
東京や大阪などの都市では深夜までお店が開いています。	Shops are open late at night in cities like Tokyo and Osaka. ショップス アァ オウプン レイト アット ナイト イン シティーズ ライク トーキョー アンド オーサカ

コミュニケーション

日本のことを話す

伝わる英語のヒント集
アメリカ英語とイギリス英語比較

日本語	アメリカ英語	イギリス英語
マンション（建物）	apartment building アパートメント ビゥディング	block of flats ブロック オヴ フラッツ
マンション（部屋）	apartment アパートメント	flat フラット
クローゼット	closet クロゼット	wardrobe ウォードローブ
1階	1st floor ファースト フロー	ground floor グラウンド フロー
エレベーター	elevator エレヴェータ	lift リフト
ガソリン	gas ガス	petrol ペトルゥ
ガソリンスタンド	gas station ガス ステイション	petrol station ペトルゥ ステイション
トランク	trunk トランク	boot ブート
フェンダー	fender フェンダ	bumper バンパー
ボンネット	hood フッド	bonnet ボネット
片道チケット	one-way ticket ワンウェイ ティケット	single ticket シングゥ ティケット
往復チケット	roundtrip ticket ラウンドトリップ ティケット	return ticket リターン ティケット
歩道	sidewalk サイドウォーク	pavement ペイヴメント

日本語	アメリカ英語	イギリス英語
横断歩道	**cross walk** クロス ウォーク	**crossing** クロッシング
地下鉄	**subway** サブウェイ	**underground** アンダーグラウンド
薬局	**drug store** ドラッグ ストー	**chemist** ケミスト
オムツ	**diaper** ダイパ	**nappy** ナピー
セーター	**sweater** スウェタ	**jumper** ジャンパー
バー	**pub** パブ	**bar** バァ
勘定	**check** チェック	**bill** ビゥ
行列	**line** ライン	**queue** キュー
キャンディー	**candy** キャンディ	**sweets** スウィーツ
クッキー	**cookie** クッキー	**biscuit** ビスケット
フライドポテト	**fries** フライズ	**chips** チップス
ポテトチップ	**potato chips** ポテイト チップス	**crisps** クリスプス
サッカー	**soccer** サカ	**football** フットボーゥ
ウェイストポーチ	**fanny bag** ファニー バッグ	**bum bag** バム バッグ
携帯電話	**cell (phone)** セゥ (フォウン)	**mobile (phone)** モバイゥ (フォウン)

盗難・紛失

❗ 泥棒！	**Thief!** シーフ
あの人がスリです！	**That guy's a pickpocket!** ザット ガイズ ア ピック ポケット
あの人を捕まえて！	**Stop that guy!** ストップ ザット ガイ
❗ 警察を呼んで！	**Call the police!** コーゥ ザ ポリース
かばん（カメラ）を盗まれました。	**My bag (camera) was stolen.** マイ バッグ（キャメラ） ワズ ストールン
地下鉄で財布をすられました。	**I got pickpocketed on the subway.** アイ ゴット ピックポケティッド オン ザ サブウェイ
パスポートをなくしました。	**I lost my passport.** アイ ロスト マイ パスポート
バスの中でカメラを落としたと思います。	**I think I left my camera on the bus.** アイ シンク アイ レフト マイ キャメラ オン ザ バス
タクシー（地下鉄/バス）に荷物を置き忘れました。	**I left my stuff in the taxi** アイ レフト マイ スタッフ イン ザ タクシー **(on the subway / on the bus).** （オン ザ サブウェイ / オン ザ バス）
忘れ物取扱所はどこですか？	**Where is the lost and found?** ウェー イズ ザ ロスト アンド ファウンド
ここでバッグを見かけませんでしたか？	**Did you see a bag here?** ディジュ シー ア バッグ ヒァ
一緒に探してもらえませんか？	**Could you help me look for it?** クジュ ヘゥプ ミー ルック フォ イット
トラベラーズチェックをなくしてしまいました。	**I lost my travelers' checks.** アイ ロスト マイ トラヴェラーズ チェックス

どこで再発行できるでしょうか？	Where can I get them reissued? ウェー キャナイ ゲット ゼム リイシュード
サインはしていません。	They weren't signed. ゼイ ワァント サインド
ひったくりにあいました。	My bag got snatched. マイ バッグ ゴット スナッチト
❗ どうすればいいですか？	What should I do? ウォット シュダイ ドゥ
❗ どこに行けばいいですか？	Where should I go? ウェー シュダイ ゴー
❗ 交番はどこですか？	Where is the police station? ウェー イズ ザ ポリース ステイション
❗ 盗難証明書をください。	Could you give me a certificate of theft? クジュ ギヴ ミー ア サーティフィケット オヴ セフト
見つかり次第、連絡をください。	Please contact me as soon as you find it. プリーズ コンタクト ミー アズ スーン アズ ユー ファインド イット
今すぐクレジットカードの利用を停止したいのですが。	I'd like to stop my credit card right away. アイド ライク トゥ ストップ マイ クレディット カード ライタウェイ
パスポートの再発行をお願いします。	I need a new passport. アイ ニード ア ニュー パスポート
日本大使館（領事館）に連れて行ってください。	Could you take me to the Japanese embassy (consulate), please? クジュ テイク ミー トゥ ザ ジャパニーズ エンバシー （コンスレット） プリーズ
パスポートのコピーは持っています。	I have a photocopy of my passport. アイ ハヴァ フォトコピー オヴ マイ パスポート
盗難にあって困っています。	I've been robbed. アイヴ ビーン ロブド
一緒に来てもらえませんか？	Could you come with me? クジュ カム ウィズ ミー

トラブル

盗難・紛失

詐欺にあったら

睡眠薬を飲まされました。	**Someone slipped me sleeping pills.**
もらった食べ物に何か入っていたようです。	**There might've been something in the food I was given.**
500ドルだまし盗られました。	**I got conned out of $500.**
私はこれを受け取っただけです。	**I was only given this.**
⚠ 私は何も知りませんでした。	**I don't know anything.**
私はどうなるのですか？	**What's going to happen to me?**
これは私の荷物ではありません。	**This isn't mine.**
コピー商品を買わされました。	**I got sold a fake.**
⚠ だまされました。	**I got conned.**
偽のチケットを買わされました。	**I got sold a fake ticket.**
これが領収書です。	**This is my receipt.**
警官の格好をした人に財布を盗られました。	**My wallet got stolen by someone dressed as a police officer.**
換金所でお金をごまかされました。	**I got ripped off at a money exchange.**

空港の係員が荷物からカメラを抜きとったようです。	I think an airport employee stole my camera from my luggage.
若い（中年／年配の）男性（女性）でした。	It was a young (middle-aged / old) man (woman).
個人でした。／グループでした。	He was alone. / It was a group.
麻薬だとは知りませんでした。	I didn't know it was a drug.
⚠ 違法なものだとは知りませんでした。	I didn't know it was illegal.

事故にまきこまれたら

⚠ 事故です！	There's been an accident!
⚠ 救急車を呼んで！	Call an ambulance!
友人が車にはねられました。	My friend got hit by a car.
重症です。	He's in a serious condition.
⚠ 緊急です。	It's an emergency.
火事です！	Fire!
非常口はどこですか？	Where's the fire exit?
こっちです！／あっちです！	This way! / Over there!

❗	早く！	**Hurry up!** ハリアップ
	ここにいます！	**I'm over here.** アイム オーヴァー ヒァ
	ひき逃げだ！	**There's been a hit-and-run!** ゼーズ ビーン ア ヒット アンド ラン
	犯人を見ました。	**I saw who did it.** アイ ソウ フー ディディット
	車のナンバーを覚えています。	**I got the license plate.** アイ ゴット ザ ライセンス プレート
❗	私は被害者です。	**I'm a victim.** アイム ア ヴィクティム
	事故を起こしてしまいました。	**I had an accident.** アイ ハド アン アクシデント
	事故を起こした時の連絡はどうすればいいですか？	**Who should I contact in case of an emergency?** フー シュダイ コンタクト インケース オヴ アン エマージェンシー
	どこに連絡したらいいでしょうか？	**Where should I call?** ウェー シュダイ コーゥ
❗	私は悪くありません。	**It's not my fault.** イッツ ノット マイ フォウト
	向こうがぶつかってきたんです。	**They hit me.** ゼイ ヒット ミー
	スピード違反なんかしていません。	**I wasn't speeding.** アイ ワズント スピーディング
	あの車が赤信号を無視しました。	**That car ran a red light.** ザット カァ ラン ア レッド ライト
	警察を呼びたいのですが。	**I want to call the police.** アイ ウォントゥ コーゥ ザ ポリース

事故証明書をください。	Could you give me an accident report? クジュ ギヴ ミー アン アクシデント レポート
日本語の通訳を呼んでもらえませんか？	Could you get me a Japanese translator, please? クジュ ギヴ ミー ア ジャパニーズ トランスレィター プリーズ
車を修理したいのですが。	I need my car repaired. アイ ニード マイ カァ リペード
修理業者を呼びたいのですが。	I want to call a mechanic. アイ ウォントゥコーゥ ア メカニック
保険でカバーされますか？	Does my insurance cover this? ダズ マイ インシューランス カヴァー ディス
修理代金は発生しますか？	Will I have to pay for repairs? ウィゥ アイ ハフ トゥ ペイ フォ リペーズ
修理代金はいくらでしょうか？	How much will the repairs cost? ハウ マッチ ウィゥ ザ リペーズ コスト
状況はよく覚えていません。	I don't really remember what happened. アイ ドン リーリ リメンバー ウォット ハプンド

けがをしたら

救急車を呼んで！	Call an ambulance! コーゥ アン アンビュランス
けが人がいます。	Someone's injured. サムワンズ インジャード
応急処置をお願いします。	He (She) needs first aid. ヒー (シー) ニーズ ファーステイド
血液型はA (B/O/AB) です。	Blood type is A (B / O / AB). ブラッド タイプ イズ エイ (ビー / オー / エィビー)
手を切りました。	I cut my hand. アイ カット マイ ハンド

近くに薬局はありますか？	Is there a drug store around here? イズ ゼー ア ドラッグ ストー アラウンド ヒア
この傷に効く薬は何ですか？	What medicine is good for this injury? ウォット メディシン イズ グッド フォ ディス インジャリー
成分は何ですか？	What's the active ingredient? ウォッツ ジ アクティヴ イングリーディエント
どのように使えばいいですか？	How do I use it? ハウ ドゥ アイ ユーズ イット
傷の痛みが強くなってきました。	The pain is getting worse. ザ ペイン イズ ゲッティング ワァス

病院に行く

❗ 救急車を呼んで！	Call an ambulance! コーゥ アン アンビュランス
❗ 私を病院に連れて行ってください。	Take me to a hospital. テイク ミー トゥ ア ホスピタゥ
❗ 気分が悪いのですが。	I feel sick. アイ フィーゥ シック
薬はありませんか？	Do you have any medicine? ドゥ ユー ハヴ エニ メディシン
体温計を借りたいのですが。	Could I borrow a thermometer? クダイ ボロウ ア サモミター
近くに病院はありますか？	Is there a hospital nearby? イズ ゼー ア ホスピタゥ ニァバイ
大きな病院がいいのですが。	I want to go to a big hospital. アイ ウォントゥ ゴー トゥー ア ビッグ ホスピタゥ
❗ 診察の予約をとってもらえますか？	Could you make an appointment for me? クジュ メイク アン アポイントメント フォミー

身体の部位

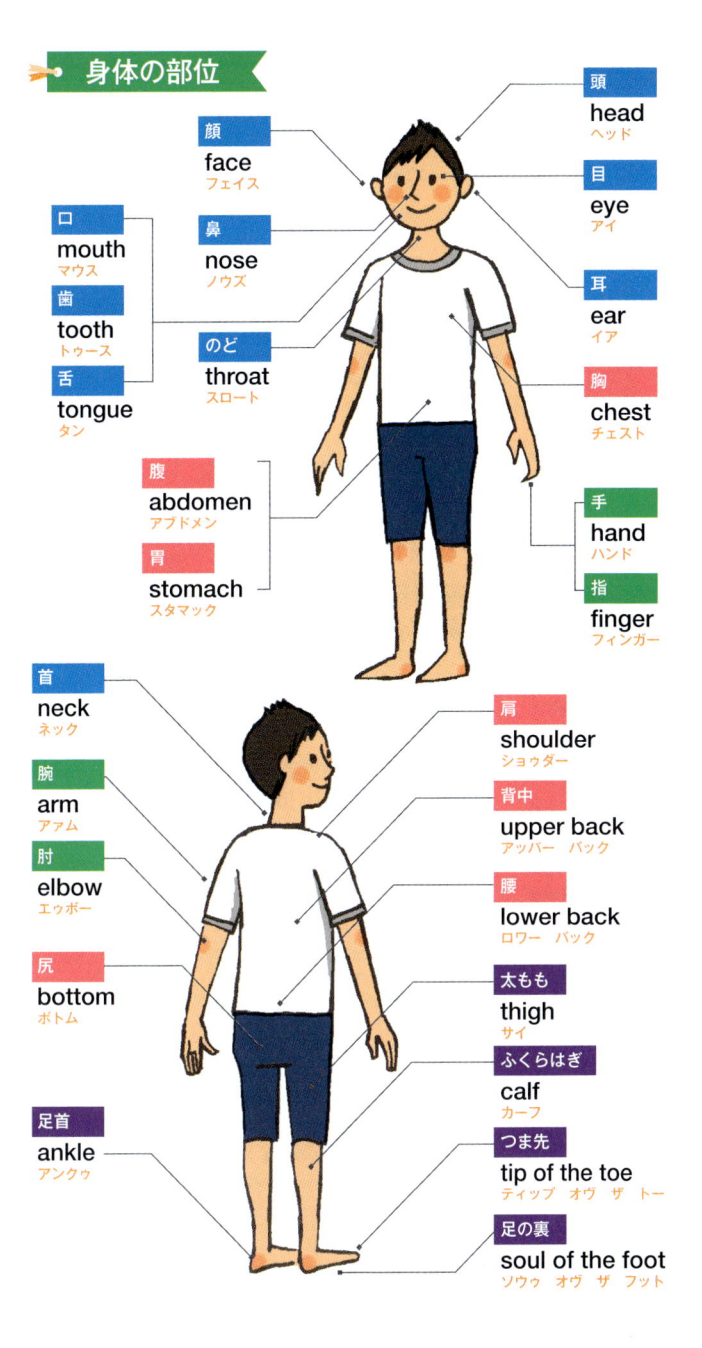

- 顔 face フェイス
- 口 mouth マウス
- 歯 tooth トゥース
- 舌 tongue タン
- 鼻 nose ノウズ
- のど throat スロート
- 腹 abdomen アブドメン
- 胃 stomach スタマック
- 頭 head ヘッド
- 目 eye アイ
- 耳 ear イア
- 胸 chest チェスト
- 手 hand ハンド
- 指 finger フィンガー

- 首 neck ネック
- 腕 arm アーム
- 肘 elbow エゥボー
- 尻 bottom ボトム
- 足首 ankle アンクゥ
- 肩 shoulder ショウダー
- 背中 upper back アッパー バック
- 腰 lower back ロワー バック
- 太もも thigh サイ
- ふくらはぎ calf カーフ
- つま先 tip of the toe ティップ オヴ ザ トー
- 足の裏 soul of the foot ソウゥ オヴ ザ フット

トラブル

けがをしたら／病院に行く

代わりに電話してもらえますか？	Could you call them for me, please? クジュ　　コーゥ ゼム　フォ ミー　プリーズ
医者を呼んでください。	Call a doctor. コーゥ ア ドクター
病院へ連れていってください。	Take me to a hospital. テイク　ミー　トゥア ホスピタゥ
⚠ 日本語が通じる病院はありますか？	Is there a hospital where someone speaks Japanese? イズ ゼー　ア ホスピタゥ　ウェー　サムワン　　　スピークス ジャパニーズ
⚠ 日本語を話す医者はいますか？	Is there a doctor who speaks Japanese? イズ ゼー　ア ドクター　フー　スピークス　ジャパニーズ
⚠ ここがひどく痛みます。/ 痛みは軽いです。	It really hurts here. / イット リーリ ハーツ　ヒァ It hurts a little. イット ハーツ　ア リトゥ

病気の症状を訴える

子どもが熱を出しています。	My child has a fever. マイ チャイゥド ハズ ア フィーヴァ
関節が痛みます。	I have sore joints. アイ ハヴ ソー　ジョインツ
お腹が痛いです。	I have a stomachache. アイ ハヴァ スタマケイク
頭が痛いです。	I have a headache. アイ ハヴァ　ヘディク
ズキズキ（刺すように/鈍く）痛みます。	It's a throbbing (stabbing / dull) pain. イッツ ア スロビーング（スタビング　/　ダゥ）　ペイン
食欲がありません。	I don't have an appetite. アイ ドン　ハヴ　アン アパタイト
めまいがします。	I feel dizzy. アイ フィーゥ ディズィー

だるさがあります。	**I feel weak.** アイ フィーゥ ウィーク
胃がキリキリします。	**I have a stabbing pain in my stomach.** アイ ハヴァ スタビーング ペイン イン マイ スタマック
歯が痛いです。	**My tooth hurts.** マイ トゥース ハーツ
歯がしみます。	**I have a sensitive tooth.** アイ ハヴァ センシティヴ トゥース
鼻水が止まりません。	**I have a runny nose.** アイ ハヴァ ラニー ノウズ
鼻が詰まっています。	**I have a blocked nose.** アイ ハヴァ ブロックト ノウズ
吐き気がします。	**I feel nauseous.** アイ フィーゥ ノーシャス
足首を捻挫したようです。	**I think I sprained my ankle.** アイ シンク アイ スプレインド マイ アンクゥ
せきが止まりません。	**I can't stop coughing.** アイ キャント ストップ コフィング
眠れません。	**I can't sleep.** アイ キャント スリープ
下痢です。/ 便秘です。	**I have diarrhea. / I'm constipated.** アイ ハヴ ダイアリア / アイム コンスティペイティッド
鼻血が止まりません。	**My nose won't stop bleeding.** マイ ノウズ ウォウント ストップ ブリーディング
じんましんが出ます。	**I have a rash.** アイ ハヴァ ラッシュ
血を吐きました。	**I coughed up blood.** アイ コフト アップ ブラッド

トラブル

病院に行く／病気の症状を訴える

耳鳴りがします。	**There's a ringing in my ears.** ゼーズ ア リンギング イン マイ イアズ
寒気がします。	**I feel cold.** アイ フィーゥ コーゥド
手（足）がしびれています。	**My hands (feet) are numb.** マイ ハンズ （フィート） アァ ナム
呼吸がうまくできません。	**I'm having trouble breathing.** アイム ハヴィング トラブゥ ブリージング
低血圧（高血圧）です。	**I have low (high) blood pressure.** アイ ハヴ ロー （ハイ） ブラッド プレシャー
生理中です。	**I'm on my period.** アイム オン マイ ピリオド
妊娠しています。	**I'm pregnant.** アイム プレグナント
持病があります。	**I have a chronic illness.** アイ ハヴァ クロニック イゥネス

病院で診察を受ける

どうしましたか？	**What seems to be the problem?** ウォット シームズ トゥ ビー ザ プロブレム
症状を教えてください。	**What are your symptoms?** ウォット アァ ヨー シンプトムズ
診察台に横になってください。	**Please lie down on the examination table.** プリーズ ライ ダウン オン ジ エグザミネイション テーブゥ
では見せてください。	**Please show me.** プリーズ ショウ ミー
採血します。	**I'm going to take some blood.** アイム ゴーイング トゥ テイク サム ブラッド

これは風邪ですね。	You have a cold. ユー ハヴァ コーゥド
治るのにどのくらいかかりますか？	How long will it take to get better? ハウ ロング ウィゥ イッテイク トゥ ゲット ベター
薬を飲んで一日安静にすればよくなります。	Medicine and a day of rest should be enough. メディシン アンド ア デイ オヴ レスト シュド ビー イナフ
検査が必要です。	I need to do some tests. アイ ニード トゥ ドゥ サム テスツ
レントゲンを撮ります。	I'm going to take an x-ray. アイム ゴーイング トゥ テイク アン エックスレイ
入院してください。	You need to be hospitalized. ユー ニード トゥ ビー ホスピタライズド
何日間ですか？	For how long? フォ ハウ ロング
手術します。	You need an operation. ユー ニード アン オペレイション
⚠ 2日後には日本に帰りたいのですが。	I need to go back to Japan in 2 days. アイ ニード トゥ ゴー バック トゥ ジャパン イン トゥー デイズ
⚠ 家族に連絡をとってください。	Could you contact my family? クジュ コンタクト マイ ファミリー
このまま旅行していてもいいですか？	Can I continue traveling? キャナイ コンティニュー トラヴェリング
⚠ 診断書を書いてください。	Can you write me a medical certificate? クジュ ライト ミー ア メディクゥ サーティフィケット
⚠ 旅行保険はききますか？	Does my travel insurance cover this? ダズ マイ トラヴェゥ インシューランス カヴァー ディス
⚠ 保険請求のために領収書を書いてください。	Could you give me a receipt for my insurance? クジュ ギヴ ミー ア レシート フォ マイ インシューランス

薬を買う

風邪薬（胃薬）をください。	**Can you give me something for a cold (my stomach)?** キャン ユー ギヴ ミー サムシング フォ ア コウド（マイ スタマック）
頭痛に効く薬はありますか？	**Do you have something for a headache?** ドゥ ユー ハヴ サムシング フォ ア ヘデイク
保険には入っていますか？	**Do you have insurance?** ドゥ ユー ハヴ インシューランス
処方箋はありますか？	**Do you have a prescription?** ドゥ ユー ハヴァ プレスクリプション
常用している薬はありますか？	**Do you take any medicine regularly?** ドゥ ユー テイク エニ メディシン レギュラリー
❗ 飲み方を教えてください。	**Could you tell me how to take it?** クジュ テウ ミー ハウ トゥ テイキット
❗ 何か注意することはありますか？	**Is there anything to be careful of?** イズ ゼー エニシング トゥ ビー ケアフゥ オヴ
副作用はありますか？	**Are there any side effects?** アァ ゼー エニ サイド エフェクツ
眠くならない薬がいいのですが。	**I want something that won't make me drowsy.** アイ ウォント サムシング ザット ウォウント メイク ミー ドラウズィー
❗ アレルギーがあります。	**I have allergies.** アイ ハヴ アレジーズ
水と一緒に2粒飲んでください。	**Take 2 with water.** テイク トゥー ウィズ ウォータ
毎食後1粒飲んでください。	**Take one after every meal.** テイク ワン アフター エヴリ ミーウ
お風呂上がりに患部にやさしく塗ってください。	**Apply some lightly to the affected area after bathing.** アプライ サム ライトリー トゥ ザ アフェクティッド エリア アフター ベイズィング

旅の単語帳

頭痛	headache ヘデイク
腰痛	backache バケイク
ふきでもの	pimple ピンプゥ
めまい	dizziness ディズィネス
眠い	drowsy ドラウズィ
胃痛	stomachache スタマケイク
吐き気	nausea ノーシア
下痢	diarrhea ダイアリァ
痛み	pain ペイン
鈍痛	dull pain ダゥ ペイン
寒気	cold chill コーゥド チウ
だるい	feeling weak フィーリング ウィーク
せき	cough コフ
動悸	palpitations パゥピテーションズ
しびれ	numbness ナムネス
骨折	broken bone ブロークン ボーン
脱臼	dislocated ディスロケーティッド
出血	bleeding ブリーディング
鼻血	nose bleed ノウズ ブリード
歯痛	toothache トゥースエイク
むくみ	swelling スウェリング
腫れ	swelling スウェリング
不眠	insomnia インソムニア
喉が渇く	dry throat ドライ スロート
胸やけ	heartburn ハートバァン
血便	bloody stool ブラディ ストゥーゥ
便秘	constipation コンスティペイション
激しい痛み	strong pain ストロング ペイン
かゆい	itchy イチ
熱	fever フィーヴァ
くしゃみ	sneeze スニーズ
鼻づまり	blocked nose ブロックト ノウズ
息切れ	out of breath アウト オヴ ブレス
ふるえ	shaking シェイキング
捻挫	sprain スプレイン
打撲	bruise ブルーズ
じんましん	rash ラッシュ
耳鳴り	ringing in the ears リンギング イン ジイアズ

トラブル

薬を買う

対人トラブル

⚠️	だれか助けて！	**Help!** ヘゥプ
⚠️	警察を呼んで！	**Call the police!** コーゥ ザ ポリース
	2人組に襲われました。	**2 people attacked me.** トゥー ピープゥ アタック ミー
	主人（子ども/友人）が襲われています。	**My husband (child / friend) is being attacked.** マイ ハズバンド （チャイゥド / フレンド） イズ ビーイング アタック
	大きな声で人を呼びますよ。	**I'll scream for help.** アイゥ スクリーム フォ ヘゥプ
	話が違います！	**That isn't what we agreed.** ザット イズント ウォット ウィー アグリード
	お金を返してください！	**Give me my money back!** ギヴ ミー マイ マニー バック
⚠️	やめてください！	**Stop it!** ストピット
⚠️	離してください！	**Let go of me!** レット ゴー オヴ ミー
	私じゃありません！	**It wasn't me.** イット ワズント ミー
	出て行って！	**Get out!** ゲタウト
	撃たないで！	**Don't shoot!** ドン シュート
	命だけは助けてください。	**Please don't kill me.** プリーズ ドン キゥ ミー

お金はいりません。	**Take the money.** テイク ザ マニー
あなたの言うとおりにします。	**I'll do whatever you say.** アイゥ ドゥ ウォテヴァー ユー セイ
どうにかしてください。	**Do something about it.** ドゥ サムシング アバゥティット
いつまで待たせるつもりですか？	**How long are you gonna keep me waiting?** ハウ ロング アァ ユー ガナ キープ ミー ウェイティング
⚠ 日本語が話せる人はいますか？	**Does anyone speak Japanese?** ダズ エニワン スピーク ジャパニーズ
⚠ 日本語の通訳を呼んでください。	**Could you get me a Japanese translator?** クジュ ゲット ミ ア ジャパニーズ トランズレイタ
⚠ 何が起きているのですか？	**What's happening?** ウォッツ ハプニング
これが全部です。（お金、もの）	**This is all I have.** ディス イズ オーゥ アイ ハヴ
放っておいてください。	**Leave me alone.** リーヴ ミー アローン
連れが来ます。	**My friend will be here any minute.** マイ フレンド ウィゥ ビー ヒァ エニ ミニット
こっちに来ないでください。	**Stay away.** ステイ アウェイ
ついてこないで。	**Stop following me.** ストップ フォロウィング ミー
さわらないでください。	**Get your hands off me.** ゲット ヨー ハンズ オフ ミー
いい加減にしてください。	**Cut it out!** カディダウト

トラブル

対人トラブル

インターネットカフェで

インターネットカフェはどこにありますか？	**Where can I find an internet café?** ウェー キャナイ ファインド アン インテネット カフェ
パソコンを持ちこんでもいいですか？	**Can I use my own PC?** キャナイ ユーズ マイ オウン ピーシー
1時間いくらですか？	**How much for one hour?** ハウ マッチ フォ ワンナウワ
パッケージの料金はありますか？	**Is there a package deal?** イズ ゼー ア パケッジ ディーゥ
コーヒーは飲めますか？	**Can I drink coffee?** キャナイ ドリンク コフィー
WIFIはありますか？	**Do you have WIFI?** ドゥ ユー ハヴ ワイファイ
このキーボードで日本語の入力はできますか？	**Can I type Japanese on this keyboard?** キャナイ タイプ ジャパニーズ オン ディス キーボード
日本語が入力できるパソコンがいいのですが。	**I need a computer that I can type Japanese on.** アイ ニード ア コンピューター ザット アイ キャン タイプ ジャパニーズ オン
⚠ パソコンが動きません。	**The computer doesn't work.** ザ コンピューター ダズント ワーク
⚠ インターネットにアクセスできません。	**I can't connect to the internet.** アイ キャント コネクト トゥ ジ インタネット
カメラ（携帯電話、IPAD）をパソコンにつないでもいいですか？	**Can I connect my camera (cell phone / iPad)?** キャナイ コネクト マイ キャメラ（セゥ フォウン ／アイパッド）
USBケーブルを借りられますか？	**Could I borrow a USB cable?** クダイ ボロウ ア ユーエスビー ケーブゥ
プリンターはありますか？	**Is there a printer?** イズ ゼー ア プリンター

ノートパソコン

- 電源ボタン **power button** パワー バトゥン
- ディスプレイ **screen** スクリーン
- ウェブカメラ **web camera** ウェブ キャメラ
- USB コネクター **USB port** ユーエスビー ポート
- USB ケーブル **USB cable** ユーエスビー ケーブゥ
- CD/DVD ドライブ **CD/DVD drive** シーディー ディーヴィーディー ドライヴ
- スピーカー **speaker** スピーカー
- タッチパッド **touchpad** タッチパッド
- キーボード **keyboard** キーボード
- マウス **mouse** マウス

通信 / インターネットカフェで

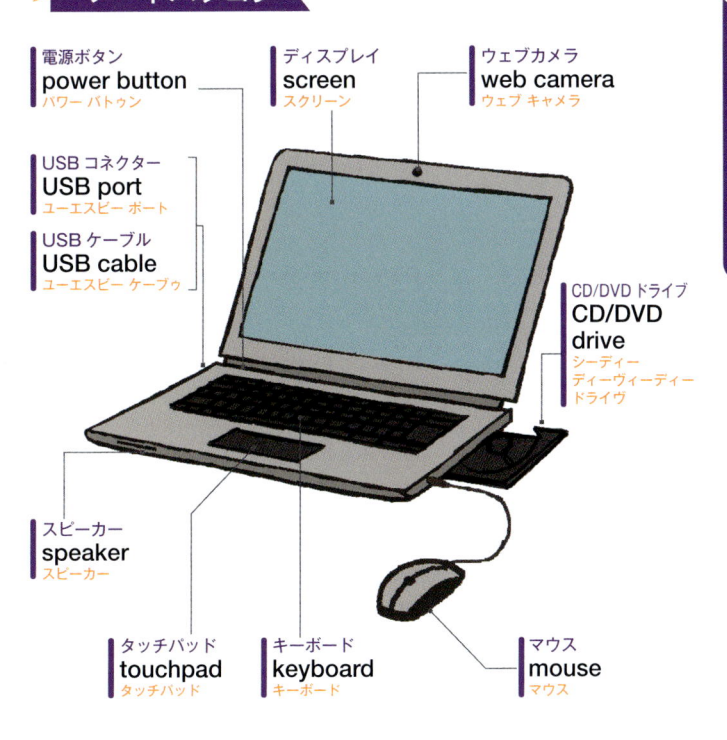

関連単語 パソコンとインターネット操作

ドラッグアンドドロップ **drag and drop** ドラッグ アンド ドロップ	コピーアンドペースト **copy and paste** コピー アンド ペイスト	アイコン **icon** アイコン
右クリック **right click** ライト クリック	左クリック **left click** レフト クリック	電子メール **email** イーメイゥ
メールアドレス **email address** イーメイゥ アドレス	ダウンロード **download** ダウンロウド	起動 **start up** スタート アップ **the computer** ザ コンピューター

このプリンターの使い方を教えてください。	**How do I use the printer?** ハウ ドゥ アイ ユーズ ザ プリンター
カラーで出したいのですが。	**I want to print in color.** アイ ウォントゥ プリント イン カラー
モノクロでじゅうぶんです。	**Black and white will do.** ブラック アンド ワイト ウィゥ ドゥ
スキャナーはありますか？	**Do you have a scanner?** ドゥ ユー ハヴァ スキャナー
使い方を教えてもらえませんか？	**How do I use it?** ハウ ドゥ アイ ユーズ イット
ファックスはありますか？	**Is there a fax machine?** イズ ゼー ア ファックス マシーン
日本へ送りたいのですが。	**I want to fax Japan.** アイ ウォントゥ ファックス ジャパン
国際電話カードは売っていますか？	**Do you sell international phone cards?** ドゥ ユー セゥ インターナショナゥ フォウン カーズ
いくらですか？	**How much are they?** ハウ マッチ アァ ゼイ
このデータをCD（DVD）に焼きたいのですが。	**I want to burn this to CD (DVD).** アイ ウォントゥ バァン ディス トゥ シーディー（ディー ヴィーディー）
⚠ すみませんが、代わりにやっていただけますか？	**Could you do it for me, please?** クジュ ドゥ イット フォ ミー プリーズ
⚠ 履歴の消し方を教えてください。	**How do I delete the history?** ハウ ドゥ アイ デリート ザ ヒストリー
パスワードは何ですか？	**What's the password?** ウォッツ ザ パースワード
eメールを送りたいのですが。	**I want to send an email.** アイ ウォントゥ センド アン イーメイゥ

電話をかける

公衆電話はどこですか？	**Where can I find a pay phone?** ウェー キャナイ ファインド ア ペイ フォウン
公衆電話の使い方を教えてもらえますか？	**Could you show me how to use the pay phone?** クジュ ショウ ミー ハウ トゥ ユーズ ザ ペイ フォウン
お金をくずしてください。	**Can I get change for the phone?** キャナイ ゲット チェインジ フォ ザ フォウン
グランドホテルの電話番号を教えてもらえますか？	**Could I have the number for the Grand Hotel, please?** クダイ ハヴ ザ ナンバー フォ ザ グランド ホテゥ プリーズ
この番号に電話をかけたいのですが。	**I want to call this number.** アイ ウォントゥ コーゥ ディス ナンバー
日本へ国際電話をかけたいのですが。	**I want to call Japan.** アイ ウォントゥ コーゥ ジャパン
市外局番は03。番号は1234－5678です。	**The area code is 03, the number is 1234-5678.** ジ エリア コード イズ ズィロウ スリー ザ ナンバー イズ ワン トゥー スリー フォー ファイヴ シックス セヴン エイト
お金はいくら入れたらいいですか？	**How much money should I put in?** ハウ マッチ マニー シュダイ プティン
このテレフォンカードは使えますか？	**Can I use this phone card?** キャナイ ユーズ ディス フォウン カード
テレフォンカードはどこで買えますか？	**Where can I buy a phone card?** ウェー キャナイ バイ ア フォウン カード
⚠ 代わりに電話をかけていただけますか？	**Could you dial it for me, please?** クジュ ダイアゥ イット フォ ミー プリーズ
⚠ おつりが出てこないのですが。	**It didn't give me any change.** イット ディデント ギヴ ミー エニ チェインジ
電話を借りてもいいですか？	**Can I use your phone, please?** キャナイ ユーズ ヨー フォウン プリーズ

電話の会話

もしもし、佐藤ひろみです。ジェーンのお宅(電話番号)ですか？	**Hello, this is Hiromi Sato.** ハロウ　ディス イズ ヒロミ　サトウ **Is this Jane's house (number)?** イズ ディス ジェーンズ ハウス　（ナンバー）
もしもし、ウィルですか？	**Hello, is this Will?** ハロウ　イズ ディス ウィゥ
どちら様ですか？	**Who's calling?** フーズ　コーリング
私はウィルの友人です。	**I'm a friend of Will's.** アイム ア フレンド オヴ ウィゥズ
ご用件は何でしょうか？	**Can I ask what this is about?** キャナイ アスク ウォット ディス イズ アバウト
ウィルと話したいのですが。	**Is Will there, please?** イズ ウィゥ ゼー　プリーズ
少々お待ちください。	**Hold on a minute.** ホーゥド オン ア ミニット
後でかけ直すそうです。	**He'll call you back later.** ヒーゥ コーゥ ユー　バック　レイタ
ウィリアムは留守です。	**William is out right now.** ウィリアム イズ アウト ライト ナウ
後で電話をくれるように伝えてもらえませんか？	**Could you get him (her) to call me back?** クジュ　　　ゲット ヒム （ハー） トゥ コーゥ ミー バック
伝言をお願いできますか？	**Could you take a message, please?** クジュ　　テイカ　メッセジ　プリーズ
では結構です。	**OK, thanks.** オーケー サンクス
⚠ すみません、番号を間違えました。	**Sorry, wrong number.** ソリー　　ロング ナンバー

電話が遠いようなのですが。	I can't hear you properly. アイ キャント ヒァ ユー プロパリー
またかけ直します。	I'll call again later. アイゥ コーゥ アゲン レイタ
⚠ すみません、英語がよく分からないので、日本語の話せる方に代わっていただけますか？	I'm sorry, I don't speak アイム ソリー アイ ドン スピーク English very well. イングリッシュ ヴェリー ウェゥ Is there someone there who イズ ゼー サムワン ゼー フー speaks Japanese? スピークス ジャパニーズ
⚠ もっとゆっくり話してもらえますか？	Could you speak more slowly, please? クジュ スピーク モー スロウリー プリーズ

📱 留守番電話

ただいま電話に出られません。発信音の後にメッセージをどうぞ。	We can't come to the phone right now. ウィー キャント カム トゥ ザ フォウン ライト ナウ Please leave a message after the beep. プリーズ リーヴ ア メッセジ アフタ ザ ビープ
ひろみです。時間がある時に電話ください。	This is Hiromi. ディス イズ ヒロミ Give me a call when you have time. ギヴ ミー ア コーゥ ウェン ユー ハヴ タイム
また電話します。	I'll call again later. アイゥ コーゥ アゲン レイタ

公衆電話

テレフォンカード
phone card
フォウン カード

カード挿入口
card slot
カード スロット

受話器
receiver
レシーバー

コイン投入口
coin slot
コイン スロット

ダイヤルボタン
dialing pad
ダイアリング パッド

番号案内
directory assistance
ディレクトリ アシスタンス

通信

電話の会話／留守番電話

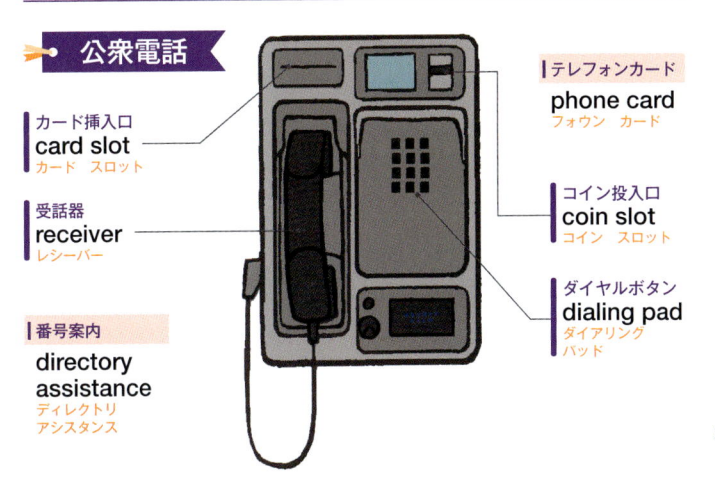

手紙・ハガキを出す

手紙を書きたいのですが便せんはどこで買えますか？	**I'd like to write a letter.** アイド ライク トゥ ライト ア レター **Where can I buy some letter paper?** ウェー キャナイ バイ サム レター ペイパ
郵便局はどこですか？	**Where is the post office?** ウェー イズ ザ ポウスト オフィス
近くにポストはありますか？	**Is there a post box around here?** イズ ゼー ア ポウスト ボックス アラウンド ヒァ
切手はどこで買えますか？	**Where can I buy some stamps?** ウェー キャナイ バイ サム スタンプス
ポストカードを売っている場所を教えてください。	**Where can I buy some postcards?** ウェー キャナイ バイ サム ポウストカーズ
切手をください。	**I'd like some stamps, please.** アイド ライク サム スタンプス プリーズ
日本に送りたいのですが、切手はいくら必要ですか？	**How much is it to send this to Japan?** ハウ マッチ イズ イット トゥ センド ディス トゥ ジャパン
珍しい記念切手はありますか？	**Do you have any limited commemorative stamps?** ドゥ ユー ハヴ エニ リミティッド コメモラティヴ スタンプス
宛先の書き方はこれで合っていますか？	**Is this how to write the address?** イズ ディス ハウ トゥ ライト ジ アドレス
いつごろ日本に着きますか？	**When will it arrive in Japan?** ウェン ウィリット アライヴ イン ジャパン
❗ 速達にできますか？	**Can I send it by express mail?** キャナイ センド イット バイ エクスプレス メイゥ
速達の追加代金はいくらですか？	**How much is it by express mail?** ハウ マッチ イズ イット バイ エクスプレス メイゥ
これは速達で、ほかは普通便で結構です。	**I'd like to send this by express mail, the rest by regular mail.** アイド ライク トゥ センド ディス バイ エクスプレス メイゥ ザ レスト バイ レギュラー メイゥ

手紙と封筒の書き方

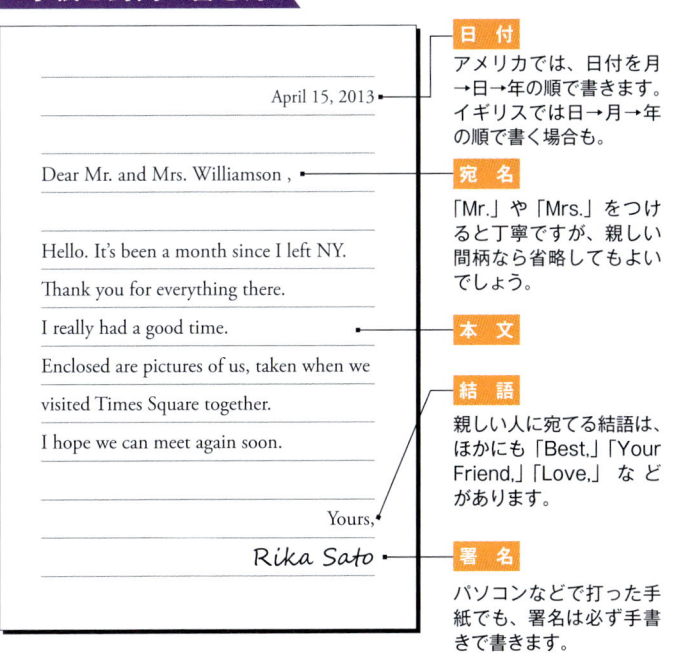

通信

手紙・ハガキを出す

April 15, 2013

Dear Mr. and Mrs. Williamson ,

Hello. It's been a month since I left NY.

Thank you for everything there.

I really had a good time.

Enclosed are pictures of us, taken when we visited Times Square together.

I hope we can meet again soon.

Yours,

Rika Sato

日付
アメリカでは、日付を月→日→年の順で書きます。イギリスでは日→月→年の順で書く場合も。

宛名
「Mr.」や「Mrs.」をつけると丁寧ですが、親しい間柄なら省略してもよいでしょう。

本文

結語
親しい人に宛てる結語は、ほかにも「Best,」「Your Friend,」「Love,」などがあります。

署名
パソコンなどで打った手紙でも、署名は必ず手書きで書きます。

差出人
Rika Sato
12-3 Higashi-honcho
Meguro-ku, Tokyo
155-xxxx JAPAN

切手

Mr. and Mrs. Williamson
55xx Central St
Princeton, NJ
088xx USA

VIA AIRMAIL

航空便
航空便であることが分かるように、赤字で「VIA AIRMAIL」などと明記。

宛先
宛先は名前から先に書きます。国名は目立つように大きく書きましょう。

国際電話のかけ方

旅行先で日本に電話をかけるには、公衆電話やホテルの電話を利用するほかに、事前に国際携帯電話をレンタルする方法もあります。ホテルの電話を使うと、通話料のほかに手数料がかかる場合があり割高になることも。国際携帯電話は、会社によってカバーしている通話エリアが異なるので、旅行先で利用できるか確認をしましょう。

アメリカから日本の03-1234-XXXXにかける場合

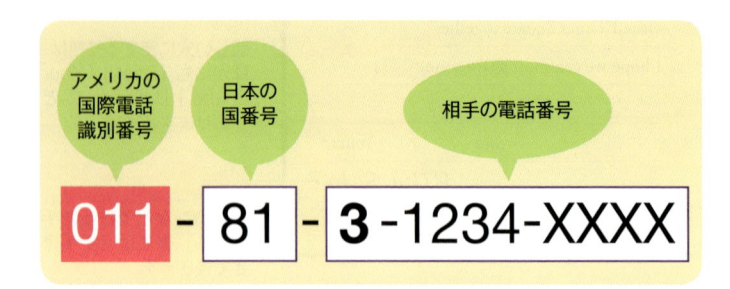

アメリカの国際電話識別番号	日本の国番号	相手の電話番号
011	81	3-1234-XXXX

国際電話をかけるには、発信元の国の「国際電話識別番号」、受信先の「国番号」と「相手の電話番号」が必要です。例えば、アメリカから日本の「03-1234-XXXX」に国際電話をかけるとき、アメリカの国際電話識別番号「011」に続けて、日本の国番号「81」をダイヤルします。相手の電話番号が「0」から始まる場合、その最初の「0」は削除する決まりがあるので、「3-1234-XXXX」とダイヤルすると、相手に電話がつながります。

各国の国際電話識別番号

番号	国	番号	国	番号	国
011	アメリカ	011	ハワイ	00	イギリス
011	カナダ	0011	オーストラリア	00	ニュージーランド

PART **4**

辞書

カテゴリー単語集	P242
英和辞書	P248
和英辞書	P277

カテゴリー単語集

職業

会社員	office worker	オフィス ワーカー
カメラマン	photographer	フォトグラファー
看護婦	nurse	ナース
機長	pilot	パイロット
キャビンアテンダント	flight attendant	フライト アテンダント
教師	teacher	ティーチャー
銀行員	bank clerk	バンク クラーク
経営者	manager	マネジャー
警官	police officer	ポリース オフィサー
刑事	detective	ディテクティヴ
ライター	writer	ライター
建築家	architect	アーキテクト
公務員	public servant	パブリック サーヴァント
医者	doctor	ドクター
システムエンジニア	system engineer	システム エンジニア
大工	carpenter	カーペンタ
弁護士	lawyer	ロイヤー
編集者	editor	エディター
漁師	fisherman	フィシャマン
農家	farmer	ファーマ
料理人	cook	クック
会計士	accountant	アカウンタント
学生	student	ストゥーデント
主婦	housewife	ハウスワイフ
秘書	secretary	セクレテリー
店員	shop clerk	ショップ クラーク

家族

家族	family	ファミリ
親戚	relative	レラティヴ

カテゴリー単語集　職業／家族／数字

父	**father** ファーザ	母	**mother** マザ
祖父	**grandfather** グランファーザ	祖母	**grandmother** グランマザ
兄弟	**brother** ブラザ	姉妹	**sister** シスタ
夫	**husband** ハズバンド	妻	**wife** ワイフ
息子	**son** サン	娘	**daughter** ドータ
親	**parent** ペーレント	子ども	**child** チャイゥド
孫	**grandchild** グランチャイゥド	いとこ	**cousin** カズン
おじ	**uncle** アンクゥ	おば	**aunt** アント
おい	**nephew** ネフュ	めい	**niece** ニース
義理の父	**father-in-law** ファーザ イン ロー	義理の母	**mother-in-law** マザ イン ロー

数字

1	**one** ワン	8	**eight** エイト
2	**two** トゥ	9	**nine** ナイン
3	**three** スリー	10	**ten** テン
4	**four** フォー	11	**eleven** イレヴン
5	**five** ファイヴ	12	**twelve** トゥウェゥブ
6	**six** シックス	13	**thirteen** サーティーン
7	**seven** セヴン	14	**fourteen** フォーティーン

15	**fifteen** フィフティーン		70	**seventy** セヴンティ
16	**sixteen** シックスティーン		80	**eighty** エイティ
17	**seventeen** セヴンティーン		90	**ninety** ナインティ
18	**eighteen** エイティーン		100	**one hundred** ワン ハンドレッド
19	**nineteen** ナインティーン		1000	**one thousand** ワン サウザンド
20	**twenty** トゥウェンティ		万	**ten thousand** テン サウザンド
21	**twenty one** トゥウェンティ ワン		10万	**one hundred thousand** ワン ハンドレッド サウザンド
30	**thirty** サーティ		100万	**one million** ワン ミリオン
40	**forty** フォーティ		1000万	**ten million** テン ミリオン
50	**fifty** フィフティ		1億	**one hundred million** ワン ハンドレッド ミリオン
60	**sixty** シクスティ		10億	**one billion** ワン ビリオン

序数

第1の	**first** ファースト		第7の	**seventh** セヴンス
第2の	**second** セカンド		第8の	**eighth** エイス
第3の	**third** サード		第9の	**ninth** ナインス
第4の	**fourth** フォース		第10の	**tenth** テンス
第5の	**fifth** フィフス		第11の	**eleventh** イレヴンス
第6の	**sixth** シックスス		第12の	**twelfth** トゥウェゥフス

第13の	**thirteenth** サーティーンス	第19の	**nineteenth** ナインティーンス
第14の	**fourteenth** フォーティーンス	第20の	**twentieth** トゥウェンティエス
第15の	**fifteenth** フィフティーンス	1回	**once** ワンス
第16の	**sixteenth** シックスティーンス	2回	**twice** トゥワイス
第17の	**seventeenth** セヴンティーンス	3回	**3 times** スリー タイムス
第18の	**eighteenth** エイティーンス	～回	**～ times** タイムス

階数

1階	**first floor** ファースト フロー	地下1階	**B1** ビー ワン
2階	**second floor** セカンド フロー	地下2階	**B2** ビー トゥ
3階	**third floor** サード フロー	地下3階	**B3** ビー スリー
4階	**fourth floor** フォース フロー	地下	**basement** ベイスメント
5階	**fifth floor** フィフス フロー	屋上	**roof** ルーフ

天候

晴れ	**sunny** サニー	雪	**snow** スノウ
曇り	**cloudy** クラウディ	風	**wind** ウィンド
雨	**rain** レイン	霧	**fog** フォグ
雷	**lightning** ライトニング	台風	**typhoon** タイフーン
嵐	**storm** ストーム	竜巻	**tornado** トーネイドウ

カテゴリー単語集　数字／序数／階数／天候

湿度の高い	**humid** ヒュミッド		梅雨	**rainy season** レイニー シーズン
乾燥した	**dry** ドライ		天気予報	**weather forecast** ウェザ フォーキャスト

日時

昨年	**last year** ラスト イヤァ		来週	**next week** ネクスト ウィーク
今年	**this year** ディス イヤァ		再来週	**the week after next** ザ ウィーク アフタ ネクスト
来年	**next year** ネクスト イヤァ		週末	**the weekend** ザ ウィーケンド
再来年	**the year after next** ザ イヤァ アフタ ネクスト		今夜	**tonight** トゥナイト
先月	**last month** ラスト マンス		明日	**tomorrow** トゥモロー
今月	**this month** ディス マンス		あさって	**the day after tomorrow** ザ デイ アフタ トゥモロー
来月	**next month** ネクスト マンス		おととい	**the day before yesterday** ザ デイ ビフォー イエスタデイ
先週	**last week** ラスト ウィーク		昨日	**yesterday** イエスタデイ
今週	**this week** ディス ウィーク		今日	**today** トゥデイ

月

1月	**January** ジャニュアリ		6月	**June** ジューン
2月	**February** フェビュエリ		7月	**July** ジュライ
3月	**March** マーチ		8月	**August** オーガスト
4月	**April** エイプリゥ		9月	**September** セプテンバー
5月	**May** メイ		10月	**October** オクトーバー

| 11月 | **November**
ノーヴェンバー | 12月 | **December**
ディセンバー |

曜日

月曜日	**Monday** マンデイ	金曜日	**Friday** フライデイ
火曜日	**Tuesday** チューズデイ	土曜日	**Saturday** サタデイ
水曜日	**Wednesday** ウェンズデイ	日曜日	**Sunday** サンデイ
木曜日	**Thursday** サーズデイ		

時間

朝	**morning** モーニング	夜	**night** ナイト
昼	**midday** ミッデイ	深夜	**the middle of the night** ザ ミドゥ オヴ ザ ナイト
夕方	**evening** イーヴニング	早朝	**early morning** アーリ モーニング

方位

東	**east** イースト	南東	**southeast** サウスウェスト
西	**west** ウェスト	北東	**northeast** ノースイースト
南	**south** サウス	南西	**southwest** サウスウェスト
北	**north** ノース	北西	**northwest** ノースウェスト

四季

| 春 | **spring**
スプリング | 秋 | **autumn**
オータム |
| 夏 | **summer**
サマー | 冬 | **winter**
ウィンタ |

カテゴリー単語集

天候／日時／月／曜日／時間／方位／四季

英和辞書

A

above ~ (アバヴ)	(〜の)上
accident (アクシデント)	事故
addiction (アディクション)	中毒
additional cost (アディショナゥ コスト)	追加料金
additive-free (アディティヴ フリー)	無添加
address (アドレス)	住所
admission fee (アドミション フィー)	入場料
adult (アダゥト)	大人
advanced ticket (アドヴァンスト ティケット)	前売券
after ~ (アフタ)	(〜の)後
again (アゲン)	再び
age (エイジ)	年齢
agency (エイジェンシー)	代理店
air conditioner (エー コンディショナ)	冷房
air purifier (エー ピュリファイア)	空気清浄器
airline (エーライン)	航空会社
airport (エーポート)	空港
airport tax (エーポート タックス)	空港税
air-sick (エー シック)	飛行機酔い
aisle (アイゥ)	通路
alarm (アラーム)	警報
alarm clock (アラーム クロック)	目覚まし時計
album (アゥバム)	アルバム
alcohol (アゥコホーゥ)	アルコール
allergy (アレジー)	アレルギー
alone (アロウン)	ひとりで
already (オゥレディ)	すでに
alright (オーゥライト)	大丈夫
always (オゥウェイズ)	いつも
ambulance (アンビュランス)	救急車
amusement park (アミューズメント パーク)	アミューズメントパーク

angry アングリー	怒っている
animation アニメーション	アニメ
annex アネックス	別館
anniversary アニヴァーサリー	記念日
announcement アナウンスメント	アナウンス
another serving アナザー サーヴィング	おかわり
answer アンサー	答える
apartment アパートメント	アパート
appetite アパタイト	食欲
applause アプローズ	拍手
application fee アプリケイション フィー	申し込み金
appreciate アプリシエイト	感謝する
area エリア	地域
arrival アライヴゥ	到着
arrive アライヴ	着く
ashtray アシュトレイ	灰皿
ask アスク	尋ねる
ask for アスク フォ	頼む
at least アット リースト	少なくとも
atmosphere アトモスフィア	雰囲気
attachment アタッチメント	添付ファイル
attitude アティトゥード	態度
autograph オートグラフ	サイン (有名人)
automatic オートマティック	自動
automatic car オートマティック カー	オートマチック車
available アヴェイラブゥ	利用可能な
average アヴェレッジ	平均

B

baby bed ベイビー ベッド	ベビーベッド
baby bottle ベイビー ボトゥ	哺乳瓶
baby food ベイビー フード	離乳食
baby products ベイビー プロダクツ	ベビー用品
babysitter ベイビー シター	ベビーシッター
bad バッド	悪い
baggage claim バゲッジ クレーム	手荷物受け取り所
baggage claim tag バゲッジ クレーム タグ	手荷物引換証

英和辞書

A / B

249

balcony バゥカニ	バルコニー	**before ～** ビフォー	(～の)前
ballpoint pen ボーゥポイントペン	ボールペン	**belongings** ビロンギングス	荷物
bandage バンデッジ	包帯(ほうたい)	**beverages extra** ビヴァレジズ エクストラ	飲み物別料金
bank バンク	銀行	**bicycle** バイシクゥ	自転車
bar バァ	バー	**big** ビッグ	大きい
barber バーバ	理容室	**bill** ビゥ	紙幣
barber shop バーバ ショップ	理容室	**birthday** バースデイ	誕生日
bath バース	風呂	**bland** ブランド	薄い(味)
bathroom バースルーム	浴室	**blanket** ブランケット	毛布
bathtowel バースタウゥ	バスタオル	**blood** ブラッド	血
bathtub バースタブ	浴槽	**blood type** ブラッドタイプ	血液型
battery バテリー	乾電池	**board** ボード	搭乗
beach ビーチ	ビーチ	**boarding gate** ボーディング ゲイト	搭乗口
beautiful ビューティフゥ	美しい	**boarding pass** ボーディング パス	搭乗券
because ビコーズ	なぜなら	**book** ブック	本
bed ベッド	ベッド	**bookstore** ブックストー	書店
bedspread ベッド スプレッド	ベッドカバー	**borrow** ボロウ	借りる
beer ビア	ビール	**both** ボウス	両方の

bottom ボトゥム	底
bound for 〜 バウンド フォ	〜行き
brake ブレイク	ブレーキ
bread ブレッド	パン
break ブレイク	壊す
breakable ブレイカブゥ	壊れ物
breakfast ブレクファスト	朝食
bridge ブリッジ	橋
bright ブライト	明るい
bring ブリング	持ってくる
brochure ブローシャ	パンフレット
budget バジェット	予算
bug バグ	虫
building ビゥディング	建物
burnt バーント	焦げた
bus stop バス ストップ	バス停
business shirt ビジネスシャート	ワイシャツ
busy ビジ	忙しい

buy バイ	買う
by 〜 バイ	〜までに

C

café カフェ	カフェ
call コーゥ	呼ぶ
call button コーゥ バトゥン	呼びだしボタン
camera キャメラ	カメラ
cancel キャンセゥ	取り消す
cancelation fee キャンセレーション フィー	キャンセル料
car カー	車
car accident カー アクシデント	交通事故
carbonated カーボネイティド	炭酸入りの
carrier キャリア	航空会社
car-sick カーシック	乗り物酔い
cash キャッシュ	現金
cashier キャシャ	レジ係 両替所（カジノ）
casino カシーノ	カジノ
castle キャッスゥ	城

casual カジュアゥ	カジュアルな	cherry blossoms チェリー ブロッサムズ	桜
cat キャット	猫	chidrenswear チゥドレンズ ウェー	子ども服
cave ケイヴ	洞窟(どうくつ)	child チャイゥド	子ども
Celsius セゥシアス	摂氏	children's price チゥドレンズ プライス	子ども料金
certificate サーティフィケット	証明書	chill チゥ	寒気
certificate of theft サティフィケット オヴ セフト	盗難証明書	Chinese food チャイニーズ フード	中華
chance チャンス	機会	chip チップ	チップ（カジノ）
change【動詞】チェインジ	変える	choose チューズ	選ぶ
change【名詞】チェインジ	おつり	chopsticks チョップスティックス	箸(はし)
channel チャネゥ	チャンネル	cigarettes シガレッツ	タバコ
charge チャージ	請求	citizen シティズン	国民
charger チャージャ	充電器	city シティ	都会
cheap チープ	安い	city lights シティ ライツ	夜景
check チェック	確認する	classy クラシー	上品な
check in チェキン	チェックイン	clean クリーン	掃除する
check out チェカウト	チェックアウト	clerk クラーク	店員
Cheers! チャーズ	乾杯	clever クレヴァ	利口な
chef シェフ	シェフ	climb クライム	登る

cloakroom クローク ルーム	クローク
clock クロック	時計
closet クローゼット	クローゼット
closing time クロウジング タイム	閉館時間
cloth クロス	布
cockroach コクローチ	ゴキブリ
coin コイン	硬貨
cold コーゥド	寒い/風邪
cold medicine コーゥド メディシン	風邪薬
color カラ	色
come カム	来る
come back カム バック	戻る
comfortable カンフタブゥ	心地よい
commission コミッション	手数料
compact car コンパクト カー	小型車
compare コンペー	比べる
complaints コンプレインツ	クレーム
compress コンプレス	圧縮
computer コンピュータ	パソコン
concert コンサート	コンサート
condiments コンディメンツ	調味料
connecting コネクティング	乗り継ぎ
consecutive stay コンセキュティヴ ステイ	連泊
consult コンサゥト	相談する
contact コンタクト	連絡をとる
contact info コンタクト インフォウ	連絡先
contents コンテンツ	中身
continue コンティニュ	続ける
contract コントラクト	契約
conversation カンヴァセーシュン	会話
cooking クッキング	調理
cool クーゥ	涼しい
copy コピー	コピーする
coral reef コラゥ リーフ	サンゴ礁
cosmetics コスメティクス	化粧品
cost コスト	費用

英和辞書

C

cost extra コスト エクストラ	別料金
cost of living コスト オヴ リヴィング	物価
cough コフ	咳
credit card クレディット カード	クレジットカード
crossing クロッシング	横断歩道
crowded クラウディッド	混んだ
cruise クルーズ	観光クルーズ
culture カウチャ	文化
curfew カーフュー	門限
customs カスタムズ	税関
customs declaration カスタムズ デクラレーション	税関申告書
cut カット	切る
cute キュート	かわいい

D

daily goods デイリー グッズ	日用品
damage ダメジ	被害
dance floor ダンス フロー	踊り場
dangerous デインジャラス	危険な
dark ダーク	暗い
date of issue デイト オヴ イシュー	発行日
daycare center デイケー センタ	託児所
daytime デイタイム	昼
daytrip デイトリップ	日帰り
deadend デデンド	通行止め
deal with ディーゥ ウィズ	取り扱う
decide ディサイド	決める
deep ディープ	深い
delete デリート	削除
delicious デリシャス	おいしい
deliver デリヴァ	届ける
department store デパートメント ストー	デパート
deposit ディポジット	保証金
dermatologist ダーマトロジスト	皮膚科
design デザイン	デザイン
dessert デザート	デザート
destination デスティネイション	目的地

details ディーテイゥズ	明細
diagnosis ダイアグノーシス	診断
dictionary ディクショネリ	辞書
different ディファレント	異なる
difficult ディフィカゥト	難しい
digital camera ディジタゥ キャメラ	デジタルカメラ
dinner ディナ	夕食
direct ダイレクト	直行の
direct flight ダイレクト フライト	直行便
direction ディレクション	方角/方向
directly ダイレクトリー	直接に
dirty ダーティ	汚い
discount ディスカウント	値引き
discount coupon ディスカウント クーポン	割引券
discount store ディスカウント ストー	安売り店
disease ディジーズ	病気
disembarkation card ディセンバーケイションカード	入国カード
distinctive ディスティンクティヴ	特徴的な
domestic product ドメスティック プロダクト	国産
domestic route ドメスティック ルート	国内線
door ドー	ドア
double room ダブゥ ルーム	ダブルルーム
down ダウン	下
draw ドロー	描く
dream ドリーム	夢
dressing room ドレッシング ルーム	更衣室
drink alcohol ドリンク アゥコホーゥ	飲酒
drink【動詞】 ドリンク	飲む
drink【名詞】 ドリンク	飲み物
drive ドライヴ	運転する
driver ドライバー	運転手
drop ドロップ	落とす
drug ドラッグ	麻薬
dry cleaning ドライ クリーニング	クリーニング
dry cleaning fee ドライ クリーニング フィー	クリーニング代
duty free ドゥティ フリー	免税

duty free shop ドゥティ フリー ショップ	免税店	**examination** エグザミネーション	診察

E

early アーリ	早い	**excess fare** エクセス フェー	乗り越し料金
easy イージー	簡単な	**exchange** エクスチェインジ	交換する
eat イート	食べる	**exchange rate** エクスチェインジ レイト	為替レート
electric kettle イレクトリック ケトゥ	電気ポット	**exhibition hall** エグジビション ホーゥ	展示室
electricity エレクトリシティ	電気	**exit** エグジット	出口
elevator エレヴェータ	エレベーター	**expensive** エクスペンシヴ	高い (値段)
embassy エンバシー	大使館	**experience** エクスピリエンス	経験
emergency エマージェンシー	緊急	**express** エクスプレス	急行
emergency button エマージェンシー バトゥン	非常ボタン	**express mail** エクスプレス メーゥ	速達
emergency exit エマージェンシー エグジット	非常口	**express train** エクスプレス トレイン	特急列車
encore オンコー	アンコール	**extra** エクストラ	追加の
entrance エントランス	入口	**eye doctor** アイ ドクター	眼科医
envelope エンヴェロウプ	封筒	**eyedrops** アイドロップス	目薬
escalator エスカレータ	エスカレーター		

F

evening イーヴニング	夕方	**face soap** フェイス ソープ	洗顔石鹸
		Fahrenheit ファレンハイト	華氏
everyday エヴリデイ	毎日	**fake** フェイク	偽物

family	ファミリー	家族
famous	フェイマス	有名な
far	ファー	遠い
fare adjustment office	フェー アジャストメント オフィス	精算所
farm	ファーム	農場
farmer	ファーマ	農家
fast	ファースト	速い
fat-free	ファットフリー	無脂肪
faucet	フォセット	蛇口
favorite	フェイヴリット	お気に入りの
feel	フィーゥ	感じる
fever	フィーヴァ	熱
find	ファインド	見つける
fire	ファイヤ	火事
first aid	ファーストエイド	応急処置
first train	ファースト トレイン	始発
fishing	フィッシング	釣り
fitting room	フィッティング ルーム	試着室
fix	フィックス	修理する
flash	フラッシュ	フラッシュ
flat	フラット	平らな / 炭酸なしの
flea market	フリーマーケット	フリーマーケット
flight	フライト	航空便
flight number	フライト ナンバー	便名（飛行機）
floor map	フロー マップ	フロアガイド
flush button	フラッシュ バトゥン	洗浄ボタン
food	フード	食べ物
food poisoning	フード ポイズニング	食中毒
football	フットボーゥ	サッカー
foreign	フォレン	外国の
foreign currency	フォレン カレンシー	外貨
foreigner	フォレナー	外国人
forget	フォゲット	忘れる
forgive	フォギヴ	許す
fragrance-free	フレイグランスフリー	無香料
free	フリー	無料の

英和辞書

D / E / F

freeze フリーズ	凍る
French food フレンチ フード	フレンチ
fridge フリッジ	冷蔵庫
friend フレンド	友達
front desk フラント デスク	フロント
front row フラント ロー	最前列
frozen フローズン	冷凍
fuel フュウェゥ	燃料
fun ファン	楽しい
fur ファー	毛皮
furnished ファーニッシュト	家具付きの

G

garbage ガービッジ	ゴミ
garbage can ガービッジ カン	ゴミばこ
garden ガーデン	庭
get cold ゲット コーゥド	冷える
get in ゲティン	乗る(車, タクシー)
get off ゲットフ	降りる
get on ゲトン	乗る(船, 列車, バス, 飛行機)
get ready ゲット レディ	準備をする
get up ゲタップ	起きる
give ギヴ	渡す
glass グラス	ガラス
glasses グラーシズ	メガネ
glasses shop グラーシズ ショップ	メガネ店
gloves グラヴズ	手袋
glue グルー	のり(接着剤)
go ゴー	行く
go home ゴー ホウム	帰る
goal ゴーゥ	ゴール
good グッド	よい
good luck グッド ラック	幸運
great グレイト	立派な
green tea グリーン ティー	緑茶
greeting グリーティング	挨拶(あいさつ)
group グループ	団体

guide ガイド	ガイド
guide book ガイド ブック	ガイドブック
guided tour ガイデッド トゥア	ガイド付きツアー
guide's fee ガイズ フィー	ガイド料
gum ガム	ガム
gun ガン	銃
gym ジム	スポーツジム
gynecologist ガイナコロジスト	婦人科

H

hair ヘー	髪
hair salon ヘー サロン	美容院
hairdryer ヘードライヤー	ドライヤー
half ハーフ	半分
half-day tour ハーフ デイ トゥア	半日ツアー
handicapped toilet ハンディキャップト トイレット	車いす用トイレ
handkerchief ハンカチーフ	ハンカチ
harbor ハーバ	湾
hard ハード	かたい
hard-boiled ハード ボイゥド	固ゆで
hard-boiled egg ハードボイゥド エッグ	ゆで卵 (固ゆで)
hat ハット	帽子
have ハヴ	持つ
have a rest ハヴァ レスト	休む
head ヘッド	頭
headache medicine ヘデイク メディシン	頭痛薬
healthy ヘゥシー	健康的な
heart ハート	心
heart rate ハート レイト	心拍数
heartburn ハートバーン	胸やけ
heater ヒーター	暖房
heavy ヘヴィ	重い
help ヘゥプ	助ける
here ヒァ	ここに／ここで
high ハイ	高い (高さ)
highway ハイウェイ	高速道路
hit-and-run ヒッタンラン	ひき逃げの

hobby ホビー	趣味
hold ホゥド	持つ
holiday ホリデイ	休暇
home town ホーム タウン	故郷
hope ホウプ	願う
horse riding ホース ライディング	乗馬
hospital ホスピタゥ	病院
hot ホット	熱い／暑い／辛い
hot spring ホット スプリング	温泉
hot towel ホット タウゥ	おしぼり
hot water ホット ウォータ	湯
hotel ホテゥ	ホテル
hours アウワズ	営業時間
house ハウス	家
how many ハウメニ	どのくらい(数えるもの)
how much ハウマッチ	どのくらい(数えないもの)
humidifier ヒューミディファイア	加湿器
hurricane ハリケイン	ハリケーン
hurry ハリ	急ぐ

I

ice アイス	氷
ID アイディー	身分証明書
immigration イミグレイション	入国管理
immigration inspection イミグレイション インスペクション	入国審査
impossible インポッシブゥ	不可能な
incident インシデント	事件
include インクルード	含む
increase インクリース	増やす
information center インフォメーション センター	案内所
injection インジェクション	注射
injury インジャリー	けが
inspection インスペクション	検査
insurance インシューランス	保険
insurance certificate インシューランス サーティフィケット	保険契約証書
insurance premium インシューランス プリーミアム	保険料
interested in インタレスティッド イン	興味がある

interesting インタレスティング	おもしろい	**jewel** ジューゥ	宝石	英和辞書
internal bleeding インターナゥ ブリーディング	内出血	**joke** ジョウク	冗談を言う	
internal medicine インターナゥ メディシン	内科	**just** ジャスト	ちょうど	

K

internatiol route インタナショナゥ ルート	国際線	**key** キー	鍵
international driver's license インタナショナゥ ドライヴァーズ ライセンス	国際運転 免許証	**kids menu** キッズ メニュー	子ども向け メニュー
international flight インタナショナゥ フライト	国際便	**kind** カインド	親切な
international phone call インタナショナゥ フォウン コーゥ	国際電話	**kiss** キス	キス
introduce イントロデュース	紹介する	**kitchen** キッチン	キッチン
invalid インヴァリッド	無効	**kitchenware** キッチンウェー	キッチン用品
invitation インヴィテイション	招待	**knife** ナイフ	ナイフ
iron アイアン	アイロン	**know** ノウ	知っている
island アイランド	島		
Italian food イタリアン フード	イタリアン		

H / I / J / K / L

J

L

Japan ジャパン	日本	**lake** レイク	湖
Japanese ジャパニーズ	日本人	**lamp** ランプ	ランプ
Japanese food ジャパニーズ フード	和食	**land** ランド	陸
jetlag ジェットラグ	時差ぼけ	**landing** ランディング	着陸
		landmark ランドマーク	目印

last ラスト	最後の
last train ラスト トレイン	終電
late レイト	遅れた
laugh ラーフ	笑う
laundromat ローンドロマット	コインランドリー
laundry ローンドリ	クリーニング
laundry bag ローンドリ バッグ	洗濯物入れ
law ロー	法律
laxative ラクサティヴ	便秘薬
learn ラーン	学ぶ
leather レザー	革
leave リーヴ	残す／預ける
left レフト	左
lend レンド	貸す
length of time レンクス オヴ タイム	期間
lense レンズ	レンズ
letter レタ	手紙
letter paper レタ ペイパ	便箋(びんせん)
lie ライ	嘘
lie down ライ ダウン	横になる
life jacket ライフ ジャケット	救命胴衣
lifeboat ライフ ボウト	救命ボート
light ライト	軽い
lighter ライタ	ライター
limited item リミティッド アイテム	限定品
limousine リムジーン	リムジン
line ライン	列
lip balm リップバーム	リップクリーム
list リスト	リスト
listen リッスン	聞く
live performance ライヴ パフォーマンス	生演奏
lively ライヴリ	賑やかな
lobby ロビー	ロビー
local specialty ロークゥ スペシャゥティ	名物料理
local train ロウクゥ トレイン	普通列車
location ロケイション	立地

locker ロッカー	ロッカー
long ロング	長い
long-sleeve ロング スリーヴ	長袖
look for ルック フォ	探す
look good ルック グッド	似合う
lose ルーズ	なくす／負ける
lotion ローション	化粧水
lots of different ロッツ オヴ ディファレント	さまざまな
lounge ラウンジ	休憩室
lovely ラヴリー	素敵な
low ロウ	低い
low-fat ロウ ファット	低脂肪
lucky charm ラキ チャーム	お守り
lunch ランチ	昼食

M

machine マシーン	機械
magazine マガジーン	雑誌
main building メイン ビゥディング	本館
main road メイン ロウド	大通り
major league メイジャ リーグ	大リーグ
make メイク	作る
makeup メイカップ	メイク
man マン	男性
many メニー	たくさんの（数えられるもの）
map マップ	地図
market マーケット	市場
marsh マーシュ	沼
material マテリアゥ	素材
maybe メイビー	たぶん
meal ミーゥ	食事
meal break ミーゥ ブレイク	食事休憩
measure メジャ	測る（長さ・距離）
medical office メディクゥ オフィス	救護室
medicine メディシン	薬
meet ミート	会う
meeting place ミーティング プレイス	集合場所

英和辞書

L / M

member's card メンバズ カード	会員証		**much** マッチ	たくさんの(数えられないもの)
memory メモリ	思い出		**museum** ミュージアム	美術館
memory card メモリ カード	メモリーカード		**music** ミュージック	音楽
menstrual cramps メンストラゥ クランプス	生理痛		**N**	
menu メニュ	メニュー		**nail clipper** ネイゥ クリッパー	爪切り
message メッセジ	メッセージ		**name** ネイム	名前
milk lotion ミゥク ロウション	乳液		**nationality** ナショナリティ	国籍
mineral water ミネラゥ ウォータ	ミネラルウォーター		**nature** ネイチャ	自然
mistake ミステイク	間違い		**nauseous** ノーシアス	吐き気がする
mobile phone モバイゥ フォウン	携帯電話		**near ~** ニア	(~に)近い
mobile phone strap モバイゥ フォウン ストラップ	携帯ストラップ		**nearby** ニアバイ	周りに
moisturizer モイスチュライザー	保湿剤		**necessary** ネセセリ	必要な
money マニー	金(かね)		**new** ニュー	新しい
money exchange マニー エクスチェインジ	両替所		**news** ニューズ	ニュース
monument モニュメント	記念碑		**next** ネクスト	次の
most モウスト	ほとんどの		**next to** ネクストゥ	隣
mountain マウンテン	山		**night** ナイト	夜
mountain climbing マウンテン クライミング	登山		**no artificial coloring** ノー アーティフィシャゥ カラリング	無着色

no vacancies ノー ヴェイカンシーズ	満席
noisy ノイジー	うるさい
non-refundable ノン リファンダブゥ	払い戻し不可
non-smoking table ノン スモーキング テーブゥ	禁煙席
now ナウ	今
number ナンバー	数

O

observatory オブザーヴァテリ	展望台
occupied オキュパイド	使用中
ointment オイントメント	塗り薬
old オウゥド	古い
one-way ワンウェイ	一方通行／片道
open オウプン	開ける
open 24 hours オウプン トゥウェンティ フォー アウワズ	24時間営業
opening hours オウプニング アウワズ	開館時間
orchestra オーケストラ	オーケストラ
order オーダ	注文
organic オーガニック	オーガニック
out of gas アウト オヴ ガス	ガス欠
out of order アウト オヴ オーダ	故障中
out of service アウト オヴ サーヴィス	回送
outlet アウトレット	コンセント
outside アウトサイド	外側

P

package パケッジ	小包
pain ペイン	痛み
painkiller ペインキラー	痛み止め
palace パレス	宮殿
pamphlet パンフレット	パンフレット
paper ペイパ	紙
paper bag ペイパ バッグ	紙袋
park パーク	公園
parking パーキング	駐車場
parking fee パーキング フィー	駐車料金
part-time job パートタイム ジョブ	アルバイト
part-timer パートタイマー	フリーター

英和辞書

M/N/O/P

passport	パスポート	パスポート
patient	ペイシェント	患者
pause	ポーズ	一時停止
pay in advance	ペイ イン アドヴァンス	前払い
pay toilet	ペイ トイレット	有料トイレ
pay TV	ペイ ティーヴィー	有料テレビ
pay【動詞】	ペイ	払う
pay【名詞】	ペイ	支払い
pediatrics	ピーディアトリクス	小児科
pencil	ペンスゥ	鉛筆
per person	パー パースン	ひとりあたり
period	ピリオド	生理
personal	パーソナゥ	個人的な
pharmacy	ファーマシ	薬局
phone	フォウン	電話
phone charges	フォウン チャージズ	電話代
phone number	フォウン ナンバー	電話番号
phone book	フォウン ブック	電話帳
phone box	フォウン ボックス	電話ボックス
phone card	フォウン カード	テレフォンカード
photo	フォウトウ	写真
pick up【動詞】	ピカップ	迎えにいく
pickup【名詞】	ピカップ	送迎
picture	ピクチャ	絵
pillow	ピロウ	枕
pillow case	ピロウ ケイス	枕カバー
pimple	ピンピゥ	ニキビ
PIN	ピン	暗証番号
place	プレイス	位置
plain	プレイン	無地
plan	プラン	計画
plane	プレイン	飛行機
plane ticket	プレイン ティケット	航空券
plate	プレイト	皿
platform	プラットフォーム	プラットフォーム
pocket	ポケット	ポケット

police ポリース	警察
police station ポリース ステイション	警察署
stool ストゥーゥ	便
popular ポピュラー	流行の
post office ポウスト オフィス	郵便局
postcard ポウストカード	ハガキ
prepare プリペー	用意する
present プレゼント	贈り物
prescription プレスクリプション	処方箋(しょほうせん)
price プライス	値段
price list プライス リスト	料金表
price tag プライスタグ	値札
priority seat プライオリティ シート	優先席
private room プライヴェット ルーム	個室
problem プロブレム	問題
program プログラム	プログラム
prohibit プロヒビット	禁止する
prohibited プロヒビティッド	禁止された
promise プロミス	約束
pronunciation プロナンシエイション	発音
public holiday パブリック ホリデイ	祭日
public toilet パブリック トイレット	公衆トイレ
pull プゥ	引く
purpose パーパス	目的
purpose of visit パーパス オヴ ヴィジット	入国目的
push プッシュ	押す

Q

quality クオリティ	品質
quiet クワイエット	静かな

R

rack ラック	荷物棚(電車)
radio レイディオ	ラジオ
rainbow レインボウ	虹
rainy season レイニー シーズン	梅雨
raise レイズ	上げる
rare レー	珍しい

英和辞書

P / Q / R

raw ロー	生の
razor レイザー	カミソリ
read リード	読む
reading light リーディング ライト	読書灯
ready レディ	用意ができた
real リアゥ	本物
real leather リアゥ レザー	本革
reason リーズン	理由
receipt リシート	領収書
receive リシーヴ	受け取る
recently リーセントリー	最近
reception リセプション	受付
recipe レシピー	レシピ
recommend レコメンド	勧める
reconfirm リコンファーム	再確認する
record レコード	記録
refund リーファンド	払い戻し
refundable リファンダブゥ	払い戻し可
refuse リフューズ	断る
register レジスタ	登録する
registration card レジストレーション カード	宿泊カード
reissue リイシュー	再発行する
relaxed リラックスト	落ち着いた
remember リメンバー	覚えている
remove リムーヴ	取り去る
rent-a-car レンタカー	レンタカー
repair リペー	修理する
repeat リピート	繰り返す
reservation レザヴェーション	予約
reserved seat リザーヴド シート	予約席
restaurant レストラント	レストラン
restroom レストルーム	トイレ(婉曲表現)
rhythm リズム	リズム
ribbon リブン	リボン
rich リッチ	濃い(風味)
right ライト	右

ring リング	指輪
river リヴァー	川
road ロウド	道路
room ルーム	部屋
room charge ルーム チャージ	部屋代
room service ルーム サーヴィス	ルームサービス
root ルート	根
root for ルート フォ	応援する
roulette ルーレット	ルーレット
roundtrip ラウンドトリップ	往復
route map ルート マップ	路線図
ruins ルインズ	遺跡
run ラン	走る
run away ランナウェイ	逃げる
rush hour ラッシュ アウワ	ラッシュアワー

S

sad サッド	悲しい
safe セイフ	金庫
safety box セイフティ ボックス	セーフティーボックス
sale セーゥ	セール
salt ソゥト	塩
same セイム	同じ
sample サンプゥ	見本
sanitary napkin サニタリー ナプキン	生理用ナプキン
sanitary pouch サニタリー パウチ	生理用品袋
say セイ	言う
scenery シーネリー	景色
school スクーゥ	学校
sea シー	海
seafood シーフード	シーフード
sea-sick シーシック	船酔い
seat シート	座席
seat number シート ナンバー	座席番号
seatbelt シートベット	シートベルト
secret シークレット	秘密
section セクション	区間

英和辞書

R/S

see シー	見る		**side-effect** サイデフェクト	副作用
sell セゥ	売る		**sidewalk** サイドウォーク	歩道
send センド	送る		**sightseeing** サイトシーイング	観光
separate セパレイト	分ける		**sign** サイン	看板
separately セパレットリ	別々に		**signiture** シグニチャ	サイン
sex セックス	性別		**sing** スィング	歌う
shampoo シャンプー	シャンプー		**single room** シングゥ ルーム	シングル ルーム
share a room シェー ア ルーム	相部屋にする		**size** サイズ	サイズ
share a table シェー ア テーブゥ	相席		**skin** スキン	肌
sheets シーツ	シーツ		**sky** スカイ	空
shoe shine シューシャイン	靴磨き		**sleep** スリープ	寝る
shop ショップ	店		**slowly** スロウリー	ゆっくりと
shopping ショッピング	ショッピング		**small** スモーゥ	小さい
short ショート	短い		**smell** スメゥ	におう
shortcut ショートカット	近道		**smoke** スモーク	タバコを吸う
shower シャウワ	シャワー		**smoking table** スモーキング テーブゥ	喫煙席
shuttle bus シャトゥ バス	シャトル バス		**snack** スナック	軽食
sick シック	病気の		**sneakers** スニーカーズ	スニーカー

soccer ソカ	サッカー	**stairs** ステーズ	階段	
sofa ソウファ	ソファ	**stamp** スタンプ	切手	
soft ソフト	やわらかい	**standing room** スタンディング ルーム	立ち見席	
soft-boiled egg ソフトボイゥド エッグ	ゆで卵（半熟）	**star** スター	星	
sold out ソーゥド アウト	売り切れ	**start** スタート	始まる	
some サム	いくつかの	**station** ステイション	駅	
someone サムワン	誰か	**station staff** ステイション スターフ	駅員	
song ソング	歌	**stationary** ステイショネリ	文房具	
sour サウワ	すっぱい	**statue** スタチュー	像	
souvenir スーヴェニア	お土産	**stay** ステイ	泊まる	
spa スパー	スパ	**stick shift** スティック シフト	マニュアル車	
special スペシュゥ	特別な	**stockings** ストッキングス	ストッキング	
speed スピード	スピード	**stop** ストップ	停まる	
speed limit スピード リミット	制限速度	**stopover** ストポウヴァ	途中下車	
split the bill スプリット ザ ビゥ	割り勘	**story** ストーリ	話	
sporting goods スポーティング グッズ	スポーツ用品	**straight** ストレイト	まっすぐ	
sprain スプレイン	捻挫(ねんざ)	**strap** ストラップ	ストラップ	
stadium ステイディゥム	スタジアム	**stroller** ストローラー	ベビーカー	

英和辞書

S

student dormitory ストゥーデント ドーミテリ	学生寮		**surcharge** サーチャージ	サービス料
study スタディ	勉強する		**surgery department** サージャリ ディパートメント	外科
study abroad スタディ アブロード	留学		**switch** スウィッチ	スイッチ
stylish スタイリッシュ	おしゃれな		**symptoms** シンプトムズ	症状
subway サブウェイ	地下鉄		**T**	
sudden サドゥン	突然		**table** テイブゥ	テーブル
sugar シュガ	砂糖		**takeoff** テイコフ	離陸
suit スート	スーツ		**takeout** テイカウト	テイクアウト
suitcase スートケース	スーツケース		**talk** トーク	話す
summer time サマータイム	サマータイム		**target** ターゲット	狙う
sun サン	太陽		**taste** テイスト	味
sunrise サンライズ	日の出		**tax** タックス	税金
sunscreen サンスクリーン	日焼け止めクリーム		**taxi** タクシー	タクシー
sunset サンセット	日の入り		**taxi meter** タクシー ミータ	タクシーメーター
sunshade サンシェイド	日よけ		**taxi stand** タクシー スタンド	タクシー乗り場
suntan サンタン	日焼け		**tell** テゥ	伝える
supermarket スーパマーケット	スーパーマーケット		**temperature** テンプレチャ	温度／体温
support サポート	応援する		**temporary** テンポレリー	一時的な

terrace テラス	テラス
that ザット	あれ
theater シアター	劇場
theft セフト	盗難
there ゼー	あそこに
thermometer サモミター	体温計
these ズィーズ	これら
thick シック	厚い/濃い（液体）
thief シーフ	泥棒
thin シン	薄い
think シンク	思う
this ディス	これ
those ゾーズ	あれら
ticket ティケット	切符
ticket at the door ティケット アット ザ ドー	当日券
ticket counter ティケット カウンター	切符売り場
ticket gates ティケット ゲイツ	改札口
tie タイ	ネクタイ
time タイム	時間
time difference タイム ディファレンス	時差
timetable タイムテーブゥ	時刻表
tip ティップ	チップ
tire タイヤ	タイヤ
tired タイヤド	疲れる
tissue ティシュー	ティッシュ
to go トゥ ゴー	持ちかえり（テイクアウト）
together トゥゲザー	一緒に
toilet トイレット	トイレ（便器）
toilet break トイレット ブレイク	トイレ休憩
toiletries トイレトリーズ	洗面用具
toll road トーゥ ロウド	有料道路
toothbrush トゥースブラシュ	歯ブラシ
toothpaste トゥースペイスト	歯磨き粉
total トータゥ	合計
total amount トータゥ アマウント	総額
tour トゥア	ツアー

tour bus トゥア バス	観光バス
tour price トゥア プライス	ツアー料金
tourist attraction トゥーリスト アトラクション	名所
tourist information center トゥーリスト インフォメーション センター	観光案内所
towel タウゥ	タオル
tower タウワ	塔
traffic jam トラフィック ジャム	交通渋滞
traffic light トラフィック ライト	信号
train トレイン	電車
transfer トランスファー	乗り換え
transformer トランスフォーマ	変圧器
transit トランジット	乗り継ぎ
translator トランズレイタ	通訳
trash トラッシュ	ゴミ
travel agent トラヴェゥ エイジェント	旅行代理店
travel alone トラヴェゥ アロウン	ひとり旅
travelers' check トラヴェラーズ チェック	トラベラーズ チェック
traveller トラヴェラー	旅行者
tree トゥリー	木
trick トリック	だます
trip トリップ	旅行
tropical トロピクゥ	熱帯の
trouble トラブゥ	トラブル
trunk トランク	トランク(車)
try トライ	試す
turn ターン	曲がる
turn off ターン オフ	電源を切る
turn on ターン オン	電源を入れる
TV ティーヴィー	テレビ
twin room トゥウィン ルーム	ツインルーム

U

understand アンダスタンド	理解する
underwear アンダウェー	下着
unreserved seats アンリザーヴド シーツ	自由席
unsalted アンソゥティッド	無塩

until ~ (アンティゥ)	～まで
up (アップ)	上
use (ユーズ)	使う
useful (ユースフゥ)	便利
useless (ユースレス)	無駄な
usually (ユージュアリ)	普通は

V

vacancy (ヴェイカンシー)	空席
vaccination certificate (ヴァクシネイション サーティフィケット)	予防接種証明書
valuable (ヴァリュブウ)	高価な
valuables (ヴァリュブゥス)	貴重品
value (ヴァリュ)	値うち
VAT (ヴィーエイティー)	付加価値税
vegetables (ヴェジタブゥス)	野菜
vending machine (ヴェンディング マシーン)	自動販売機
ventilation fan (ヴェンティレイション ファン)	換気扇
very (ヴェリ)	とても
view (ヴュー)	眺め
virus (ヴァイラス)	ウィルス
visa (ヴィーザ)	ビザ
visit (ヴィジット)	訪れる
voice (ヴォイス)	声

W

wait (ウェイト)	待つ
wait for a cancelation (ウェイト フォ キャンセレーション)	キャンセル待ち
waiting room (ウェイティング ルーム)	待ち合い室
wake up (ウェイカップ)	目覚める
wakeup call (ウェイカップ コーゥ)	モーニングコール
walk (ウォーク)	歩く
wall (ウォーゥ)	壁
wallet (ウォレット)	財布
want (ウォント)	ほしい
warm (ウォーム)	暖かい
warn (ウォーン)	警告する
warning (ウォーニング)	注意
warranty (ウォランティ)	保証書

washable ウォッシャブゥ	洗濯できる
watch【動詞】 ウォッチ	見る
watch【名詞】 ウォッチ	腕時計
water ウォータ	水
waterfall ウォータフォーゥ	滝
waterproof ウォータプルーフ	防水の
weather ウェザ	天気
weather forecast ウェザ フォーキャスト	天気予報
weigh ウェイ	測る（重量）
what ウォット	何
wheelchair ウィーゥチェー	車いす
when ウェン	いつ
whenever ウェネバー	いつでも
where ウェー	どこ
why ワイ	なぜ
window ウィンドウ	窓
wine ワイン	ワイン
wine opener ワイン オゥプナー	ワインオープナー

with a bathtub ウィザ バスタブ	バスタブ付き
without ~ ウィザウト	~なしで
woman ウマン	女性
work ワーク	仕事/作品
world heritage ワールド ヘリテッジ	世界遺産
worry ワリー	心配
worth ワース	価値ある
wrap ラップ	包む
wrapping ラッピング	包装
write ライト	書く
wrong ロング	間違った
wrong number ロング ナンバー	番号違い
X	
X-ray エクスレイ	レントゲン
Y	
young ヤング	若い
Z	
zip code ジップ コード	郵便番号

和英辞書

あ

挨拶	greeting (グリーティング)
(〜の)間	between 〜 and 〜 (ビトウィーン アンド)
(〜の)後	after 〜 (アフタ)
(〜の)上	above 〜 (アバヴ)
〜行き	bound for 〜 (バウンド フォ)
相席	share a table (シェア ア テーブゥ)
相部屋にする	share a room (シェア ア ルーム)
アイロン	iron (アイアン)
会う	meet (ミート)
明るい	bright (ブライト)
開ける	open (オウプン)
上げる	raise (レイズ)
浅い	shallow (シャロウ)
味	taste (テイスト)
預ける	leave / check (リーヴ / チェック)
あそこに	there (ゼー)
暖かい	warm (ウォーム)
頭	head (ヘッド)
新しい	new (ニュー)
厚い	thick (シック)
熱い/暑い	hot (ホット)
圧縮	compress (コンプレス)
アナウンス	announcement (アナウンスメント)
アニメ	animation (アニメーション)
アパート	apartment (アパートメント)
アミューズメントパーク	amusement park (アミューズメント パーク)
歩く	walk (ウォーク)
アルバイト	part-time job (パートタイム ジョブ)
アルバム	album (アゥバム)
あれ/あれら	that / those (ザット / ゾーズ)
アレルギー	allergy (アレジー)

277

アンコール	encore	オンコー
暗証番号	PIN	ピン
案内所	information center	インフォメーション センター

い

言う	say	セイ
家	house	ハウス
行く	go	ゴー
いくつかの	some	サム
遺跡	ruins	ルインズ
忙しい	busy	ビジ
痛み	pain	ペイン
痛み止め	painkiller	ペインキラー
イタリアン	Italian food	イタリアン フード
位置	place	プレイス
一時停止	pause	ポーズ
一時的な	temporary	テンポレリー
市場	market	マーケット
いつ	when	ウェン
一緒に	together	トゥゲザー
いつでも	whenever	ウェネバー
一方通行	one-way	ワンウェイ
いつも	always	オゥウェイズ
今	now	ナウ
入口	entrance	エントランス
色	color	カラ
飲酒する	drink alcohol	ドリンク アゥコホーゥ

う

ウィルス	virus	ヴァイラス
上	up	アップ
受付	reception	リセプション
受け取る	receive / take	リシーヴ / テイク
薄い	thin / bland (味)	シン / ブランド
嘘	salt	ソゥト
歌	song	ソング
歌う	sing	スィング
撃つ	shoot	シュート

美しい	beautiful	ビューティフウ
腕時計	watch	ウォッチ
海	sea / beach	シー / ビーチ
売り切れ	sold out	ソーゥド アウト
売る	sell	セゥ
うるさい	noisy	ノイジー
運転手	driver	ドライバー
運転する	drive	ドライヴ
運転免許	driver's license	ドライヴァーズ ライセンス

え

絵	picture	ピクチャ
エアコン	air conditioner	エー コンディショナー
営業時間	hours	アウワズ
駅	station	ステイション
駅員	station staff	ステイション スターフ
エスカレーター	escalator	エスカレータ
エチケット袋	paper bag	ペイパ バッグ
絵ハガキ	postcard	ポスト カード
選ぶ	choose	チューズ
エレベーター	elevator	エレヴェータ
鉛筆	pencil	ペンスゥ

お

おいしい	delicious	デリシャス
応急処置	first aid	ファーストエイド
横断歩道	crossing	クロッシング
往復	roundtrip / return	ラウンドトリップ / リターン
オーガニック	organic	オーガニック
大きい	big	ビッグ
オーケストラ	orchestra	オーケストラ
大通り	main road	メイン ロウド
オートマチック車	automatic car	オートマティック カー
おかわり	another serving	アナザー サーヴィング
お気に入りの	favorite	フェイヴリット
起きる	get up	ゲタップ
贈り物	present	プレゼント
送る	send	センド

和英辞書 あ/い/う/え/お

279

遅れる	be late	ビー レイト
怒っている	angry	アングリー
おしぼり	hot towel	ホット タウゥ
おしゃれな	stylish	スタイリッシュ
押す	push	プッシュ
落ち着いた	relaxed	リラックスト
おつり	change	チェインジ
落とす	drop	ドロップ
訪れる	visit	ヴィジット
大人	adult	アダゥト
同じ	the same	ザ セイム
覚えている	remember	リメンバー
お守り	lucky charm	ラキ チャーム
重い	heavy	ヘヴィ
思い出す	remember	リメンバー
思い出	memory	メモリ
思う	think	シンク
おもしろい	interesting / funny	インタレスティング / ファニ
音楽	music	ミュージック
温泉	hot spring	ホット スプリング
温度	temperature	テンプレチャ

か

会員証	member's card	メンバズ カード
外貨	foreign currency	フォレン カレンシー
開館時間	opening hours	オウプニング アウヮズ
会計	the check	ザ チェック
外国人	foreigner	フォレナー
外国の	foreign	フォレン
改札口	ticket gates	ティケット ゲイツ
回送	out of service	アウト オヴ サーヴィス
階段	stairs	ステーズ
ガイド	guide	ガイド
ガイド付きツアー	guided tour	ガイデッド トゥア
ガイドブック	guide book	ガイド ブック
ガイド料	guide's fee	ガイズ フィー
会話	conversation	カンヴァセーション

買う	**buy** バイ		風邪	**a cold** ア コーゥド
帰る	**go home** ゴウ ホウム		課税	**tax** タックス
変える	**change** チェインジ		風邪薬	**cold medicine** コーゥド メディシン
鍵	**key** キー		家族	**family** ファミリー
書く	**write** ライト		ガソリン	**gasoline**（米）ガソリーン **petrol**（英）ペトルゥ
描く	**draw** ドロー			
学生寮	**student dormitory** ストゥーデント ドーミテリ		ガソリンスタンド	**gas station**（米）ガス ステイション **petrol station**（英）ペトルゥ ステイション
家具付きの	**furnished** ファーニッシュト			
確認する	**check** チェック		かたい	**hard** ハード
華氏	**Fahrenheit** ファレンハイト		片道	**one-way** ワン ウェイ
火事	**fire** ファイヤ		かっこいい	**cool** クーゥ **goodlooking**（人）グッド ルッキング
加湿器	**humidifier** ヒューミディファイア			
カジノ	**casino** カシーノ		学校	**school** スクーゥ
カジュアルな	**casual** カジュアゥ		悲しい	**sad** サッド
貸す	**lend** レンド		金(かね)	**money** マニー
数	**number** ナンバー		カフェ	**café** カフェ
ガス欠	**out of gas** アウト オヴ ガス		壁	**wall** ウォーゥ
風	**wind** ウィンド		紙	**paper** ペイパ

髪	hair ヘー
カミソリ	razor レイザー
紙袋	paper bag ペイパ バッグ
カメラ	camera キャメラ
辛い	hot / spicy ホット / スパイシー
ガラス	glass グラス
借りる	borrow ボロウ
軽い	light ライト
革	leather レザー
川	river リヴァー
かわいい	cute キュート
為替レート	exchange rate エクスチェインジ レイト
眼科医	eye doctor アイ ドクター
観光	sightseeing サイトシーイング
観光案内所	tourist information center トゥーリスト インフォメーション センター
観光クルーズ	cruise クルーズ
観光バス	tour bus トゥア バス
患者	patient ペイシェント
感謝する	appreciate アプリシエイト
感じる	feel フィーゥ
簡単な	easy / simple イージー / シンプゥ
乾電池	battery バテリー
乾杯	Cheers! チャーズ
看板	sign サイン

き

機会	chance チャンス
機械	machine マシーン
期間	length of time レンクス オヴ タイム
聞く	listen リッスン
危険な	dangerous デインジャラス
傷つける	damage (もの) / hurt (人) ダメッジ / ハート
汚い	dirty ダーティ
貴重品	valuables ヴァリュブウス
喫煙席	smoking table スモーキング テーブゥ
キッチン	kitchen キッチン

キッチン用品	kitchenware	キッチンウェー
切手	stamp	スタンプ
切符	ticket	ティケット
切符売り場	ticket counter	ティケット カウンター
記念碑	monument	モニュメント
記念日	anniversary	アニヴァーサリー
決める	decide	ディサイド
キャンセルする	cancel	キャンセゥ
キャンセル待ち	wait for a cancelation	ウェイト フォ キャンセレーション
キャンセル料	cancelation fee	キャンセレーション フィー
休暇	holiday	ホリデイ
救急車	ambulance	アンビュランス
急行	express	エクスプレス
救護室	medical office	メディクゥ オフィス
休日	holiday	ホリデイ
救命胴衣	life jacket	ライフ ジャケット
救命ボート	lifeboat	ライフ ボウト
興味がある	interested in	インタレスティッド イン
きれい	beautiful	ビューティフゥ
記録	record	レコード
禁煙席	non-smoking table	ノン スモーキング テーブゥ
緊急	emergency	エマージェンシー
金庫	safe	セイフ
銀行	bank	バンク

く

空気清浄器	air purifier	エー ピュリファイア
空港	airport	エーポート
空港税	airport tax	エーポート タックス
空席	vacancy	ヴェイカンシー
区間	section	セクション
暗い	dark	ダーク
グラス	glass	グラス
比べる	compare	コンペー
クリーニング	dry cleaning	ドライ クリーニング
クリーニング代	dry cleaning fee	ドライ クリーニング フィー
繰り返す	repeat	リピート

来る	**come** カム		けが	**injury** インジャリー
車	**car** カー		劇場	**theater** シアター
車いす	**wheelchair** ウィーゥチェー		景色	**scenery** シーナリー
車いす用トイレ	**handicapped toilet** ハンディキャップト トイレット		化粧水	**lotion** ローション
クレーム	**complaints** コンプレインツ		化粧品	**cosmetics** コスメティクス
クレジットカード	**credit card** クレディット カード		血液型	**blood type** ブラッドタイプ
クローク	**cloakroom** クローク ルーム		現金	**cash** キャッシュ
クローゼット	**closet** クローゼット		健康的な	**healthy** ヘゥシー
け			検査	**inspection** インスペクション
計画	**plan** プラン		限定品	**limited item** リミティッド アイテム
経験	**experience** エクスピリエンス		**こ**	
警察	**police** ポリース		濃い (色)	**dark** ダーク
警察署	**police station** ポリース ステイション		濃い (液体)	**thick** シック
軽食	**snack** スナック		濃い (顔立ち)	**distinct features** ディスティンクト フィーチャーズ
携帯ストラップ	**mobile phone strap** モバイゥ フォウン ストラップ		濃い (風味)	**rich** リッチ
携帯電話	**mobile phone** モバイゥ フォウン		恋人	**boyfriend / girlfriend** ボーイフレンド / ガーゥフレンド
警報	**alarm** アラーム		コインランドリー	**laundromat** ローンドロマット
契約	**contract** コントラクト		コインロッカー	**locker** ロッカー

更衣室	dressing room	ドレッシング ルーム
公園	park	パーク
硬貨	coin	コイン
郊外	the suburbs	ザ サバーブズ
高価な	valuable	ヴァリュブウ
交換する	exchange	エクスチェインジ
航空会社	airline	エーライン
航空券	plane ticket	プレイン ティケット
航空便	flight	フライト
合計	total	トータゥ
公衆トイレ	public toilet	パブリック トイレット
高速道路	highway	ハイウェイ
交通事故	car accident	カー アクシデント
交通渋滞	traffic jam	トラフィック ジャム
声	voice	ヴォイス
氷	ice	アイス
凍る	freeze	フリーズ
ゴール	goal	ゴーゥ
小型車	compact car	コンパクト カー
ゴキブリ	cockroach	コクローチ
国際運転免許証	international driver's license	インタナショナゥ ドライヴァーズ ライセンス
国際線	international route	インタナショナゥ ルート
国際電話	international phone call	インタナショナゥ フォウン コーゥ
国際便	international flight	インタナショナゥ フライト
国産	domestic product	ドメスティック プロダクト
国籍	nationality	ナショナリティ
国内線	domestic route	ドメスティック ルート
焦げた	burnt	バーント
心地よい	comfortable	カンフタブゥ
ここに／ここで	here	ヒア
個室	private room	プライヴェット ルーム
個人的な	personal	パーソナゥ
小銭	change	チェインジ
答える	answer	アンサー
小包	package	パケッジ
固定する	fasten / fix	ファスン ／ フィックス

和英辞書

く／け／こ

285

異なる	different ディファレント	再確認する	reconfirm リコンファーム
子ども	child チャイゥド	最近	recently リーセントリー
子ども服	chidrenswear チゥドレンズ ウェー	最後の	last ラスト
子ども向けメニュー	kids menu キッズ メニュー	祭日	public holiday パブリック ホリデイ
子ども料金	children's price チゥドレンズ プライス	最新の	the latest ザ レイティスト
断る	refuse リフューズ	サイズ	size サイズ
コピーする	copy コピー	最前列	front row フラント ロー
ゴミ	trash / garbage トラッシュ / ガービッジ	再発行する	reissue リイシュー
ゴミばこ	trash can / garbage can トラッシュカン / ガービッジカン	財布	wallet ウォレット
これ／これら	this / these ディス / ズィーズ	サイン	signiture シグニチャ
壊す	break ブレイク	探す	look for ルック フォ
壊れ物	breakable ブレイカブゥ	削除	delete デリート
コンサート	concert コンサート	作品	work ワーク
コンセント	outlet アウトレット	桜	cherry blossoms チェリー ブロッサムズ
混んだ	crowded クライディッド	座席	seat シート
外科	surgery department サージャリ ディパートメント	座席番号	seat number シート ナンバー
さ		雑誌	magazine マガジーン
サービス料	surcharge サーチャージ	砂糖	sugar シュガ

サマータイム	**summer time** サマータイム		静かな	**quiet** クワイエット
寒い	**cold** コーウド		自然	**nature** ネイチャ
寒気	**chill** チゥ		下	**down** ダウン
皿	**plate** プレイト		下着	**underwear** アンダウェー
残念	**too bad** トゥー バッド		試着室	**fitting room** フィッティング ルーム
散歩	**walk** ウォーク		知っている	**know** ノウ
し			指定席	**reserved seat** リザーヴド シート
シーツ	**sheets** シーツ		自転車	**bicycle** バイシクゥ
シートベルト	**seatbelt** シートベット		自動	**automatic** オートマティック
シーフード	**seafood** シーフード		自動販売機	**vending machine** ヴェンディング マシーン
塩	**salt** ソゥト		始発	**first train** ファースト トレイン
事件	**incident** インシデント		支払い	**pay** ペイ
事故	**accident** アクシデント		紙幣	**bill / note** ビゥ / ノート
時刻表	**timetable** タイムテーブゥ		島	**island** アイランド
仕事	**work** ワーク		蛇口	**faucet** フォセット
時差	**time difference** タイム ディファレンス		写真	**photo** フォウトウ
時差ぼけ	**jetlag** ジェットラグ		シャトルバス	**shuttle bus** シャトゥ バス
辞書	**dictionary** ディクショネリ		シャワー	**shower** シャウワ

和英辞書

こ / さ / し

シャンプー	shampoo	シャンプー
銃	gun	ガン
集合場所	meeting place	ミーティング プレイス
住所	address	アドレス
自由席	unreserved seats	アンリザーヴド シーツ
終電	last train	ラスト トレイン
充電器	charger	チャージャ
修理する	fix / repair	フィックス / リペー
宿泊カード	registration card	レジストレーション カード
趣味	hobby / interests	ホビー / インタレスツ
準備をする	get ready	ゲット レディ
紹介する	introduce	イントロデュース
症状	symptoms	シンプトムズ
招待	invitation	インヴィテイション
冗談を言う	joke	ジョウク
使用中	occupied	オキュパイド
小児科	pediatrics	ピーディアトリクス
乗馬	horse riding	ホース ライディング
上品な	classy	クラシー
証明書	certificate	サーティフィケット
常用薬	medicine	メディシン
ショー	show	ショウ
食事	meal	ミーゥ
食事休憩	meal break	ミーゥ ブレイク
食中毒	food poisoning	フード ポイズニング
食欲	appetite	アパタイト
女性	woman	ウマン
ショッピング	shopping	ショッピング
書店	bookstore	ブックストー
処方箋	presription	プレスクリプション
女優	actress	アクトレス
知る	know	ノウ
城	castle	キャッスゥ
シングルルーム	single room	シングゥ ルーム
信号	traffic light	トラフィック ライト
診察	examination	エグザミネーション

診断	**diagnosis** ダイアグノーシス
心配	**worry** ワリー
心拍数	**heart rate** ハート レイト

す

スイッチ	**switch** スウィッチ
睡眠薬	**sleeping pill** スリーピング ピゥ
スーツ	**suit** スート
スーツケース	**suitcase** スートケース
スーパーマーケット	**supermarket** スーパマーケット
少なくとも	**at least** アット リースト
少し	**a little** ア リトゥ
涼しい	**cool** クーゥ
勧める	**recommend** レコメンド
スタジアム	**stadium** ステイディウム
頭痛薬	**headache medicine** ヘデイク メディシン
すっぱい	**sour** サウワ
素敵な	**lovely** ラヴリー
すでに	**already** オゥレディ

ストッキング	**stockings** ストッキングス
ストラップ	**strap** ストラップ
スニーカー	**sneakers** スニーカーズ
スパ	**spa** スパー
スピード	**speed** スピード
スポーツジム	**gym** ジム
スポーツ用品	**sporting goods** スポーティング グッズ

せ

税関	**customs** カスタムズ
税関申告書	**customs declaration** カスタムズ デクラレーション
請求	**charge** チャージ
税金	**tax** タックス
制限速度	**speed limit** スピード リミット
精算所	**fare adjustment office** フェー アジャストメント オフィス
性別	**sex** セックス
生理	**period** ピリオド
生理痛	**menstrual cramps** メンストラゥ クランプス
生理用ナプキン	**sanitary napkin** サニタリー ナプキン

和英辞書

し/す/せ

生理用品袋	**sanitary pouch** サニタリー パウチ	素材	**material** マテリアゥ
セーフティーボックス	**safety box** セイフティ ボックス	外側の	**outside** アウトサイド
セール	**sale** セーゥ	ソファ	**sofa** ソウファ
世界遺産	**world heritage** ワーゥド ヘリテッジ	空	**sky** スカイ
咳	**cough** コフ	それ／それら	**that / those** ザット／ゾーズ
摂氏	**Celsius** セゥシアス	損害	**damages** ダメジズ
洗顔石鹸	**face soap** フェイス ソープ	**た**	
洗濯できる	**washable** ウォッシャブゥ	体温	**temperature** テンプレチャ
洗面用具	**toiletries** トイレトリーズ	（〜に）近い	**near 〜** ニア
そ		体温計	**thermometer** サモミター
像	**statue** スタチュー	大使館	**embassy** エンバシー
総額	**total amount** トータゥ アマウント	大丈夫	**alright** オーゥライト
送迎	**pickup** ピカップ	態度	**attitude** アティトゥード
掃除する	**clean** クリーン	タイヤ	**tire** タイヤ
送信	**send** センド	太陽	**sun** サン
相談する	**consult** コンサゥト	平らな	**flat** フラット
速達	**express mail** エクスプレス メーゥ	大リーグ	**major league** メイジャ リーグ
そこ	**there** ゼー	タオル	**towel** タウゥ

日本語	英語	日本語	英語
高い(高さ)	**high** ハイ	たぶん	**maybe** メイビー
高い(値段)	**expensive** エクスペンシヴ	食べる	**eat** イート
滝	**waterfall** ウォータフォーゥ	誰か	**someone** サムワン
たくさんの(数えられないもの)	**much / lots of** マッチ / ロッツ オヴ	炭酸入りの/炭酸なしの	**carbonated / flat** カーボネイティド / フラット
たくさんの(数えられるもの)	**many / lots of** メニー / ロッツ オヴ	誕生日	**birthday** バースデイ
タクシー	**taxi** タクシー	男性	**man** マン
タクシー乗り場	**taxi stand** タクシー スタンド	団体	**group** グループ
タクシーメーター	**taxi meter** タクシー ミータ	暖房	**heater** ヒーター
託児所	**daycare center** デイケー センタ	**ち**	
助ける	**help** ヘゥプ	血	**blood** ブラッド
尋ねる	**ask** アスク	地域	**area** エリア
立ち見席	**standing room** スタンディング ルーム	小さい	**small** スモーゥ
建物	**building** ビゥディング	チェックアウト	**check out** チェカウト
楽しい	**fun** ファン	チェックイン	**check in** チェキン
頼む	**ask for / order** アスク フォ / オーダ	地下鉄	**subway** サブウェイ
タバコ	**cigarettes / tobacco** シガレッツ / タバコ	近道	**shortcut** ショートカット
タバコを吸う	**smoke** スモーク	地図	**map** マップ
ダブルルーム	**double room** ダブゥ ルーム	チップ	**tip** ティップ

和英辞書 せ/そ/た/ち

チップ(カジノ)	**chip** チップ		直行便	**direct flight** ダイレクト フライト
着陸	**landing** ランディング		**つ**	
チャンネル	**channel** チャネゥ		ツアー	**tour** トゥア
注意	**warning** ウォーニング		ツアー料金	**tour price** トゥア プライス
中華	**Chinese food** チャイニーズ フード		追加の	**extra / more** エクストラ / モー
注射	**injection / shot** インジェクション / ショット		追加料金	**additional cost** アディショナゥ コスト
駐車場	**parking** パーキング		ツインルーム	**twin room** トゥウィン ルーム
駐車料金	**parking fee** パーキング フィー		通行止め	**deadend** デデンド
昼食	**lunch** ランチ		通訳	**translator** トランズレイタ
中毒	**addiction** アディクション		通路	**aisle** アイゥ
注文する	**order** オーダ		使う	**use** ユーズ
長距離	**long-distance** ロング ディスタンス		疲れる	**be tired** ビー タイヤド
朝食	**breakfast** ブレクファスト		次の	**the next** ザ ネクスト
ちょうど	**just** ジャスト		着く	**arrive** アライヴ
調味料	**condiments** コンディメンツ		作る	**make** メイク
調理	**cooking** クッキング		伝える	**tell** テゥ
直接に	**directly** ダイレクトリー		続ける	**continue** コンティニュ
直行の	**direct** ダイレクト		包む	**wrap** ラップ

爪切り	nail clipper	ネイゥ クリッパー
冷たい	cold	コーゥド
梅雨	rainy season	レイニー シーズン

て

庭園	garden / park	ガーデン / パーク
テイクアウト	takeout	テイカウト
低脂肪	low-fat	ロウ ファット
ティッシュ	tissue	ティシュー
テーブル	table	テイブゥ
手紙	letter	レタ
出口	exit	エグジット
デザート	dessert	デザート
デザイン	design	デザイン
デジタルカメラ	digital camera	ディジタゥ キャメラ
手数料	commission	コミッション
手伝う	help	ヘゥプ
手荷物受け取り所	baggage claim	バゲッジ クレーム
手荷物引換証	baggage claim tag	バゲッジ クレーム タグ
デパート	department store	デパートメント ストー
手袋	gloves	グラヴズ
テラス	terrace	テラス
テレビ	TV	ティーヴィー
テレフォンカード	phone card	フォウン カード
店員	clerk	クラーク
天気	weather	ウェザ
電気	electricity	エレクトリシティ
電気ポット	electric kettle	イレクトリック ケトゥ
天気予報	weather forecast	ウェザ フォーキャスト
電源を入れる	turn on	ターン オン
電源を切る	turn off	ターン オフ
伝言	message	メッセジ
展示室	exhibition hall	エグジビション ホーゥ
電車	train	トレイン
添付ファイル	attachment	アタッチメント
展望台	observatory	オブザーヴァテリ
電話	phone	フォウン

電話代	**phone charges** フォウン チャージズ
電話帳	**phone book** フォウン ブック
電話番号	**phone number** フォウン ナンバー
電話ボックス	**phone box** フォウン ボックス
電話をかける	**call** コーゥ

と

ドア	**door** ドー
トイレ (婉曲表現)	**restroom** レストルーム
トイレ (便器)	**toilet** トイレット
トイレ休憩	**toilet break** トイレット ブレイク
トイレットペーパー	**toilet paper** トイレット ペイパ
当日券	**ticket at the door** ティケット アット ザ ドー
搭乗	**board** ボード
搭乗口	**boarding gate** ボーディング ゲイト
搭乗券	**boarding pass** ボーディング パス
到着	**arrival** アライヴゥ
盗難	**theft** セフト
盗難証明書	**certificate of theft** サティフィケット オヴ セフト
道路	**road** ロウド
登録する	**register** レジスタ
遠い	**far** ファー
通り	**road** ロウド
都会	**city** シティ
読書	**read a book** リーダ ブック
特徴的な	**distinctive** ディスティンクティヴ
特別な	**special** スペシュゥ
時計	**clock / watch** クロック / ウォッチ
どこ	**where** ウェー
途中下車	**stopover / get off** ストポウヴァ / ゲトフ
特急列車	**express train** エクスプレス トレイン
突然	**sudden** サドゥン
とても	**very** ヴェリ
届ける	**deliver** デリヴァ
隣	**next to** ネクストゥ
どのくらい(数えないもの)	**how much** ハウマッチ
どのくらい(数えるもの)	**how many** ハウメニ

徒歩	walk ウォーク
停まる	stop ストップ
泊まる	stay ステイ
友達	friend フレンド
ドライヤー	hairdryer ヘードライヤー
トラブル	trouble トラブゥ
トラベラーズチェック	travelers' check トラヴェラーズ チェック
トランク(車)	trunk (米) / boot (英) トランク / ブート
取り消す	cancel キャンセゥ
取り去る	remove リムーヴ
泥棒	thief シーフ
読書灯	reading light リーディング ライト

な

内科	internal medicine インターナゥ メディシン
内出血	internal bleeding インターナゥ ブリーディング
ナイフ	knife ナイフ
長い	long ロング
長袖	long-sleeve ロング スリーヴ
中身	contents コンテンツ
眺め	view ヴュー
なくす	lose ルーズ
〜なしで	without 〜 ウィザウト
なぜ	why ワイ
なぜなら	because ビコーズ
何	what ウォット
名前	name ネイム
生演奏	live performance ライヴ パフォーマンス
生の	raw ロー

に

似合う	look good ルック グッド
におう	smell スメゥ
苦い	young ヤング
ニキビ	pimple / zit ピンプゥ / ジット
賑やかな	lively ライヴリ
逃げる	run away ランナウェイ
虹	rainbow レインボウ

和英辞書 て／と／な／に

24時間営業	open 24 hours	オウプン トゥウェンティ フォー アウワズ
偽物	fake	フェイク
日用品	daily goods	デイリー グッズ
日本	Japan	ジャパン
日本人	Japanese	ジャパニーズ
荷物	belongings	ビロンギングス
荷物棚(電車)	rack	ラック
乳液	milk lotion	ミュク ロウション
入国カード	disembarkation card	ディセンバーケイション カード
入国管理	immigration	イミグレイション
入国審査	immigration inspection	イミグレイション インスペクション
入国目的	purpose of visit	パーパス オヴ ヴィジット
入場	enter / go in	エンタ / ゴウ イン
入場券	ticket	ティケット
入場料	admission fee	アドミション フィー
ニュース	news	ニューズ
庭	garden	ガーデン
人気のある	popular	ポピュラー

ぬ

脱ぐ	take off	テイコフ
布	cloth	クロス
塗り薬	ointment	オイントメント

ね

願う	hope	ホウプ
ネクタイ	tie	タイ
値段	price	プライス
熱	heat / fever	ヒート / フィーヴァ
値引き	discount	ディスカウント
値札	price tag	プライスタグ
狙う	target	ターゲット
寝る	sleep	スリープ
捻挫	sprain	スプレイン
燃料	fuel	フュウェゥ
年齢	age	エイジ

の

| 濃厚 | thick / rich | シック / リッチ |

残す	leave	リーヴ
登る	climb / go up	クライム / ゴウ アップ
飲み物	drink	ドリンク
飲む	drink	ドリンク
のり(接着剤)	glue	グルー
乗り換え	transfer	トランスファー
乗り越し	miss (my) stop	ミス (マイ) ストップ
乗り継ぎ	transit / connecting	トランジット / コネクティング
乗り場(タクシー)	taxi stand	タクシー スタンド
乗り物酔い	car-sick	カーシック
乗る(車、タクシー)	get in	ゲティン
乗る(船、列車、バス、飛行機)	get on	ゲトン

は

バー	bar	バァ
灰皿	ashtray	アシュトレイ
俳優	actor	アクター
入る	enter / go in	エンター / ゴウイン
ハガキ	postcard	ポウストカード
測る(重量)	weigh	ウェイ
測る(長さ・距離)	measure	メジャ
吐き気がする	nauseous	ノーシアス
拍手	applause	アプローズ
博物館	museum	ミュージアム
橋	bridge	ブリッジ
箸	chopsticks	チョップスティックス
始まる	start	スタート
走る	run	ラン
バスタオル	bathtowel	バスタウゥ
バスタブ付き	with a bathtub	ウィザ バスタブ
バス停	bus stop	バストップ
パスポート	passport	パスポート
パソコン	computer	コンピュータ
肌	skin	スキン
発音	pronunciation	プロナンシエイション
話	talk / story	トーク / ストーリ
話す	talk	トーク

和英辞書 に / ぬ / ね / の / は

歯ブラシ	**toothbrush** トゥースブラシュ		ビーチ	**beach** ビーチ
歯磨き粉	**toothpaste** トゥースペイスト		ビール	**beer** ビア
早い	**early** アーリ		冷える	**get cold** ゲット コーウド
速い	**fast** ファースト		被害	**damage** ダメジ
払い戻し	**refund** リーファンド		日帰り	**daytrip** デイトリップ
払い戻し可	**refundable** リファンダブゥ		ひき逃げの	**hit-and-run** ヒッタンラン
払い戻し不可	**non-refundable** ノン リファンダブゥ		引き分け	**draw** ドロー
払う	**pay** ペイ		引く	**pull** プゥ
バルコニー	**balcony** バゥカニ		低い	**low** ロウ
パン	**bread** ブレッド		髭そり	**razor** レイザー
ハンカチ	**handkerchief** ハンカチーフ		飛行機	**plane** プレイン
番号	**number** ナンバー		飛行機酔い	**air-sick** エー シック
番号違い	**wrong number** ロング ナンバー		ビザ	**visa** ヴィーザ
半日ツアー	**half-day tour** ハーフ デイ トゥア		避暑	**escape the heat** エスケイブ ザ ヒート
パンフレット	**pamphlet** パンフレット		非常口	**emergency exit** エマージェンシー エグジット
半分	**half** ハーフ		非常ボタン	**emergency button** エマージェンシー バトゥン
ひ			左	**left** レフト
火	**fire** ファイヤ		必要な	**necessary** ネセセリ

ひとりあたり	per person	パー パーソン
ひとり旅	travel alone	トラヴェゥ アロウン
ひとりで	alone	アロウン
日の入り	sunset	サンセット
日の出	sunrise	サンライズ
皮膚科	dermatologist	ダーマトロジスト
秘密	secret	シークレット
日焼け	suntan	サンタン
日焼け止めクリーム	sunscreen	サンスクリーン
費用	cost / price	コスト / プライス
病院	hospital	ホスピタゥ
美容院	hair salon	ヘー サロン
病気	disease	ディジーズ
病気の	sick	シック
日よけ	sunshade	サンシェイド
昼	daytime	デイタイム
品質	quality	クオリティ
便箋	letter paper	レタ ペイパ
便名（飛行機）	flight number	フライト ナンバー

ふ

封筒	envelope	エンヴェロウプ
深い	deep	ディープ
付加価値税	VAT	ヴィーエイティー
不可能な	impossible	インポッシブゥ
副作用	side-effect	サイデフェクト
腹部	abdomen	アブドメン
含む	include	インクルード
婦人科	gynecologist	ガイナコロジスト
再び	again	アゲン
普通は	usually	ユージュアリ
普通列車	local train	ロウクゥ トレイン
物価	cost of living	コスト オヴ リヴィング
船酔い	sea-sick	シーシック
増やす	increase	インクリース
フラッシュ	flash	フラッシュ
プラットフォーム	platform	プラットフォーム

和英辞書

は / ひ / ふ

フリーター	part-timer	パートタイマー
フリーマーケット	flea market	フリーマーケット
古い	old	オウゥド
ブレーキ	brake	ブレイク
フレンチ	French food	フレンチ フード
風呂	bath	バース
フロアガイド	floor map	フロー マップ
プログラム	program	プログラム
フロント	front desk	フラント デスク
雰囲気	atmosphere	アトモスフィア
文化	culture	カゥチャ
文房具	stationary	ステイショネリ

へ

閉館時間	closing time	クロウジング タイム
平均	average	アヴェレッジ
ベッド	bed	ベッド
ベッドカバー	bedspread	ベッド スプレッド
別々に	separately	セパレットリ
別料金	cost extra	コスト エクストラ
ベビーカー	stroller	ストローラー
ベビーシッター	babysitter	ベイビー シター
ベビーベッド	baby bed	ベイビー ベッド
ベビー用品	baby products	ベイビー プロダクツ
部屋	room	ルーム
部屋代	room charge	ルーム チャージ
便	stool	ストゥーゥ
変圧器	transformer	トランスフォーマ
勉強する	study	スタディ
便秘薬	laxative	ラクサティヴ
便利	useful	ユースフゥ

ほ

方角/方向	direction	ディレクション
帽子	hat	ハット
防水の	waterproof	ウォータプルーフ
宝石	jewel	ジューゥ
包装	wrapping	ラッピング

包帯(ほうたい)	bandage / バンデッジ
法律	law / ロー
ボールペン	ballpoint pen / ボーゥポイントペン
ポケット	pocket / ポケット
保険	insurance / インシューランス
保険契約証書	insurance certificate / インシューランス サティフィケット
保険料	insurance premium / インシューランス プリーミァム
星	star / スター
ほしい	want / ワント
保湿剤	moisturizer / モイスチュライザー
保証金	deposit / ディポジット
保証書	warranty / ウォランティ
ホテル	hotel / ホテゥ
歩道	sidewalk / サイドウォーク
ほとんどの	most / モウスト
本	book / ブック
本革	real leather / リアゥ レザー
本館	main building / メイン ビゥディング
本物	real / genuine / リアゥ / ジェニュイン

ま

迷子	be lost / ビー ロスト
(〜の)前	before 〜 / ビフォー
〜まで	until 〜 / アンティゥ
〜までに	by 〜 / バイ
毎日	everyday / エヴリデイ
前売券	advanced ticket / アドヴァンスト ティケット
前払い	pay in advance / ペイ イン アドヴァンス
曲がる	turn / ターン
枕	pillow / ピロウ
枕カバー	pillow case / ピロウ ケイス
負ける	lose / ルーズ
待ち合い室	waiting room / ウェイティングルーム
間違い	mistake / ミステイク
間違った	wrong / ロング
待つ	wait / ウェイト
まっすぐ	straight / ストレイト

窓	**window** ウィンドウ
学ぶ	**learn** ラーン
マニュアル車	**stick shift** スティック シフト
麻薬	**drug** ドラッグ
周りに	**nearby** ニアバイ
満席	**no vacancies** ノー ヴェイカンシーズ

み

右	**right** ライト
短い	**short** ショート
水	**water** ウォータ
水洗い	**wash with water** ウォッシュ ウィズ ウォータ
湖	**lake** レイク
店	**shop** ショップ
道	**road / path** ロウド / パス
見つける	**find** ファインド
ミネラルウォーター	**mineral water** ミネラウ ウォータ
身分証明書	**ID** アイディー
見本	**sample** サンプゥ

土産	**gift / souvenir** ギフト / スーヴェニア
見る	**watch / see** ウォッチ / シー

む

無塩	**unsalted** アンソウティッド
無効	**invalid** インヴァリッド
無香料	**fragrance-free** フレイグランスフリー
虫	**bug** バグ
無地	**plain** プレイン
無脂肪	**fat-free** ファットフリー
無職	**unemployed** アンエンプロイド
難しい	**difficult / hard** ディフィカウト / ハード
無駄な	**useless** ユースレス
無着色	**no artificial coloring** ノー アーティフィシャウ カラリング
無添加	**additive-free** アディティヴ フリー
胸やけ	**heartburn** ハートバーン
無料の	**free** フリー

め

メイク	**makeup** メイカップ

明細	details	ディーテイゥズ
名所	tourist attraction	トゥーリスト アトラクション
名物料理	local specialty	ロークゥ スペシャゥティ
メガネ	glasses	グラーシズ
メガネ店	glasses shop	グラーシズ ショップ
目薬	eyedrops	アイドロップス
目覚まし時計	alarm clock	アラーム クロック
目覚める	wake up	ウェイカップ
目印	landmark	ランドマーク
珍しい	rare	レー
メッセージ	message	メッセジ
メニュー	menu	メニュ
メモリーカード	memory card	メモリ カード
免税	duty free	ドゥティ フリー
免税店	duty free shop	ドゥティ フリー ショップ

も

申し込み金	application fee	アプリケイション フィー
毛布	blanket	ブランケット
モーニングコール	wakeup call	ウェイカップ コーゥ
目的	purpose	パーパス
目的地	destination	デスティネイション
持ちかえり（テイクアウト）	to go	トゥ ゴゥ
持ち物	belongings	ビロンギングス
持つ	hold	ホーゥド
持ってくる	bring	ブリング
戻る	come back	カム バック
門限	curfew	カーフュー
問題	problem	プロブレム

や

焼く	cook	クック
約束	promise	プロミス
役に立つ	useful	ユースフゥ
夜景	city lights	シティ ライツ
野菜	vegetables	ヴェジタブズ
安い（値段）	cheap	チープ
安売り店	discount store	ディスカウント ストー

和英辞書

ま／み／む／め／も／や

休む	**have a rest** ハヴァ レスト		ゆで卵 (半熟)	**soft-boiled egg** ソフトボイゥド エッグ
薬局	**pharmacy / drugstore** ファーマシ / ドラッグストー		指輪	**ring** リング
山	**mountain** マウンテン		夢	**dream** ドリーム
やわらかい	**soft** ソフト		許す	**forgive** フォギヴ
ゆ			**よ**	
湯	**hot water** ホット ウォータ		よい	**good** グッド
夕方	**evening** イーヴニング		用意ができた	**be ready** ビー レディ
夕食	**dinner** ディナ		用意する	**prepare** プリペー
友人	**friend** フレンド		浴室	**bathroom** バースルーム
優先席	**priority seat** プライオリティ シート		浴槽	**bathtub** バースタブ
郵便局	**post office** ポウスト オフィス		横になる	**lie down** ライ ダウン
郵便番号	**zip code** ジップ コード		汚れた	**dirty** ダーティ
有名な	**famous** フェイマス		予算	**budget** バジェット
有料テレビ	**pay TV** ペイ ティーヴィー		酔った (酒)	**drunk** ドランク
有料トイレ	**pay toilet** ペイ トイレット		呼びだしボタン	**call button** コーゥ バトゥン
有料道路	**toll road** トーゥ ロウド		呼ぶ	**call** コーゥ
ゆっくりと	**slowly** スロウリー		予防接種証明書	**vaccination certificate** ヴァクシネイション サーティフィケット
ゆで卵 (固ゆで)	**hard-boiled egg** ハードボイゥド エッグ		読む	**read** リード

予約	reservation / booking	レザヴェーション ブッキング
予約控え	reservation ticket	レザヴェーション ティケット
予約席	reserved seat	レザーヴド シート
夜	night	ナイト
喜ぶ	be happy	ビー ハピー
弱い	weak	ウィーク

ら

ライター	lighter	ライタ
ラジオ	radio	レイディオ
ラッシュアワー	rush hour	ラッシュ アウア
ランプ	lamp	ランプ

り

理解する	understand	アンダスタンド
陸	land	ランド
利口な	clever	クレヴァ
リスト	list	リスト
リズム	rhythm	リズム
立地	location	ロケイション
立派な	great	グレイト
リップクリーム	lip balm	リップ バーム
離乳食	baby food	ベイビ フード
リボン	ribbon	リブン
リムジン	limousine	リムジーン
理由	reason	リーズン
留学	study abroad	スタディ アブロード
流行の	popular	ポピュラー
両替所	money exchange	マニー エクスチェインジ
両替所（カジノ）	cashier	キャシヤ
利用可能	usable / available	ユーザブゥ / アヴェイラブゥ
料金	price	プライス
料金表	price list	プライス リスト
理容室	barber	バーバ
領収書	receipt	リシート
両方の	both	ボウス
旅行	trip	トリップ
旅行者	traveller	トラヴェラー

和英辞書 や／ゆ／よ／り

旅行代理店	travel agent	トラヴェゥ エイジェント
離陸	takeoff	テイコフ

る

ルームサービス	room service	ルーム サーヴィス
ルーレット	roulette	ルーレット

れ

冷凍	frozen	フローズン
冷蔵	chilled	チゥド
冷蔵庫	fridge	フリッジ
レジ係	cashier	キャシヤ
レシピ	recipe	レシピー
レストラン	restaurant	レストラント
列	line	ライン
レンズ	lense	レンズ
レンタカー	rent-a-car	レンタカー
レントゲン	X-ray	エクスレイ
連泊	consecutive stay	コンセキュティヴ ステイ
連絡先	contact info	コンタクト インフォウ
連絡をとる	contact	コンタクト

ろ

路線図	route map	ルート マップ
ロッカー	locker	ロッカー
ロビー	lobby	ロビー

わ

ワイシャツ	business shirt	ビジネスシャート
ワイン	wine	ワイン
ワインオープナー	wine opener	ワイン オウプナー
分かる	understand	アンダスタンド
分ける	separate	セパレイト
和食	Japanese food	ジャパニーズ フード
忘れる	forget	フォゲット
渡す	give	ギヴ
笑う	laugh	ラーフ
割り勘	split the bill	スプリット ザ ビゥ
割引	discount	ディスカウント
割引券	discount coupon	ディスカウント クーポン

PART 5

訪問国の基本情報

アメリカ・ハワイ   P308
イギリス   P312
カナダ   P313
オーストラリア   P314
ニュージーランド   P315
各国の出入国書類記入例 P316

訪問国の基本情報

アメリカ

[首都] ワシントン D.C.

[言語] 英語

[時差]

アメリカ本土には 4 種類の時間帯があり、東から順に「イースタン・タイムゾーン (ET)」「セントラル・タイムゾーン (CT)」「マウンテン・タイムゾーン (MT)」「パシフィック・タイムゾーン (PT)」と呼ばれている。それぞれ、日本との時差は –14 時間、–15 時間、–16 時間、–17 時間。

また、3 月の第 2 日曜日から 11 月の第 1 日曜日まではサマータイムとして、時間が通常の時刻から 1 時間早くなる。

[フライト時間]

日本から近いのは西海岸の都市。シアトルやロサンゼルスへは約 9 〜 10 時間ほどで到着できる。そのほかの地域へも日本から多くの直行便が就航しており、東部のニューヨークへのフライト時間は約 13 時間前後。

[気候]

土地が広大なため、北と南の気候差だけでなく、同じ緯度であっても東海岸、西海岸、山岳部などで気候が大きく異なる。ニューヨークやシカゴなどの、東海岸北部から五大湖付近は、冬の寒さが厳しいことで有名。観光に適しているのは 6 月〜 9 月初旬あたり。東海岸南部からフロリダ中西部では、日本同様、四季がはっきりしている。デンバーやカンザスシティなどの山岳部は、気候が乾燥しており、4 月〜 6 月はトルネードが多く発生するので注意。シアトルなどの西海岸北部は、札幌よりも北にあるわりには寒さが厳しくない。夏は観光に最適なシーズン。ロサンゼルスなどがある西海岸南部は温暖な気候で過ごしやすいが、寒暖差が激しいので夏でもはおるものを用意しておいた方が賢明。

[通貨] ドル、セント

[電圧] 110V 〜 120V / 60Hz

[飲料水]

ミネラルウォーターを購入するのが一般的。水道水を飲むこともできる。

[お酒やタバコの年齢] 飲酒は 21 歳から。タバコは 18 歳から可能。

[チップの習慣] あり

[電話のかけ方] 日本へ電話する場合

011（アメリカの国際電話識別番号）–81（日本の国番号）– 相手の電話番号（はじめの 0 をとる）

[緊急連絡先] 警察・救急車・消防　911

[郵便] 日本へ航空便を送る場合

ハガキ　$1.10、封筒（1oz）$1.10

[主な祝祭日]
- 1 月 1 日　元旦
- 1 月第 3 月曜日
  マーチン・ルーサー・キング・ジュニア牧師誕生日
- 2 月第 3 月曜日　大統領の日
- 5 月最終月曜日　戦没者追悼記念日
- 7 月 4 日　独立記念日
- 9 月第 1 月曜日　労働者の日
- 11 月 11 日　退役軍人の日
- 11 月第 4 木曜日　サンクスギビング
- 12 月 25 日　クリスマス

ハワイ

[州都] ホノルル

[時差] 日本との時差は –19 時間。

[気候]

1 年中温暖な気候で過ごしやすい。4 月～ 9 月は乾季、10 月～ 3 月までは雨季となる。

[アメリカの祝祭日以外の主な州祝祭日]
- 3 月 26 日　クヒオ・デー
- 6 月 11 日　カメハメハ・デー
- 8 月第 3 金曜日　州制定記念日

▶ ESTAの申請方法

現在、ビザ免除プログラムを利用してアメリカへ渡航するには、事前に電子渡航認証システム（ESTA）に申請し、渡航認証を取得する必要があります。ESTAの申請は渡航前であればいつでも可能ですが、ESTAの認証がおりなかった場合、アメリカ大使館などで手続きが必要になるため、1週間以上の余裕をもって申請するのが望ましいでしょう。申請料金は14ドル。一度申請すれば、基本的には2年間有効です。

▶▶▶ ESTA 申請サイト　https://esta.cbp.dhs.gov/esta/

1 申請の開始

ESTAの申請サイトにアクセスするとトップページが表示される。新規で申請する場合は左のボックスにある「申請」ボタンをクリック。以前、申請したことがあり、申請状況の確認や更新をする場合は右ボックス内の「申請の検索」をクリックする。パスポートとクレジットカードを用意しておく。

2 免責事項の確認

免責事項の内容をよく読み、内容に問題がなければ「はい」を選択し、「次へ」をクリックする。

3 支払いの同意

表示される「2009年旅行促進法」の内容をよく読み、申請に14ドルの料金がかかることなどに同意する場合は「はい」を選択。「次へ」をクリックする。

4 申請内容の入力

申請者やパスポートの情報などについて入力する。入力は英語で。赤の＊は必須項目。（→ P311）

5 申請内容の確認

4で記入した内容に問題がなければ、パスポート番号を再度入力し、「申請」をクリックする。修正する場合は「戻る」をクリック。入力が正しくない場合は赤字でエラーメッセージが出るので、該当箇所を修正する。

6 申請番号の取得

申請番号が発行されるので、忘れないようメモをとっておく。申請番号は、申請状況の確認や更新をするときに必要になる。メモをとったら「次へ」をクリック。

7 回答の表示

通常、回答はすぐに表示される。回答は3種類あり、「渡航認証許可」の表示が出れば申請が許可されたことになる。「渡航認証保留」が出たら、時間をおいて再度ESTAにアクセスし、申請状況を確認する。長くても72時間以内には結果がでる。「渡航認証拒否」の表示が出たらアメリカ大使館などでビザの申請を。「終了」をクリックすると、ESTAの申請が完了する。

■申請内容の入力

※入力はローマ字で行います。

申請者情報

「姓」「名」はパスポートに記載してある名前を入力する。すべて大文字のローマ字で入力。
生年月日、性別、出生国、国籍のある国、現在の居住国は必須項目。日本は「JAPAN（JPN）」を選択。

パスポート情報

パスポート番号、発行年月日、発行国、有効期限を入力。
日本は「JAPAN（JPN）」を選択。

A～Gの質問項目を読み、「はい」か「いいえ」を選択する。すべて必須項目なので、もれなく回答すること。

「権利の放棄」と「証明」の内容を読み、問題なければ「証明」のチェックボックスにチェックを入れる。本人以外が代理で申請している場合は、「証明」のチェックボックスの下にもチェックを。

入力内容を確認し、「次へ」をクリック。最初からやり直す場合は「リセット」、申請を取り消す場合は「キャンセル」をクリックする。

▶ **アメリカ税関申告書の記入例（→P49）**

訪問国の基本情報　アメリカ・ハワイ

311

イギリス

[首都] ロンドン

[言語] 英語、ウェールズ語

[時差]
日本との時差は -9 時間。日本が午前 9 時であれば、イギリスは同日の午前 0 時。3 月の最終日曜日から 10 月の最終日曜日まではサマータイムとなり、時刻が 1 時間すすむ。

[フライト時間]
日本からロンドンへのフライト時間は、直行便で約 12 時間。

[気候]

北海道より北に位置するわりには、冬の冷え込みは日本ほど厳しくない。日本の梅雨の 3 分の 1 ほどの降水量が年間を通して続く。天気がころころと変わりやすく、晴天だと思ったらどしゃぶりになるなど、天候の変化への対策は欠かせない。傘などの雨具やはおるものの準備をおすすめする。

[通貨] ポンド、ペンス

[電圧] 230V ～ 240V / 50Hz

[飲料水]
ミネラルウォーターを購入するのが一般的。水道水を飲むこともできるが日本ほど質はよくない。

[お酒やタバコの年齢] 飲酒は 18 歳から。タバコは 16 歳から可能。

[チップの習慣] あり

[電話のかけ方] 日本へ電話する場合
00（イギリスの国際電話識別番号）-81（日本の国番号）- 相手の電話番号（はじめの 0 をとる）

[緊急連絡先] 警察・救急車・消防　999

[郵便] 日本へ航空便を送る場合
ハガキ　87p、封筒（～10g）87p

[主な祝祭日]
- 1 月 1 日　元旦
- イースターサンデーの前の金曜日　聖金曜日
- 5 月第 1 月曜日　メーデーバンクホリデー
- 5 月最終月曜日　スプリングバンクホリデー
- 12 月 25 日　クリスマス

カナダ

[首都] オタワ

[言語] 英語、フランス語

[時差]
カナダは6つの時間帯に分かれている。東から「ニューファンドランド標準時」「大西洋標準時」「東部標準時」「中央標準時」「山岳部標準時」「太平洋標準時」と呼ばれ、それぞれ日本との時差は -12.5 時間、-13 時間、-14 時間、-15 時間、-16 時間、-17 時間。4月の第1日曜日から10月の最終日曜日まではサマータイムが導入され、時刻が1時間早くなる。

[フライト時間]
バンクーバーやトロントなどの大都市へは日本からの直行便があり、所要時間は約9時間から12時間。

[気候]
気候は場所や時期により大きく変わる。バンクーバーなどの太平洋側は年間をとおして比較的穏やか。そのほかの地域では、冬の積雪や寒さが厳しい場所が多い。

[通貨] ドル、セント

[電圧] 110 ～ 120V / 60Hz

[飲料水]
水道水を飲むこともできるが、敏感な人はミネラルウォーターを購入するほうが安心。

[お酒やタバコの年齢]
お酒、タバコともに 18 歳～ 19 歳から可能。（州によって異なる）

[チップの習慣] あり

[電話のかけ方] 日本へ電話する場合
011（カナダの国際電話識別番号）-81（日本の国番号）- 相手の電話番号（はじめの 0 をとる）

[緊急連絡先] 警察・救急車・消防　911

[郵便] 日本へ航空便を送る場合
ハガキ　$1.8、封筒（～ 30g）$1.8

[主な祝祭日]
- 1 月 1 日　元旦
- 5 月 25 日の直前の月曜日 ビクトリア・デー（ビクトリア女王誕生祭）
- 7 月 1 日　カナダ・デー（建国記念日）

オーストラリア

[首都] キャンベラ

[言語] 英語

[時差]
オーストラリアは「東部標準時」「中部標準時」「西部標準時」と呼ばれる3つの時間帯に分かれている。日本との時差はそれぞれ＋1時間、＋30分、–1時間。州によって10月の第1日曜日から4月の第1日曜日まではサマータイムが導入される。

[フライト時間]
シドニーやケアンズなどの都市へは日本からの直行便があり、所要時間は約7時間半から9時間半。

[気候]
南半球に位置するオーストラリアは、日本と四季が逆になる。国土が広大なため、地域によって気候はさまざま。目的によって訪れる時期と地域を選ぶのをおすすめする。

[通貨] ドル、セント

[電圧] 220～240V / 50Hz

[飲料水]
水道水を飲むこともできるが、日本と違い硬質なので、胃腸が敏感な人はミネラルウォーターを購入するほうが安心。

[お酒やタバコの年齢] 飲酒、タバコともに18歳から可能。

[チップの習慣] なし

[電話のかけ方] 日本へ電話する場合
0011（オーストラリアの国際電話識別番号）–81（日本の国番号）– 相手の電話番号（はじめの0をとる）

[緊急連絡先] 警察・救急車・消防　000

[郵便] 日本へ航空便を送る場合
ハガキ $1.65、封筒（～50g）$1.65

[主な祝祭日]
- 1月1日　元旦
- 1月26日　オーストラリア・デー（建国記念日）
- 4月25日　アンザック・デー
- 12月25日　クリスマス
- 12月26日　ボクシング・デー

ニュージーランド

[首都] ウェリントン

[言語] 英語・マオリ語

[時差]
日本との時差は＋3時間。日本が午前9時であれば、ニュージーランドは同日の正午（12時）となる。9月の最終日曜日から4月の第1日曜日まではサマータイムが導入され、時刻が1時間早くなる。

[フライト時間]
日本からは、北島、南島ともに直行便がある。北島へはオークランド国際空港まで約11時間半。南東へはクライストチャーチ国際空港まで約11時間。

[気候]
オーストラリア同様、ニュージーランドも日本と四季が逆になる。酷暑や厳冬はなく、年間を通して比較的温暖な気候が続く。ただし、天候が変わりやすいので、急な冷え込みや暴風雨などに備えておくこと。

[通貨] ドル、セント

[電圧] 230～240V / 50Hz

[飲料水]
水道水を飲むこともできるが、ミネラルウォーターを購入する人が増えている。

[お酒やタバコの年齢] 飲酒、タバコともに18歳から可能。

[チップの習慣] あり

[電話のかけ方] 日本へ電話する場合
00（ニュージーランドの国際電話識別番号）-81（日本の国番号）-相手の電話番号（はじめの0をとる）

[緊急連絡先] 警察・救急車・消防　111

[郵便] 日本へ航空便を送る場合
ハガキ　$1.90、封筒（～10g）$1.90

[主な祝祭日]
- 1月1日　元旦
- 2月6日　ワイタンギ・デー（建国記念日）
- 4月25日　アンザック・デー
- 12月25日　クリスマス
- 12月26日　ボクシング・デー

各国の出入国書類記入例

▶ アメリカの出入国書類 … 税関申告書の記入例（P49）／ ESTAの申請方法（P310）

▶ イギリス入国カード記入例

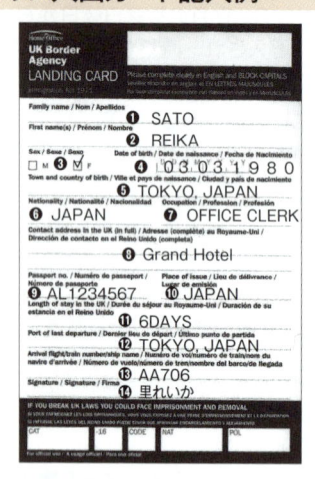

- ❶ 姓
- ❷ 名
- ❸ 性別
- ❹ 生年月日
- ❺ 生まれた国と都市
- ❻ 国籍
- ❼ 職業
- ❽ 滞在場所
- ❾ パスポート番号
- ❿ パスポート発行国
- ⓫ 滞在日数
- ⓬ 出発地
- ⓭ 航空便名
- ⓮ 署名

▶ カナダ税関申告書記入例

- ❶ 姓名・イニシャル
- ❷ 生年月日
- ❸ 国籍
- ❹ 住所
- ❺ 航空便名
- ❻ 旅行目的
- ❼ 経由
- ❽ 質問項目に該当する場合は「Yes」、該当しない場合は「No」のチェックボックスに印をつける。
- ❾ 滞在日数
- ❿ 署名・日付

▶ オーストラリア入国カード記入例

[表面]

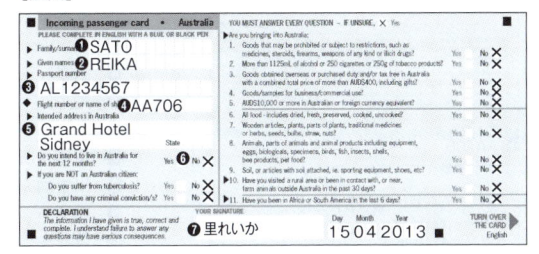

[裏面]

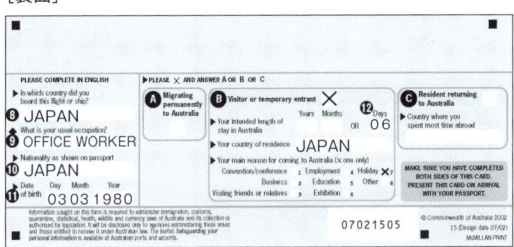

- ❶ 姓
- ❷ 名
- ❸ パスポート番号
- ❹ 航空便名
- ❺ 滞在先
- ❻ 質問項目に該当する場合は「Yes」、該当しない場合は「No」のチェックボックスに印をつける。
- ❼ 署名・日付
- ❽ 出発国
- ❾ 職業
- ❿ 国籍
- ⓫ 生年月日
- ⓬ 訪問者
  ・滞在日数
  ・居住国
  ・渡航目的
  （1つだけチェック）

▶ オーストラリア出国カード記入例

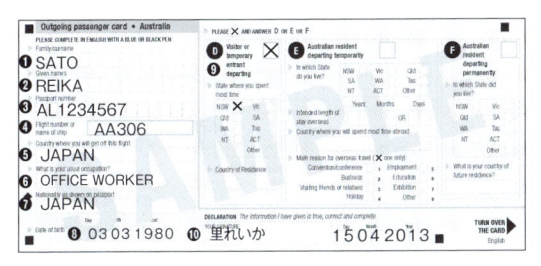

- ❶ 姓
- ❷ 名
- ❸ パスポート番号
- ❹ 航空便名
- ❺ 到着国
- ❻ 職業
- ❼ 国籍
- ❽ 生年月日
- ❾ 訪問者
  ・最も長く滞在した州
- ❿ 署名・日付

ニュージーランド入国カード記入例

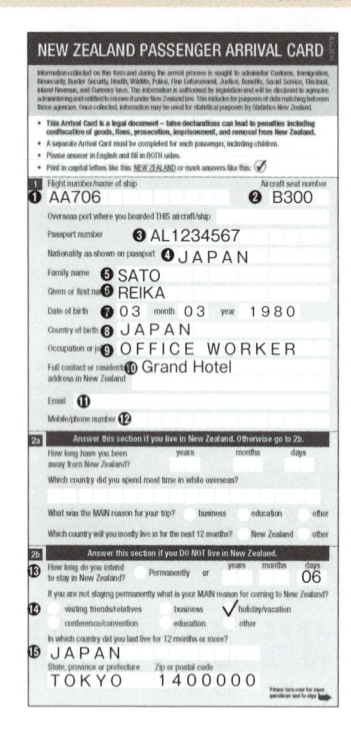

❶ 航空便名
❷ 座席番号
❸ パスポート番号
❹ 国籍
❺ 姓
❻ 名
❼ 生年月日
❽ 出生国
❾ 職業
❿ 滞在先
⓫ メールアドレス
⓬ 携帯番号
⓭ 滞在日数
⓮ 滞在目的
⓯ 過去12か月以上居住した国・都市・郵便番号

ニュージーランド出国カード記入例

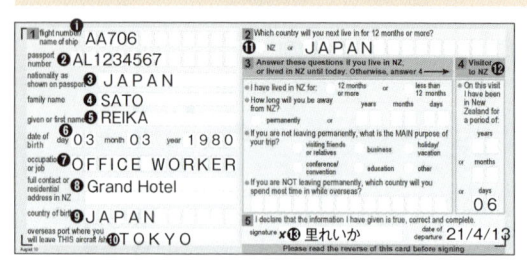

❶ 航空便名
❷ パスポート番号
❸ 国籍
❹ 姓
❺ 名
❻ 生年月日
❼ 職業
❽ 滞在先
❾ 出生国
❿ 到着国
⓫ 今後12か月居住予定の国
⓬ 滞在日数
⓭ 署名・日付

※訪問国の基本情報・出入国書類の書式は、予告なく変更になる場合があります。

> この本の監修者
> ニック・ウィリアムソンのおすすめ

この本を読んでもっと英語を勉強したくなったら…

ニック・ウィリアムソン

●ニック・ウィリアムソンのアプリ

英語脳バッティングセンター

英語で聞かれた質問を日本語に訳して考えたり、答を日本語で考えてから英語に訳したりするのではなく、「反射的に、英語を英語で返す」技術を身につけられます。

▶▶ App Store で Nicolas Williamson を検索！（iPhone, iPad, iPod touch 対応）

●ニック・ウィリアムソンのメルマガ

1日1フレーズ配信の無料メルマガ

englishLife.jp

2005年から毎日1フレーズを配信しつづけている、大好評の無料サービス。オンラインデータベースで2000ほどもある過去のフレーズをすべて無料で公開しています。iPhone、Androidのアプリ版（無料）も2013年5月に開始予定。

▶▶ インターネットで englishlife.jp を検索！

サンプル

視野が広がった。

【解説】

「視野が広がる」は「broaden 人's horizons」と言います。たとえば「I wanna broaden my horizons.（自分の視野を広げたい）」など。「horizon（ホライズン）」は「地平線・水平線」という意味なのですが、複数の「horizons」なら「視野」という意味になります。主語に「動名詞（動詞＋ing）」を使って応用もできます。たとえば「Learning a foreign language broadens your horizons.（外国語を覚えると視野が広がる）」、「Traveling broadens your horizons.（旅行すると視野が広がる）」など。

●ニック・ウィリアムソンの本

『中学レベルの英単語でネイティブとペラペラ話せる本』（ダイヤモンド社）
『中学レベルの英語で、ここまで話せる英会話』（PHP出版）
『たった40パターンで英会話！』（ダイヤモンド社）

著者プロフィール

ニック・ウィリアムソン

(Nic Williamson)

englishLife（英会話教室・企業向け英語研修・メルマガ・アプリ）主宰。
シドニー大学では心理学を専攻。同大学で日本文学を学び、日本の文化にも明るい。在学中にオーストラリアの日本大使館が主催する全豪日本語弁論大会で優勝。日本の文部科学省の奨学金を得て、シドニー大学を卒業後、東京学芸大学に研究生として来日。
英語の講師として14年間のキャリアの中で、英会話教室をはじめ、企業向け英語研修や大学の講義、SKYPerfect TVの番組の司会やラジオのDJ、数々の雑誌のコラムや6冊の英語本の執筆など、活動の場は幅広い。

●本文デザイン
ユーホー・クリエイト

●DTP・外国語校正
日本広告通信社

●イラスト
オカダケイコ

●編集協力
株式会社童夢

●編集担当
齋藤友里（ナツメ出版企画株式会社）

本書に関するお問い合わせは、書名・発行日・該当ページを明記の上、下記のいずれかの方法にてお送りください。電話でのお問い合わせはお受けしておりません。
・ナツメ社 web サイトの問い合わせフォーム
https://www.natsume.co.jp/contact
・FAX（03-3291-1305）
・郵送（下記、ナツメ出版企画株式会社宛て）
なお、回答までに日にちをいただく場合があります。正誤のお問い合わせ以外の書籍内容に関する解説・個別の相談は行っておりません。あらかじめご了承ください。

ナツメ社Webサイト
https://www.natsume.co.jp
書籍の最新情報（正誤情報を含む）はナツメ社Webサイトをご覧ください。

旅の英会話 伝わるフレーズ集

2013年 6 月10日 初版発行
2025年 8 月 1 日 第24刷発行

著　者 ニック・ウィリアムソン
発行者 田村正隆

© Nic Williamson, 2013

発行所 株式会社ナツメ社
東京都千代田区神田神保町1-52 ナツメ社ビル1F（〒101-0051）
電話 03-3291-1257（代表） FAX 03-3291-5761
振替 00130-1-58661

制　作 ナツメ出版企画株式会社
東京都千代田区神田神保町1-52 ナツメ社ビル3F（〒101-0051）
電話 03-3295-3921（代表）

印刷所 株式会社技秀堂

ISBN978-4-8163-5426-7 Printed in Japan

定価はカバーに表示してあります。落丁・乱丁本はお取り替えします。
本書の一部または全部を著作権法で定められている範囲を超え、ナツメ出版企画株式会社に無断で複写、複製、転載、データファイル化することを禁じます。

度量衡換算表

換算したい単位が「1」の行と、知りたい単位の列が交差する項目を参照してください。例えば、1マイルが何キロメートルか知りたいとき、「マイル」が「1」になっている行と「キロメートル」の列が交差する項目を参照すると、「1.60」キロメートルだと分かります。

●長さ（約）

メートル (m)	キロメートル (km)	インチ (in)	フィート (ft)	ヤード (yd)	マイル (mi)
1	0.001	39.37	3.28	1.09	—
1,000	1	39,370	3,280	1,093	0.62
0.02	—	1	0.08	0.02	—
0.30	—	12	1	0.33	—
0.91	—	36	3	1	—
1,609	1.60	63,360	5,280	1,760	1

●重さ（約）

グラム (g)	キログラム (kg)	オンス (oz)	ポンド (lb)	米トン (t)	英トン (t)
1	0.001	0.03	—		
1,000	1	35.27	2.20	—	—
28.34	0.02	1	0.06		
453.59	0.45	16	1		
—	907	32,000	2,000	1	0.89
—	1,016	35,840	2,240	1.12	1